怎样上好语文课

时鹏寿解析精彩课例

时鹏寿 编著

江苏凤凰教育出版社
Phoenix Education Publishing, Ltd

图书在版编目（CIP）数据

怎样上好语文课：时鹏寿解析精彩课例/时鹏寿编著. —南京：江苏凤凰教育出版社，2017.10
　　ISBN 978-7-5499-6802-2

Ⅰ.①怎… Ⅱ.①时… Ⅲ.①语文教学—教学研究 Ⅳ.①H19

中国版本图书馆 CIP 数据核字（2017）第 259756 号

书　　名	怎样上好语文课——时鹏寿解析精彩课例
作　　者	时鹏寿
责任编辑	雷利军　张晓兰
出版发行	江苏凤凰教育出版社（南京市湖南路1号A楼　邮编210009）
苏教网址	http://www.1088.com.cn
照　　排	北京世纪鸿文制版技术有限公司
印　　刷	三河市九洲财鑫印刷有限公司
厂　　址	河北省三河市灵山大口
开　　本	787毫米×1092毫米　1/16
印　　张	20
字　　数	327千字
版　　次	2017年12月第1版　2017年12月第1次印刷
书　　号	ISBN 978-7-5499-6802-2
定　　价	45.00元
网店地址	http://jsfhjycbs.tmall.com
邮购电话	025-85406265,85400774　短信 02585420909
E - mail	jsep@vip.163.com
盗版举报	025-83658579

苏教版图书若有印装错误可向承印厂调换
提供盗版线索者给予重奖

序

我一直坚持认为,课堂是教师的立身之本。教师上不好课,头上有再多的光环也是枉然,所以,名师首先要"名"在课堂。

何为好课?不同的人可能有不同的标准,但有两个标准似乎是公认的,那就是被学生喜欢、同行佩服。可是,要做到这两点又谈何容易!

每个人都需要成长,教师也是人,没有谁一开始做教师就能把课上得很好。新东方教育科技集团的创始人俞敏洪当年在北京大学毕业后留校教学,他越教学生越少。于是,他就到越教学生越多的老师的教室去偷偷学艺,一听才发现了自身的问题,于是,他"依葫芦画瓢",渐渐地,喜欢他的课的学生也越来越多了,以至于他创立新东方教育科技集团主要靠的也是他的课。

我在各地做讲座时也常常提醒年轻教师要多听他人的课,先听本校同事的课,再外出听外校名师的课。可是,由于各种条件的限制,一个普通教师要想听很多名师的课几乎是不可能的。怎么办呢?我的经验是,到书店或者上网购买名师教学课堂实录的相关书籍,回家慢慢看。

关于名师教学课堂实录的书真是好!它有现场感,让你犹如身处课堂;它又可以使人慢慢品读、细细咀嚼,比稍纵即逝的课堂观摩多了一分从容。还记得我平生所看的第一个课堂实录,那是当年刊登在《语文战线》上的《愚公移山》,是上海的钱梦龙老师执教的。读着那份课堂实录,我犹如身临其境,钱老师的风采让我心向往之,钱老师的睿智让我拍案叫绝。后来,我们成立了"钱梦龙语文教学艺术研究会",我有幸成了这个研究会的会员,自然也就有幸亲临钱老师的课堂聆听钱老师的课了。但现场听课的机会毕竟很少,为了能更多地欣赏到钱老师的名师风采,我就想方设法收集钱老师的课堂实录,当然,其他名师的课堂实录我也看之必收。我之所以年轻时能成为学校里上公开课的"专业户",临近退休还敢于经常在省级教研活动中执教研究课，都与从名师的课堂实录中偷偷学艺分不开。

现在，我的书柜里就收藏了好多本有关名师课堂实录的书，但它们有一个共同的问题，那就是只有实录，而无评点。名师课堂有很多亮点，但没有多少教学经验的青年教师一般是不太容易看出来的，需要有人点拨，需要有人解说。因此，当时鹏寿老师把他的《怎样上好语文课——时鹏寿解析精彩课例》书稿发送给我，请我写序时，我的眼前一亮，这不正是我所期待的课堂实录吗？细读之余，我顿生感叹，它甚至远远超出了我的期待！

首先，书中所收录的课的所有执教者——无论是享誉大江南北的名师大咖，还是头角峥嵘的青年俊彦——都是时老师所熟悉的。因为熟悉，所以知根知底；因为熟悉，所以更能透过课堂的表象看到课堂成功的奥妙！

其次，书中所收录的课没有一节是随意从网络上搜罗而来的，也没有一节是从其他书籍上转抄而来的，全部是时老师亲历亲聆的，或者是时老师亲身执教的，这就是时老师给自己所定的选课原则。这也许是迄今为止市面上所能看到的课堂实录中唯一的！每一节课，时老师都在现场（聆听或者执教），这使得呈现在我们面前的一节节课有了更多的真实感和亲切感。也正因为评课者亲历课堂，身处现场，评课就不再是隔靴抓痒的无病呻吟，而是切中肯綮的一语中的。

最后，本书除了收录了课堂实录（或者教学设计）和时老师的评课外，还附录了教者的教学反思（或者说课）以及其他听课者的评课，极大地丰富了本书的内容。但，这无形中也给时老师带来了更大的压力：说别人已经说过的有何意义？说别人没有说过的又谈何容易？然而，当我们翻读了教者自己的教学反思和其他听课者的评课之后再来看时老师的评课，竟然都有耳目一新的惊喜！

当然，本书最吸引读者眼球的恐怕还是时老师自己的课堂教学展示，而且占了全书三分之一的篇幅。到饭店去用餐，菜人人都会吃，对菜品进行评价似乎也不难，但未必人人都能做菜。评课也是如此，只要是做过教师的，听过一节课，总能说个一二，但有时候评得头头是道者未必能上出一节好课。常听有些被评课者说得一无是处的老师抱怨说："你有本事上一课我看看！"民间有句俗语说得好：是骡子是马，拉出来溜溜。本书编著者时老师正是一位既能评课又能上课的高手。三十多年来，他一直坚守在课堂，也开过不少研究课。正因为他长年浸润在课堂中，才深知个中滋味，所以，他的评课自然摆脱了凌虚蹈空的妄谈乱语。

下面，我就来重点说说本书评课的特点。

1. 从教者的教学主张入手

一般的评课者往往就课说课，时老师的评课却总能站在教者教学主张的高度观照课堂。

评黄厚江老师的《黔之驴》，他抓住了黄老师"本色语文"的内涵核心："一是语文本原，立足母语教育的基本任务，明确语文课程的基本定位；二是语文本真，探寻母语教学的基本规律，实践体现母语基本特点的语文教育；三是语文本位，体现语文学科的基本特点，实现语文课程的基本价值。"然后从"生本"和"文本"两个维度对课堂做了高屋建瓴的剖析。

评袁菊老师的《念奴娇·赤壁怀古》，他从课堂如何体现袁老师"入境·悟神·创生"的课堂教学模式入手，抽丝剥茧，给读者以茅塞顿开之感。

评曹勇军老师的《葡萄月令》，他突出了曹老师所强调的语文老师的三种眼光：教育的、语文的、课堂的。用"朴实、平实、老实、结实"高度浓缩了曹老师的课堂特色。

评我的《烛之武退秦师》，他抓住了我在三十多年的教学实践中渐渐形成的"激趣·启智·寻法"的"智趣语文"的教学模式，他所概括的"趣说文学""实解文言""智析文章""妙说文化"四个特点正是我的"智趣语文"在本课教学中的具体体现。

每一个有思想、有追求的教师都会在他的课堂教学中实践他的教学主张。从教学主张入手观照课堂，就能收到窥一斑而见全豹的效果。

2. 从教学现场的感受出发

正如上文所说，本书所收录的课堂实录都是时老师亲历亲聆或亲身执教的，所以，他的评课也就必然打上了现场的痕迹。在评析袁菊老师的《念奴娇·赤壁怀古》时，时老师说："这是我三十多年教学生涯中听过的千百节课中一直盘桓在心中的课。因为，这节课在听课现场就让人耳目为之一新，心灵为之震动。"这样的开场白直接就把读者带到了听课现场。

在欣赏黄厚江老师的《黔之驴》时，时老师抓住教学现场的细节进行分析："从教学现场的反应看，学生对文本的理解、对寓言中几个形象的认识都存在一些欠缺，具体表现为以下几点：女生范读中的回读与误断、男生所讲的故事缺乏想象力、误认为驴很强大、对'庞然大物'一词的理解不到位等。按照一般认识，公开课上出现这些有瑕疵的回答，是美中不足，甚至算得上败笔；然而黄老师如获至宝——因为这些反映了学生真实的认知水平，是学生真实的思维状态。黄老师运用教学机智，通过教学活动对学生的认知加以矫正、引导，使学生的认识有所发展。于是，我们欣喜地看到，在短短的时间内，学生的课堂表现出现了可喜的变化。学生在原认知中出现的不足，都在教学活动中得以修缮，而这正是学生思维发展的体现。让学生的思维水平得到发展，这是真正意义的生本。"

3. 从每节课的精彩处提炼

评课犹如写作，最忌面面俱到，什么都说，有时候就等于什么都没说。时老师的评课总是着眼于课堂的亮点，通过对精彩处的提炼，总结出教者课堂的特点。

譬如，他在评析袁菊老师的《念奴娇·赤壁怀古》一课时，从袁老师对"乱石穿空，惊涛拍岸，卷起千堆雪"的赏析中概括出该课的第一个特点：互动性；从袁老师对"小乔初嫁了"的分析和处理中概括出该课的第二个特点：拓展性；从袁老师少而精的多媒体运用中概括出该课的第三个特点：前瞻性。

再如，他在评析鞠九兵老师的《鉴赏家》时，从鞠老师对"老鼠上灯台"的情节的精到分析中概括出该课的第一个特点：精于解读；从鞠老师课堂上多次适切的旁逸斜出中概括出该课的第二个特点：智于拓展；从鞠老师不时提醒学生阅读技巧和答题技巧的环节中概括出该课的第三个特点：善于授"渔"。

时老师是与我交往多年的、我非常欣赏的好朋友、好兄弟，他风趣、幽默、聪敏、睿智，更可贵的是，他还很勤奋。2013年盛夏，他的第一本专著《语文教师的五般武艺》出版之后，他就跟我说，接下来他想再出两本书，一本《观书记》（后定名为《让书香浸润生命——时鹏寿伴你品读经典》），一本《观课记》（后定名为《怎样上好语文课——时鹏寿解析精彩课例》），前者就是把他所读过的一些好书介绍给读者，后者就是把他听过的一些好课介绍给同行。我想，这两个宏伟计划至少也得是个五年规划吧。哪曾想，2016年隆冬，他兴奋地告诉我，各二十多万字的两部书稿已经完成。对此，我惊讶不已。

时老师不是一个专事写作的人：首先他是一位语文老师，所以他必须顶班上语文课；其次，他是一所四星级普通高中的教科室主任，日常工作很多，仅课题研究这一块就有十多个省、市级课题需要管理指导，还要主编校报《风华报》（每月两期，总文字量约3万字）；再次，他还是江苏省"绿色东皋"课程基地的主持人，除了组织相关的活动外，还要主编《绿色东皋》内刊（每年四期，总文字量约24万字）。除了这些身份，他还要完成学校领导临时交办的很多重要工作。我真不知道他是如何在完成这些工作的间隙写成这两部书稿的，我想，除却勤奋，别无他途。

学校教育的主阵地在课堂，课堂教学的优劣将影响学生的一生，当然也会影响教师的教育人生。日本学者佐藤学有一本专论课堂教学变革的书叫《静悄悄的革命》，副标题是"课堂改变，学校就会改变"。我想再续上两句："课堂改变，学生就会改变；课堂改变，教师就会改变！"

亲爱的同行们，你想静悄悄地改变你的课堂吗？你想静悄悄地改变你的学生吗？你想静悄悄地改变你的教育人生吗？如果想，那么请读《怎样上好语文课——时鹏寿解析精彩课例》，它会助你一臂之力，一定会的！

王学东

（王学东：江苏省著名特级教师，江苏省首批教授级中学高级教师）

contents 目 录

■ **古诗文篇**

3　践行人本理念，打造生本课堂
　　——《黔之驴》教学实录及解析
　　　江苏省苏州中学　黄厚江

21　"四文"兼顾，让课堂智趣飞扬
　　——《烛之武退秦师》教学实录及解析
　　　江苏省如皋中学　王学东

45　入境悟神，创生建构
　　——《念奴娇·赤壁怀古》教学实录及解析
　　　江苏省南通市教育科学研究院　袁　菊

63　于读赏中见匠心
　　——《锦瑟》教学实录及解析
　　　江苏省南通中学　夏立东

78　吃透教材，让传统课堂焕发异样光彩
　　——《师说》教学设计及反思
　　　江苏省如皋市第一中学　时鹏寿

■ **现代文篇**

89　高屋建瓴，"文""道"兼美
　　——《葡萄月令》教学实录及解析
　　　江苏省南京市第十三中学　曹勇军

· 1 ·

102　精到的解读，智性的展示
　　　——《鉴赏家》教学实录及解析
　　　　　江苏省南通市教师发展学院　鞠九兵

118　个性解读，让课堂充满语文味
　　　——《一朵午荷》教学实录及解析
　　　　　江苏省海安县教育局教研室　万芝锋

125　品读语言，思考人生哲学
　　　——《我为什么而活着》教学实录及解析
　　　　　江苏省如皋市长江高级中学　王　华

139　精彩赏析，提升学生写作能力
　　　《我的一位国文老师》教学设计及解析
　　　　　江苏省如皋市第一中学　刘书梅

146　细心引导，使学生"学一篇，通一类"
　　　——《家里的灶头》教学设计及解析
　　　　　江苏省如皋市第一中学　谢　静

156　在"教教材"与"用教材教"之间自由行走
　　　——《一个人的遭遇（节选）》教学实录及反思
　　　　　江苏省如皋市第一中学　时鹏寿

创新课型篇

175　实战演练，提高学生生活能力
　　　——《走进语言现场·问答之间》教学实录及解析
　　　　　江苏省锡山高级中学　唐江澎

186　红楼女儿多才思，一枝一叶总关情
　　　——"读'红楼'诗歌，学咏物诗鉴赏"教学设计及解析
　　　　江苏省如皋中学　沈红娟

197　大胆取舍，巧妙整合
　　　——"'殉道者歌'整合教学"教学实录及反思
　　　　江苏省如皋市第一中学　时鹏寿

210　心中有学生，课堂有精彩
　　　——"'生存选择'整合教学"教学实录及反思
　　　　江苏省如皋市第一中学　时鹏寿

223　把握文本特点，升华学生思想
　　　——"'审视文明'整合教学"教学实录及反思
　　　　江苏省如皋市第一中学　时鹏寿

作文篇

239　有识·有序·有方·有效
　　　——"新材料作文的第一关：立意关"教学实录及解析
　　　　江苏省南通市教师发展学院　鞠九兵

253　恰当选用叙述的角度
　　　——"高中记叙文写作策略性知识研究"教学实录及解析
　　　　江苏省如皋市教师发展中心　杜新建

273　四步讲评，提高学生写作能力
　　　——"命题作文'柳暗花明'讲评课"教学设计及反思
　　　　江苏省如皋市第一中学　时鹏寿

288 言之有物与言之有术
——"'生活随笔'的选材与表达"教学设计及反思
江苏省如皋市第一中学　时鹏寿

297 跋

古诗文篇

践行人本理念，打造生本课堂

——《黔之驴》教学实录及解析

江苏省苏州中学　黄厚江

名师名片

　　黄厚江，江苏盐城人。江苏省语文特级教师，江苏省首批教授级中学高级教师，全国优秀语文教师，国标本苏教版初中语文教材主要编写者，国标本苏教版高中语文教材编写组核心成员，江苏省基础教育教学指导委员会中学语文学科专家委员，江苏省"333工程"培养对象，全国中语会理事、学术委员会副主任、教师发展中心副主任，江苏省中语会副理事长，苏州市中语会副理事长，苏州大学硕士生导师，苏州市名教师，苏州市教育科研带头人，江苏省苏州中学校长助理兼总督学。

　　长期从事中学语文教学和研究工作，对中学语文教学有系统深入的研究，形成了系统的语文教学理论和鲜明的教学风格，倡导的"本色语文"和"语文共生教学"在全国具有广泛的影响。提出了优化语文课堂教学的和谐原则、适度原则、节奏原则和整体原则，语文课程的教材观、过程观、知识观和训练观等许多系统的理论。所提出的"语文不仅仅是学习和交际的工具，更重要的是人的精神生活的工具""语文的人文性只能体现在工具价值实现的过程之中""把语文课上成语文课，用语文的方法教语文"等观点，以及提出的阅读教学与写作教学的基本定位和基本策略都具有广泛的影响。

　　独自承担了"语文教学的美育功能"等课题的研究，主持了"九年义务教育初中段语文目标定位训练""创新能力培养和语文教学模式"等课题的研究，是南京大学和江苏母语课程教材研究所共同主持研究的国家重点课题"中外母语教育比较与我国母语课程教材改革创新研究"课题组骨干成员。

应邀在全国各地举办语文教学讲座数百场，执教公开课数百节。《人民教育》《语文学习》《语文教学通讯》《中学语文教学参考资料》《中学语文教学》等刊物先后将其作为封面人物或进行专栏介绍。《江苏教育研究》《教育研究与评论》《江苏教育》等刊物都曾开辟专栏介绍其"本色语文"的教学思想和实践。

发表论文数百篇，其中被人大复印报刊资料、《中国教育报》等转载100多篇。撰写、主编教材及教参60余部（套）。在江苏省首届基础教育研究成果评选和江苏省首届基础教育教学成果评选中获得三项特等奖（全省唯一）。

教学教研之余坚持文学创作，发表散文、诗歌、小说和杂文等作品近100篇。出版《语文的原点——本色语文的主张与实践》《享受语文课堂——黄厚江本色语文教学典型案例》《还课堂语文本色》《语文课堂教学诊断》《黄厚江讲语文》等多部专著。

开课背景

2012年3月，江苏省中小学教学研究室、《教育研究与评论》编辑部主办，江苏省靖江高级中学承办的首届"苏派语文教育论坛"在靖江高级中学举行，黄厚江老师应邀进行课堂教学的现场展示，执教了《黔之驴》。

教学实录

一、导入

师：今天我要和同学们一起学习柳宗元的《黔之驴》。知道柳宗元吗？他是哪个朝代的？

生（齐）：唐代文学家。

师：他最擅长写什么？

生：寓言。

师：真厉害！柳宗元是"唐宋八大家"之一，记住，"唐宋八大家"主要都是散文写得好。柳宗元不仅散文写得好，传记写得也不错，写得尤其好的是寓言。哪位同学说说寓言是一种什么样的文体？寓言有什么特点？

生：寓言能以一个小故事反映一个大道理。

师：你概括了寓言的两大特点，一是有故事，二是用故事反映道理，当然不一定是大道理。而寓言故事又不同于一般故事，它还有什么特点呢？

生：寓言简短生动。

生：里面的人物都是动物。

师：这句话怎么表述比较准确？

生：里面的主要角色多是动物或植物。

二、整体感知

师：今天的故事主角是谁？

生（齐）：驴！

师：哪里的驴？

生（齐）：黔，贵州！

师："黔"怎么读？

生（齐）：qián。

师：好的，那大家知道学习文言文首先要做的是什么吗？

生（齐）：读！

师：对，学文言文首先要读，课文读过了吗？

生（齐）：读过了。

师：注释读过了吗？

生（齐）：读过了。

师：有点底气不足。课文要以朗读为主，注释要以默读为主。下面请同学来读课文，谁主动来读？

（生举手。）

师：女生优先吧。听的同学可以想想她读得怎么样，应该怎么读。

（一女生朗读课文。）

师：读得怎么样啊？与你们心中的标准一致吗？有没有觉得自己比她读得好的？

（一男生朗读课文。）

师：读得是否更好一些？这也是应该的，因为你比女生后读。

（生笑。）

师：女同学发音很标准，男同学把寓言的语气读出来了，如最后一句呈现出一种胜利者的姿态。你愿意带大家一起读吗？

（该男生带着全班同学齐读。）

师：谢谢这位同学。你帮黄老师干了活，而且干得比黄老师好！

三、分析"驴"的形象

师：读寓言要抓故事，读故事要抓主要形象。下面我们一起来看看，黔之驴是什么样的驴？请用自己的习惯标画出哪些语句主要写驴，从哪些方面写驴，写出了一头什么样的驴。

（生标画。）

师：要不要黄老师读你们标画？

（生没有回应。）

师：不要我读我就不读。你们继续标画，请大家合上参考书，自己琢磨、理解，标画有关语句。

师：来交流一下。

生："虎见之，庞然大物也，以为神"一句从虎的角度写驴外表的强大。

师：外表强大？怎么表达更合适？

生：光从外表还看不出强大。

师：那就是写外表之大，刚才他说了"以为神"，这句话怎么译？

生：把它当作神。

师：很好，以之为神，从老虎的角度写驴外表之大。

生："驴一鸣，虎大骇"一句从老虎害怕的角度写驴叫声大。

生：这一句告诉我们，因为贵州本来没有驴，没听过驴叫，所以一听到驴叫，老虎就怕了。

师：请注意围绕如何写驴这一核心话题思考。

生："驴不胜怒，蹄之"一句显示了驴脾气的暴躁。

师：从这句中能看出驴脾气暴躁。"不胜怒"是什么意思，能翻译一下吗？

生：禁不住愤怒。

生：从这句也可以看出驴没有真才实学却自以为是。

师：你是从哪里看出来的？

生：从"蹄之"看出来的。

师：这不也是一种本领吗？怎么说它没有真才实学啊？

生：我来补充。"驴不胜怒，蹄之"，驴忍不住发怒了，但它除了蹄，实在没有其他强大的本领了。

师：很对，文中还有一句与之意思相似的句子，你能找一下吗？

生："觉无异能者。"

师：谁"觉"？

生（齐）：老虎！

师：对，鸣、蹄这些本领确非异能，表明驴确实没什么真本领。

师：还有写驴的地方吗？谁注意过第一句话，"黔无驴"不也是在写驴吗？

（生点头。）

师：这头驴是从哪里来的？怎么来的？

生：从外地来的，是"船载以入"。

师："船载"是什么意思？

生：用船运过来。

师：译得好，这不就是写驴的来历吗？

师：读寓言要特别注意主角的结局，我们要关注驴的下场，这很重要。文中哪句写了驴的结局？

生（齐）："因跳踉大㘎，断其喉，尽其肉，乃去。"

师：这句话是从老虎的角度来写驴的结局的，如果从驴的角度考虑该怎么说呢？

生：驴被咬断了喉咙，吃光了肉。

师：好的。那驴为什么会有这样的下场？

生：驴无异能。

师：这个问题要立刻回答还是蛮难的，待会再往深处想，我们先从前人说过的成语来看看。

生：黔驴技穷。

生：黔驴之技。

生：外强中干。

师："外强中干"是否出自本文还需考证，但用在这里很贴切。

生：庞然大物，工于心计。

师：你的成语积累很丰富。"工于心计"形容老虎也很贴切，但是否语出此处同样得考证。"庞然大物"出自这个故事，它在什么情况下用？姚明在篮球场上叱咤风云，简直是庞然大物。这个例子行吗？

生：不行，"庞然大物"不能形容人。

师：好，有想法，但想法不一定对。请联系驴的遭遇再看看，可以形容人吗？

生：能，"庞然大物"形容表面强大其实并不强大的人或物。

四、分析"虎"的形象

师：驴的故事就大致读到这里。事实上作者的大量笔墨并没有用在驴身上，而用在了老虎身上，为什么呢？我们先看看这是一头怎样的老虎。

生：老虎是胜利者。

生：但老虎一开始怕驴。

师：从文中找依据说说。

生："以为神""大骇""远遁""甚恐"。

师：找得好。

生：老虎工于心计，它慢慢了解，慢慢接近驴。

师：也从文中找依据说说。

生："稍出近之""又近出前后""稍近益狎"，老虎在一步一步试探驴，表明它工于心计。

师：说得真好。古人读《黔之驴》时从驴的角度概括了很多成语，我们能不能从老虎的角度也概括几个词，以后可能会成为成语，同学们能试试吗？

生：黔虎之智。

生：黔虎识驴。

五、分别从驴和虎的角度讲述故事

师：同学们概括得真好。那学了驴、虎的故事之后，下面我们就来讲故事。小时候我们讲故事是怎么开头的？

生（齐）：很久很久以前……

师：谁来用自己的话讲这个故事？要用自己的话讲，忠实原文，适当进行想象，要有一定故事性。

（一生讲述故事……）

师：这位同学注意了故事性，但有个细节，驴到底踢到老虎没有啊？

生：没有踢到，老虎是很机智的。

师：我们再把讲故事的要求提高一点，分别用老虎和驴的口气来讲，谁来挑战一下？

（一男生以驴的口气讲述故事……）

师：讲得很生动，故事性强。

（生笑。一女生以老虎的口气讲述故事……）

师：也不错，把老虎的心理表现得很细腻，层次分明。故事讲完了，同学们还有疑问吗？

（生迟疑。）

六、探究故事的深层寓意

师：文章写虎的笔墨很多，那课题为什么叫"黔之驴"，不叫"黔之虎"呢？

（一女生照参考资料上的观点读。）

师：我不喜欢读资料，比较喜欢独立思考。

生：是用黔驴反衬黔虎的聪明机智。

生：柳宗元是借驴讽刺当时昏庸无能的官员。

师：这位同学讲得很深刻，学古文要知人论世，从当时的背景出发。柳宗元生活的中唐时代，朝中很多官员地位显赫却无多少本领，作者就借驴来讽刺朝廷中那些位高权重却昏庸无能的官员们。同学们在以后的生活中遇到这样的人也可以联想到这头黔之驴！

生（齐）：好！

师：刚才有个同学说大家都不喜欢驴，老师有些疑问，有人喜欢驴吗？

生：现实生活中驴还是很有用的。

师：老师也喜欢驴，它勤劳、踏实、可爱，不工于心计，北方人家里的驴都是宝，能帮人拉磨、拉车。而文中是说驴"至则无可用"，不是说驴没有用，这怎么理解？

生：没有把驴放到该放的地方，这驴就没有用了。

师：人如果这样，恐怕结局也是如此啊！我觉得如果我像文中的驴一样"放之山下"，肯定比这头驴还无用。那到底是谁导致了这个悲剧呢？

生（齐）：好事者！

师：黔之驴的悲剧是因为好事者的无事生非，能从好事者的角度讲述这个故事并概括一个词语给后世留下些教训吗？来尝试一下。

（生讲故事，之后在教师引导下概括出词语"载驴入黔"。）

师：一起记住这个悲剧故事的教训吧，同学们长大以后可不能做这样的事啊！

（生点头。）

七、结课

师：今天我们读了一篇寓言，知道了关于驴、老虎和好事者的三个故事，懂得了古人概括的和我们自己概括的六个"成语"，还明白了一些道理，好，下课！

时师观课

黄厚江老师是"本色语文"的倡导者、践行者。在江苏省首届基础教育教学成果奖评选活动中，黄老师关于"本色语文"的研究成果"语文本色教学"获得了特等奖。

黄老师在其《你也可以这样教阅读——黄厚江共生阅读教学基本课型及典型实例》中指出"本色语文"的基本内涵有三：一是语文本原，立足母语教育的基本任务，明确语文课程的基本定位；二是语文本真，探寻母语教学的基本规律，实践体现母语基本特点的语文教育；三是语文本位，体现语文学科的基本特点，实现语文课程的基本价值。而最核心的主张就是"把语文课上成语文课，用语文的方法教语文"。

在首届"苏派语文教育论坛"上，黄老师对"本色语文"进行了简约的解读，让人茅塞顿开：教学内容明明白白，教学过程清清楚楚，教学方法简简单单，教学活动扎扎实实，教学效果实实在在。

他说："凡是圆满的课都是假课！"他认为，能够不用多媒体就尽量不要用！他认为，优秀的教师总是能把学生错误的答案"哄"出来。

这些见解也赢得了与会者的高度认同。

同样让人惊艳的还有黄老师执教的《黔之驴》这节展示课。

《黔之驴》是柳宗元的一篇寓言，文本看起来很浅、很薄，黄老师却在浅文深教、薄文厚教上做了成功的示范。特别是让学生以驴、老虎的身份分别讲述故事，以及"黔虎之智""黔虎识驴""载驴入黔"几个"成语"的创意让人眼前大亮。

黄老师还为传统观念中的驴的形象正名，让人脑洞大开、耳目一新。

如此出人意料的教学设计，我可以放言，大概仅此一家。真是行家出手，端的不俗！

我们不妨从"生本"与"文本"两维分别观照黄老师的这节展示课。

1. 先说"生本"

从事教育工作的人都知道"以生为本"的必要性，因为所有学科教学的终极目标都是为了让学生得到充分发展。

"以生为本"的理念在这节课的教学中主要体现在三个方面：一是以学情为教学基点，二是放低身段的儿童视角，三是以促进学生发展为教学归宿。

（1）以学情为教学基点。

从教学现场的反应来看，学生对文本的理解、对寓言中几个形象的认识都存在一些欠缺，具体表现为以下几点：女生范读中的回读与误断、男生所讲的故事缺乏想象力、误认为驴很强大、对"庞然大物"一词的理解不到位等。按照一般认识，公开课上出现这些有瑕疵的回答，是美中不足的，甚至算得上败笔；然而黄老师如获至宝——因为这些反映了学生真实的认知水平，是学生真实的思维状态。黄老师运用教学机智，通过教学活动对学生的认知加以矫正、引导，使学生的认识有所发展。于是，我们欣喜地看到，在短短的时间内，学生的课堂表现出现了可喜的变化。学生在原认知中出现的不足，都在教学活动中得以修缮，而这正是学生思维发展的体现。让学生的思维水平得到发展，这是真正意义的生本。

（2）放低身段的儿童视角。

黄老师是享誉海内的名家，但是我们看不到他与学生的距离。他主动放低身段，平等地与学生进行交流，所设计的问题也是符合学生心理的，许多活动都进行了近乎游戏化的处理，很自然地就让学生积极参与到课堂活动中来了。比如，变换角色讲故事的设计（讲故事、听故事，是每一名学生成长过程中不可或缺的体验。让学生讲故事，符合学生的心理特征，因而学生表现出极大的热情），对老虎的认识与评价，对驴的形象的修正，等等。这些，让我们对"游戏中也有教育甚至会是更加适切的教育"有了真切的体悟。

（3）以促进学生发展为教学归宿。

我们的教学不管如何展开，最后都要落实到促进学生的发展上。黄老师的这节课是通过具体的学生活动来达成促进学生发展的目标的。从学生范读到学生纠错再到学生领读，学生"帮黄老师干了活"，而且"干得比黄老师好"，这一环节自始至终都是学生在读；讲故事以及评点故事的讲述也完全由学生完成；对形象理解出现偏差，对"庞然大物"的理解不到位时，黄老师才在学生尝试、揣摩未果的情况下，采用迂回之术，通过在文本中寻找信息与示范造句等方法，让学生自我矫正、辨伪去妄，从而形成正确的认识。学生认知的不足在活动中得以展现，又在活动中得到解决，学生的思维因此得以提升。

综观教学全程，黄老师时时尊重学生，处处着眼于学生的发展，使学生在活动中发展了自我，这才是真正践行"以生为本"的理念。

2. 次说"文本"

这里所说的"文本"不是《现代汉语词典（第7版）》中的"文件的某种本子（多就文字、措辞而言），也指某种文件"的释义，而是"以文为本"，即阅读与阅读教学应当尊重文章本身，包括文章特定内容与文体共性特征等相关信息，简言之，就是充分尊重文本。

在这节课的教学中，"文本"意识集中体现在以下两个方面。

（1）强化文言文本意识。

黄老师让学生明确：学习文言文，首先是朗读，是诵读文本，默读注释，理解文意，其中诵读文本是前提，是关键。黄老师安排了三种类型的四次诵读。一是先让学生自由诵读课文，初知文意（课前）；二是请班级中朗读优秀者范读（先请女生读，后请男生读），借以明确诵读要求；三是请朗读相对优秀的男生（因为该男生读出了文言文的韵味）带领全班学生读课文。这让人不由自主地想到黄老师教读《蜀道难》时对"噫吁嚱，危乎高哉"反复诵读、体会的做法。可见，他重视诵读这一文言文教学中的经典做法。特别需要指出的是，在阅读评价环节，黄老师心细如发，既客观地指出女生范读中存在的问题，又用"发音很标准"的评价保护了女生的自尊，通过让男生带读课文，并用"你帮黄老师干了活，而且干得比黄老师好"，含蓄而巧妙地肯定了男生的朗读水平，这是一种激励性的表扬。声情并茂的朗读，既是文言文教学的需要，又为后面学生理解文意做了充分的准备。

（2）强化寓言文体意识。

我们常看到不少阅读课中教师不顾及文体的做法，其中的危害不容置疑。但是，在本节课的教学中，黄老师在三个教学环节中反复强调了《黔之驴》的文体。

首先，上课伊始，通过提问，让学生明白了"这是一篇寓言"，并追问"寓言有什么特点"，为下面的教学环节埋下了伏笔。

其次，在教学过程中不断强化文体意识。《黔之驴》本身就是一个故事，黄老师让学生按照他的要求"用自己的话讲，忠实原文，适当进行想象，要有一定故事性"讲述这个故事。这一看似朴素的教学环节，实为匠心独运，它创造性地解决了对文言文本内容的把握问题。黄老师还引导学生全面分析作品中的形象。一般对此文中形象的把握多立足于对"驴"的分析，很少涉及"老虎"和"好事者"。黄老师引导学生揣摩形象，侧重于对"驴"的分析，兼顾了对"老虎"与"好事者"的分析，不仅体现出循序渐进的认知特点，还引导学生创造性地理解了形象。

最后，在结课环节，黄老师说："今天我们读了一篇寓言，知道了关于驴、老虎和好事者的三个故事，懂得了古人概括的和我们自己概括的六个'成语'，还明白了一些道理。"再次强调所面对的文本是寓言。

这样从"生本"和"文本"出发，又时时、处处着眼于"生本"和"文本"的教学，正是黄老师"本色语文"教学观的生动演绎。

附 录

黄厚江执教《黔之驴》的几个细节

江苏省清江中学　王耀松

反复观摩黄老师的课堂教学录像，我越发觉得经典课堂生命力之长久不衰，不仅得益于执教者先进的理念、丰富的经验、深厚的学养及其人格魅力，更在一些不经意的细节处理中见执教者超常的功力。我仔细揣摩了几个细节，觉得很能体现黄老师的"本色语文"的教学风格，也值得各位语文教师学习。现撷取几个片段与同人共赏。

一、不要我读我就不读

在学生读完课文后，黄老师要求学生边看书边画出文中写"驴"的句子，这时他问："要不要黄老师读你们标画？"学生没回应，这时候一般的老师为了展示自己的才华，可能会不顾学生的需求读起来，黄老师却说"不要我读我就不读"，没去打断学生的思路。

这简单的一句话，体现了课堂生态的变化。教师不是课堂的主宰者，学生自己能做的就让学生自己做，师生之间是一种本真自然、和谐融洽、平等互助的关系。只有在这种氛围下，学生才能畅所欲言、才情迸发。这种现象在黄老师的课堂上并不鲜见。比如，男生读课文，声音洪亮，吐字清楚，声情并茂，黄老师就让该男生带领学生朗读；让学生讲"驴"的故事和"老虎"的故事，学生讲得惟妙惟肖、幽默风趣；学生关于"好事者"的热烈讨论。可以说，学生的积极性得到了充分的调动，全身心投入，每个生命都是那样真实、真切，没有丝毫的矫情、做作，他们真正成了课堂的主人。

这种才情的发挥来源于教师对他们的尊重和欣赏，而这种尊重和欣赏是发自内心的自然流露，不是刻意安排的。比如，在读书的环节，黄老师让女生先读，让男生懂得对女生要尊重；接着又让男生读，男生读得比女生好，得到一片掌声。黄老师说："这也是应该的，因为你比女生后读。"既肯定了男生，又保护了女生的自尊。然后又建议那位男生："你愿意带大家一起读吗？"其实这是对男生最好的欣赏和激励。读完后黄老师又说："谢谢这位同学。你帮黄老师干了活，而且干得比黄老师好！"既让学生把该做的、能做的事情都做了，又把自己的姿态放得很低，处处把学生放在前面。这是来自内心深处的对语文教学本质的理解，是对人的尊重，对人的大爱情怀，没有这种爱就没有生态课堂的形成和构建，就失去了"本色语文"的根基。理解、尊重、欣赏、爱，我们常常说得很多，但在课堂上真正做到的有几人？

二、不喜欢读资料，比较喜欢独立思考

当师生讨论"文章写虎的笔墨很多，那课题为什么叫'黔之驴'，不叫'黔之虎'"这一问题时，一位女生照着参考资料上的观点读，黄老师发现后并没有厉声呵斥，而是和蔼又风趣地说："我不喜欢读资料，比较喜欢独立思考。"既体现了对投机取巧、不动脑筋的做法的批评，又保护了学生的自尊，避免了学生的尴尬。其实，这也是对学生学习习惯的培养和学习方法的要求，而这种要求是在课堂教学中自然流露出来的，黄老师并没有板起面孔要求学生怎么样，也没有在课堂开始就展示三维教学目

标等。

　　他对学生学习方法的要求非常具体、明确，主要体现在以下几个方面。一是预习要求。上课以后，黄老师说："学文言文首先要读，课文读过了吗？"学生回答"读过了"。黄老师又问："注释读过了吗？"其实许多学生没有仔细看注释。二是阅读要求。在分析文章写驴的文句时，黄老师要求学生标画出哪些语句主要写驴，从哪些方面写驴，写出了一头什么样的驴，并提出建议，让学生合上参考书，自己琢磨、理解，标画有关语句，要求具体、清楚、明白，让学生明白了做什么，怎么做，可操作性很强。三是能力要求。在让学生将《黔之驴》以故事的形式讲述出来时要求，"用自己的话讲，忠实原文，适当进行想象，要有一定故事性"。其实是让学生进一步理解、把握文意，包括对句子的理解，弥补了对文句疏通的不足。然后男女生分别讲述驴的故事、虎的故事，既给课堂增添了生动性，又让学生在故事中体会了"驴"和"虎"的不同个性和心理，进而理解了文章的主旨，同时使学生的语言表达能力、想象能力得到充分的展示。四是做人引领。当明确作者的写作目的是讽刺那个时代像"驴"一样的人时，黄老师又反过来问："有人喜欢驴吗？"明确现实中的驴勤劳、踏实、可爱、不工于心计，这其实是教给学生如何做人。这样的讲解可谓一气呵成，不见斧凿的痕迹。而这一切又都没有离开语文本身，没有说教，没有附加道德政治功能，避免了非语文因素的干扰，是贴近语文的教学。

三、一篇寓言，三个故事，六个成语

　　在课堂总结时，黄老师将本课教学内容归纳为"一篇寓言，三个故事，六个成语"，就这么简单，却牵涉教学内容如何确定的问题。文言文怎么教？教什么？不教什么？为什么这样教？从黄老师的课堂不难看出，"不教什么"的标准就是学生会的不教，学生自己能学会的不教。反观我们的文言文课堂，通常是把时间和精力主要放在对字词的讲解和翻译上，并不断进行反复训练和练习，直到学生能背诵才停止。对文章中的形象的把握、主旨的理解、表达特点的掌握，或者蜻蜓点水，或者一笔带过。当然黄老师对字词也不是完全不讲，而是在分析过程中适时适当加以强调。

　　黄老师把教学内容确定为"一篇寓言，三个故事，六个成语"，其实

是根据文体来确定的。《黔之驴》是一篇寓言，因此课堂就围绕寓言展开教学。首先讨论什么是寓言，学生认为是通过小故事表述大道理。黄老师明确：不一定是大道理，小道理也是可以的；寓言的主要形象多是动物或植物。强调了寓言的构成要素：动植物形象、故事、道理。在整体把握文意的基础上，让学生从驴、虎和好事者的角度讲故事，正是对寓言特点的理解和加深。

在分析描写"驴"和"虎"的文句后，黄老师要求学生分别以"驴"和"虎"为中心概括成语。由对"驴"的描写概括出"黔驴技穷、黔驴之技、庞然大物"；由对"虎"的描写概括出"黔虎之智、黔虎识驴"（以后可能会成为成语——黄老师语）；从"好事者"的角度概括出"载驴入黔"（有寓意，但不是成语——笔者注）。在此强调了"庞然大物"是指外表强大其实并不强大的人或物，有助于强化学生对"驴"的本质的认识。"黔虎之智"就是启发人们要学会"虎"的智慧，对付"庞然大物"。这样，文章以"黔之驴"为题的用意便迎刃而解——在于讽刺朝廷中位高权重的昏庸无能之人。而"载驴入黔"讽刺了那些造成"驴"的悲剧的无事生非之人。

需要说明的是，"寓言—故事—成语"这三个环节是循序渐进、环环相扣的，体现了思维的逐步发展、能力的不断提升，符合语文教学的认知规律，由此不难看出黄老师的教学智慧，可谓匠心独运，"老谋深算"。

[见《语文教学与研究（教研天地）》2012年第10期，有删改]

观黄厚江老师执教《黔之驴》有感

镇江新区教研室　朱双娣

2012年3月30日～4月1日，我有幸参加了首届"苏派语文教育论坛"，在本次活动中，我聆听了黄厚江老师执教的《黔之驴》，体会了黄老师所说的课堂要明明白白、简简单单等"本色语文"的理念，感慨良多。我个人认为，这种明白与简单不是乏味与单调，而是另外一种丰富与绚烂。

一、简单中富有深意

有人说，生活简单就是美；也有人说，教学简单就是美；我想说，不管是生活还是教学，只有简单不是美。有时候，"简单"之所以能够被称为"美"，是因为简单之中还有其他，简单之中可以有创新、有思想、有个性……

在黄老师的课堂上，我看到了简单之中隐含的深意。比如，在黄老师的这节课上，有一个"创新成语"的教学环节。黄老师要求学生归纳出自课文的成语，还要求学生根据文意自创成语，明确指出：分别从驴的角度、虎的角度、"好事者"的角度创造属于自己的成语。这一教学环节不仅激发了学生的兴趣，也极好地训练了学生的语言运用能力与思维品质。在平时的课堂教学中，如果我们能够像黄老师这样——教学过程清清楚楚，教学方法简简单单且富有别致的精巧设计——学生一定会爱上语文课。

二、嬉笑中包含智慧

让人会心而自然地笑出来是一种能力。综观我们的语文课堂，还有多少笑声？作为一名基层的中学语文教研员，我经常推门听课，也时常听到各种各样的竞赛课与公开课，可以肯定地说，我们的语文课堂中的笑声越来越少了。

黄老师这节课使我笑得很开心、感到很放松。在嬉笑中，学生们学到了语文知识，也收获了快乐。比如，黄老师设计了"变换角色讲故事"这一环节，要求学生分别用驴和老虎的口气讲故事。这个要求一提出，学生就笑了，并积极地默默准备起来。在男、女生代表讲述故事的过程中，我发现，这节课不仅教师让学生笑得很惬意，学生可爱的讲解、丰富的想象、大胆的创新也让黄老师和听课的教师们笑得很灿烂。这样的课堂不仅学生喜欢，任何参与其中的人都很受用。

三、幽默中彰显本色

幽默是一种较高的智慧。在课堂教学中，恰到好处的幽默可以放松学生的心情，调节课堂的气氛与节奏，拉近师生之间的心灵距离。黄老师的课堂处处闪耀着幽默的光芒。

　　黄老师有时候会用自嘲的方式幽默一下，比如，在探究故事的深层寓意时，黄老师启发学生思考："文中是说驴'至则无可用'，不是说驴没有用，这怎么理解？"学生很快感悟到，如果把这头驴放在别处，也是有用的，而"好事者"将其载入黔地，并放之山下，则无所用矣。接着，黄老师将自己与"驴"做了比较，觉得如果自己也像文中的驴一样被"放之山下"，则比驴还无用。学生们都会心地笑了，在这样自嘲式的幽默中，学生们领会到作者的意图。黄老师有时候也善意地揶揄一下学生，师生之间在幽默的谈笑中快乐地接受了彼此。让课堂充满幽默是一种较高的境界，因为这样的课堂里既有语文的本色，又有智慧在闪耀。

　　对于本节课，我有一点需要和黄老师商榷的地方。我觉得"创新成语"的教学设计很有创意，但是在这一环节中，黄老师的主导意识稍强了些，学生的主体意识稍弱了些。

　　当时，黄老师面对的是七年级的学生，这样的教学设计有一定的难度，在有限的时间里，学生的思维能力也许并不能达到教师所期待的高度，黄老师看到学生从"虎"的角度不能说出太多创新的成语，便转入了下一教学环节。然而从"好事者"的角度，学生更不能说出创新的成语，黄老师即引导学生说出了"载驴入黔"。其实，在这个教学环节中，教师可以耐心地启发学生，从成语的格式与本文的内容出发，鼓励学生大胆想象、勇于创新，或许学生能够说出类似于"黔虎心计""黔虎技丰"这样的自创成语，或许学生能够从"好事者"的角度说出"好事生非""错位之灾"这样的自创成语。我认为，这节课可以在这一环节做得再完善些，这样可以让学生多一些思考与创意，多一点成就感与满足感。

　　当然，瑕不掩瑜。我觉得黄老师的这节课风格鲜明，朴素大气。在简简单单的教学过程中，学生获得了丰厚的语文知识与人文滋养，听课者也深受启发与教益。如果我们的语文课堂都朝着这样的方向迈进，那么我们一定会走入一方多彩的天地。

黄厚江老师的"课堂的眼光"

江苏省南通市陈桥中学　大漠孤烟

初中教材《黔之驴》是一篇文言文，文言文的教学一直都令我们头疼，因为我们总是顾此失彼，顾了"工具性"，没了"人文性"；顾了"人文性"，少了"实效性"。很多时候，我们在进行文言教学时就像一个拿着手术刀的外科大夫，一刀一刀下去对文本、字词进行分析与肢解。黄厚江老师绝不反对分析，恰恰相反，他强就强在文本分析，他更不反对语文知识、写作知识、阅读知识的渗透，但是，有一个前提，就是要先让学生充分体验，先让学生生命情感的大门打开，从而感受语文的精彩和魅力。在这个基础上，再跟学生谈技巧、谈方法，这样的知识、这样的方法才具有灵魂，具有力量。

在这节课中，黄老师给我最大的印象是将"文本细读"的功夫做到了极致。有人说，上课就像做家具，实用不实用，这是功利主义；时尚不时尚，这是审美主义；而做工是否精致，这才是锻造我们专业成长的最佳方式。显然，黄老师之前对作家作品、文化背景、艺术特色、时代意义等都做了"细读"，因此，他才能提出我们所提不出的问题，想出我们所想不出的教学策略。譬如，一般的教师都认为《黔之驴》只给我们讲了一个故事，就是这一个寓言故事；高明一点儿的教师会觉得是两个故事，一个是"黔之驴"，另一个是"黔之虎"。可很少有人像黄老师一样觉得是三个故事，除了驴和虎的故事，还有一个"好事者"的故事。再如，我们很多人在执教本课时都会提到一个问题："你觉得导致驴最终下场的原因是什么？"一般人会觉得是驴子自身的愚蠢无能，高明一点儿的教师会觉得还有老虎的敢于斗争、善于斗争，很少有人像黄老师一样还考虑到"好事者"的推波助澜，正是"好事者"将驴无端地载入黔这个地方，使驴不能物有所用，才导致了驴的悲剧下场。

总之，黄老师的课，教学过程清清楚楚，教学方法简简单单，教学活动实实在在。

"四文"兼顾，让课堂智趣飞扬

——《烛之武退秦师》教学实录及解析

江苏省如皋中学　王学东

名师名片

　　王学东，全国优秀语文教师，江苏省中学语文特级教师、正高级教师、江苏省教育科研先进个人，南通市专业技术拔尖人才、南通市名教师、南通市名师导师团导师，如皋市专业技术拔尖人才、如皋市名教师，曾任国家级示范性普通高中江苏省如皋中学教导处副主任、教科室主任，2014年退休。

　　在长期的教学实践和不懈的探索中，他逐步构建了"激趣·启智·寻法"的教学模式，并取得了良好的教学效果。30多年来，他从初中教到高中，无论是从起始年级教，还是中途接班，他所教的班级在中考、高考中均取得了不错的成绩。

　　他有较强的教育科研能力，单独主持了省、市级多个科研课题并顺利结题。

　　他在语文教学的研究方面取得了丰硕的成果，出版专著《有思想地教阅读——让学生学会品读文字真意》《让作文教学更高效——王学东写作教学手记》等，在省级以上报刊发表教育教学论文200余篇，主编（参编）30多部有关中学语文教学方面的著作，共1000多万字。

　　他应邀在全国各地做有关教师专业发展、素质教育、语文素养、课题研究、教学论文写作、高考语文复习、高考作文写作等的专题讲座80多场，得到听讲者的高度好评，在省内外产生了较大的影响。

开课背景

2013年10月,第二届"苏派语文教育论坛"活动在南京举行。25日下午,王学东老师借南京市金陵中学河西分校高一(9)班,为与会代表执教了展示课《烛之武退秦师》。

教学实录

师:同学们,上课了,我们先来做一个游戏。请大家来猜一猜,这是一本什么书?当你看到我出示的信息时,如果明白了,你就举手示意。我看提示到哪一点我们全班同学能都举手。

课件逐渐出示以下文字:

1. 这是一本史书。
2. 这是中国最早的一部编年体史书。(出示第二点时教师问学生:史书的体例除了编年体还有哪些?学生回答还有"国别体"和"纪传体")
3. 它是为解说《春秋》而作的。
4. 它和《公羊传》《谷梁传》都是解说《春秋》的史书,世称"春秋三传"。
5. 它的作者相传是鲁国史官左丘明。

这部书就叫《左传》,又叫《春秋左氏传》《左氏春秋》。

(从第二点开始就有学生举手了,到第五点时,全班同学都举手了。)

师:这里有一个字请大家辨析一下,有一本书叫《巨人传》,《巨人传》的"传"与《左传》的"传"是不是一个意思呢?

(生沉默,师继续引导,列举《毛泽东传》和《邓小平传》启发生思考。)

生:我觉得《毛泽东传》和《巨人传》应该是以毛泽东和巨人为主人公来写的,《左传》的"传"表示是左丘明记录的。

师:是不是专门记录左丘明生平的书?

生:不是,是左丘明记录历史的书。

师：这是谁写的就把谁的姓放在前面。（问学生）你姓什么？

生：王。

师：呀！我们是本家。如果当年是你写的，那叫什么？

生：《王传》。

师：啊！那你就很不简单了！

师：那么《左传》的"传"是什么意思呢？其实就是解说的意思。它是来解说《春秋》的。刚才所说的"春秋三传"中，长于叙事的是《左传》，另外两部长于议论。成就最高的是《左传》。今天，我们就一起来学习选自《左传》的一篇著名的散文《烛之武退秦师》。（用课件出示课题）

师：俗话说，读书百遍，其义自见。学习文言文，我们一定要重视阅读，通过阅读来了解文章。下面我想请四个同学将课文的四个小节朗读一下。在这四个同学朗读时请大家思考几个问题：这篇文章讲了一个什么样的故事？故事的主人公是谁？这个故事给了我们怎样的启发？在朗读时还请大家注意课文中一些字词的读音，看看他们有没有读错的地方。思考一下课文中的哪些字是我们要特别注意的。

（生1朗读课文第一小节。）

（师请该生推荐第二个朗读者，接下来的第三、四小节的朗读者也由前一个朗读者推荐。）

师：请大家评判一下，撇开读音问题，刚才朗读的四个同学哪个同学读得最好？

生：读第三小节的同学读得最好，读得很有感情，很有味道。

师：刚才四个同学的朗读有哪些字读得不够准确呢？

生：我感觉第三小节读得基本都不准。

师：你不能全盘否定啊！

生：比如"逢孙"的"逢"应该读"páng"，而不应该读"féng"。

生：第一小节中"秦军氾南"的"氾"应该读"fán"，他读成了"sì"。

师：这个字有没有"sì"的读音呢？没有，但它有"fàn"的音，是"泛"的异体字。

生："阙秦"的"阙"读错了，一次读成"jué"，一次读成"juē"，应该读"quē"。

（师板书解说"阙"的两个读音及相关义项。）

生：根据课文的注释，此处可选择第一个读音"quē"。

师：其实这里是使动用法，是"使（秦国的土地）减少"的意思。我备课的时候也在琢磨，同学们也可以课后思考一下这个字到底应该读什么音，王老师今天不给你们明确的结论。你们甚至可以写一篇小论文，表达自己对这个问题的看法并把它投到杂志社去。

师：现在我们来看一下，课文中哪些字的注音要特别注意。

课件依次显示如下内容：

氾（fán）南　　　　佚（yì）之狐

缒（zhuì）而出　　　共（gōng）其乏困

不阙（quē）秦　　　秦伯说（yuè）

逢（páng）孙　　　　微夫（fú）人之力

失其所与（yǔ）　　　不知（zhì）

师：这篇文章涉及的人物很多，所以我们不能以课文当中有名字的就算出场人物，而要将讲了话的算作出场人物。在这个故事中讲了话的人总共有多少个？大家数数看。哪怕只讲了一句话。

生：四个。有佚之狐、烛之武、郑伯、晋文公。

师：你认为在这四个人当中谁是这个故事的主角？

生：烛之武。

师：烛之武在平时的政治生活当中是不是主角呢？

（师在课题"烛之武退秦师"的"烛之武"下方用红粉笔画了一条横线，又在横线下打了一个问号。）

生：绝对不是主角。

师：他平时的地位怎样？

生：他是一个地位很低的人。

师：你从哪里知道的？

生：从"吾不能早用子"这句话可以看出。

师：还有没有其他的话呢？

生：从"臣之壮也，犹不如人；今老矣，无能为也已"也可看出。

师：你能翻译一下这句话吗？

生：我壮年时就不如别人，现在老了已经做不了什么了。

师："就"吗？"犹"到底应该解释为什么？

生：尚且。

师：这句话是不是说明烛之武很谦虚啊？他说你看我年轻的时候就不如人啊，现在老了就更加不如人了，已经做不了什么了。是不是这个意思？

生：是的。他非常谦虚！

师：你的意思是烛之武非常谦虚，大家认同这个观点吗？

生：我不这样认为。烛之武这么说可能有点责备郑伯的意思，如果他真是年轻时不如人，年老了更不如人，那他怎么担当起拯救国家的重任呢？

师：他是不是自认为确实不如别人呢？

生：不是。他心中依然有着满腔的抱负。

生：因为君主不重用他，让他英雄无用武之地。

师：为了让大家对烛之武有更深的了解，老师在这里补充一点材料。关于烛之武，史料记载很少。一直到了明代，有个叫冯梦龙的人在他的《东周列国志》中提到了烛之武，而且说得非常详细。他说烛之武原来是一个圉正，"圉正"的"圉"字怎么写呢？是口字框里面一个"幸福"的"幸"字。"圉正"是个什么样的官呢？是养马的，相当于《西游记》中的弼马温。他出山的时候已经是七十多岁了，牙齿也摇动了，头发也白了，身体弯曲，走路蹒跚，这个时候国家开始找他了。那么是什么样的人、什么样的事把他推到了历史的前台呢？

生：是佚之狐推荐了他。

师：请你说说佚之狐是怎么推荐他的。

生：佚之狐说，现在是国家危亡的时候，如果让烛之武去见秦国国君，秦国就会退兵的。

师：你刚才说国家危亡，那国家发生了一件什么事情呢？

生：晋文公和秦伯联合起来围困郑国。

（师课件出示《秦晋围郑形势图》，并解说此图。）

师：现在兵临城下了，佚之狐来推荐烛之武了。其实这个佚之狐很狡猾，据说本来郑伯是想让他出使的，结果他说自己的本事不是很大，国家中还有个有本事的人，让他去一定能够退秦师，于是就推荐了烛之武。那么，他对烛之武到底有没有信心呢？（生议论纷纷）有人说有，有人说没有。大家能不能从课文里找到依据呢？

生：如果他真的对烛之武出使有信心的话，他就会比较确定烛之武能够让秦军退去。如果真是这样的话，依他的性格，他就会自己去，而不会让烛之武去了。他让烛之武去，就是想让烛之武直接死在那里。

师：有没有不同意见？

生：我感觉如果佚之狐真的是看中了烛之武的话，那他早年的时候就应该推荐烛之武，而不是在国家危亡之时才把烛之武推出去。

师：早年的时候如果佚之狐推荐了烛之武，可能佚之狐就没有现在的地位了。现在是国家要亡了，这个时候捞根救命稻草吧。但是，他对烛之武真如你们刚才所说的没有信心吗？

生：有！佚之狐对郑伯说："若使烛之武见秦君，师必退。"从这个"必"字可以看出佚之狐对烛之武是很有信心的。

师：对不对呢？你们刚才都没注意到这个"必"字，从这个"必"字可以看出佚之狐对烛之武还是很有信心的。

师：下面再来思考一个问题，烛之武要出使了，围郑的是晋国和秦国，他选择劝说哪一方呢？

生：秦师。

（师在课题的"秦师"下画了一条红色的横线，并在横线下打了一个问号。）

师：大家想一想，他为什么要去劝说秦伯呢？

生：他之所以去找秦伯，是因为秦国跟郑国不是邻国。他可以用一些计谋来劝说秦穆公，课文中说，郑国是晋国的邻国，如果秦国跟晋国一起把郑国灭了的话，肯定只对晋国有好处，他可以利用这一点来劝说秦穆公，以达到劝退秦师的目的。

师：好的，这是你的观点。还有没有其他理由？

生：因为先前在城濮之战的时候，郑国是与晋国为敌、与楚国联盟的。然而城濮之战中，楚国战败了。从立场上看，郑国是与晋国对立的。另外，晋文公重耳流落他乡经过郑国时没有受到应有的礼遇。这个时候派烛之武到晋军的营垒里去劝说，再怎么劝人家也不会感受到诚意，所以只能选择去劝说秦国。秦国在城濮之战中属于胜利的一方，这个时候秦国急需扩大自己的实力，秦国来援助晋国，完全是为了从中"捞一把"。如果烛之武跟秦军把利害关系讲清楚，秦军应该是会撤退的。

师：我看你对这个故事的背景了解得很多，你能不能从课文里找到依据呀？

（生没有反应。）

生："以其无礼于晋"。

师：你已经找到一个理由了，还有一个理由呢？

生："且贰于楚"。

师：把"以其无礼于晋，且贰于楚也"翻译一下。

生：因为郑国曾对晋文公无礼，同时对晋国怀有二心，偏向楚国。

师："贰于楚"的"贰"是什么意思？

生：从属二主，怀有二心。跟晋好的时候又跟楚好。

师：从这场战争来看，晋国显然是主导者，出兵的理由跟晋有关系，跟秦没有什么关系。下面我们来了解一下当时战争的背景。（课件出示如下内容）

秦晋围郑发生在公元前630年。在这之前，郑国有两件事得罪了晋国：一是晋文公当年逃亡路过郑国时，郑国没有以礼相待。

二是在公元前632年的晋、楚城濮之战中，郑国曾出兵帮助楚国。结果，城濮之战以楚国失败告终。郑国感到形势不妙，马上派人出使晋国，与晋结好。

师：烛之武要出使秦师了，在出使之前是不是也要考虑一下劝说的方案呢？甚至有可能把佚之狐也请过来商量商量。大家看看有哪些方案可选呢？（稍停）王老师设想了三个方案，大家看看哪一个最合适。第一个方案是"逞强"，烛之武跑到秦师那儿去拍拍胸脯说："你们给我滚回去吧！我们郑国是不怕的！我们一定会战斗到底！"这样去说可不可以？

生：不可以。

师：为什么呢？因为郑国根本没有这个实力。第二个方案是"求饶"："你们就可怜可怜我们吧，你们要什么我们就给你们什么。"这个方案行不行呢？

生：不行。

师：秦可能会说：我马上把你灭了，我想要什么就拿什么岂不是更好？第三个方案是"挑拨"，他会这么考虑：因为你们是联军啊，我把你们挑拨得不团结了，然后我从中渔利。最后他选择了哪一个呢？

生：挑拨。

师：定了大政方针之后，烛之武所要考虑的就是如何劝说、如何挑拨的问题。（在课题的"退"字下面用红粉笔画了一条横线，在横线下打了一个问号）

师：请大家思考一下，要真的把秦师劝退，他要考虑哪几个核心问题？

生：我认为最核心的问题是灭了郑国之后，晋国与秦国的利益关系。

师：你的意思是说，灭了郑国之后到底对谁有利？（课件出示：核心问题一：亡郑，利晋还是利秦？）你能不能找出相关的语句来说明？

生："既东封郑，又欲肆其西封。"我认为这句话就能够直接让秦伯退兵。

师：说说这句话的意思。

生：这句话的意思是说，灭掉了郑国之后，晋国既能向东获得郑国的领土，还会向西贪图秦国的领土。

师：我现在发现，你找的这句话好像不能证明你刚才的论点。这句话恐怕要在讨论其他核心问题时才能用到。再看看到底哪些句子是来解决第一个核心问题的。

生："越国以鄙远，君知其难也。焉用亡郑以陪邻？邻之厚，君之薄也。"

师：好！能不能把这句话翻译一下？

生：越过别国把远地的郑国当作边邑。

师：这儿的"鄙"是什么意思？

生：边远。

师：应该是"边境"的意思，这里是名词作动词用，当作边境。"远"是指远方的郑国，形容词作名词用。

生：您知道这样做是很难的。

师：哪个字解释为"很"呢？

生：噢，不！根据口语似乎可以这样翻译，其实不能这样翻译。

师：是的，这个字是"其"，"其"在这里可以翻译成"多么"。这句话的意思是，您知道这是多么难的一件事啊！这个"其"字在课文当中出现了好几次，有的地方用作代词，这个地方当语气副词用。

生：为什么要用灭掉郑国来增加邻国的领土呢？邻国的领土增加了，您的领土就变少了。

师：应该是相对变少了。本来我们两个国家的土地是一样多的，现在你多了，那么，我的土地就相对少了。

师：由此可见，亡郑，显然是利晋而不利秦的。除了这句话，要解决第一个核心问题，还要解决什么问题？

生：如果不把郑国灭掉，对秦国本身有什么好处？

师：从哪里可以看出来？

生："若舍郑以为东道主，行李之往来，共其乏困，君亦无所害。"

师：这句话是什么意思呢？

生：如果把郑国当作东方道路上一个休息的地方——

师：休息的地方？这里的"东道主"怎么解释？

生：东方道路上的主人。

师：这个词是不是很熟啊？

生：是。

师：我们现在也常用吧？

生：对。

师：我到你们南京来，我们是朋友了，你请我吃饭，你是什么？

生：东道主。

师：所以这个词跟我们现在的用法有点不同。

生：后半句话的意思是，你们的外交使者往来，郑国可以供给他们所缺少的东西。对你们秦国来说，也没有什么害处。

师：这里还有一个古今异义的字，是哪一个字？

生：共。

师："共"是什么意思？

生：供给，通"供"。

师：那"共"是古今异义的字呢，还是通假字？

生：是通假字。还有一个是"行李"。

师：我这次来南京带了包、箱子，这些都属于行李，但这里的"行李"是出使的人的意思。大家在学习文言文时一定要注意这些古今异义的字词。

师：好！第一个核心问题解决了。还有什么核心问题需要解决？

生：他应该考虑一下如何揭露晋国的野心。

师：就是要让秦伯明白晋国到底是不是一个好的同盟军。（课件出示核心问题二：晋国，是敌还是友？）请你把相关的语句读一读。

生："且君尝为晋君赐矣，许君焦、瑕，朝济而夕设版焉，君之所知也。"

师：请把这句话翻译一下。

生：这句话的意思是说，况且您曾经对晋国的国君有恩，晋国的国君答应把焦、瑕两座城池给您，可是他早上渡过黄河，晚上就在那里构筑防御工事（防备你们），这是您所知道的。

师：晋国的国君为什么要答应给秦伯两座城池呢？因为秦伯曾给予他恩惠。这里的"赐"是动词作名词。"结果，他没有给您城，还把您当贼一样来防备"，这说明晋国是言而无信的。晋国还有没有其他问题呢？

生："夫晋，何厌之有？既东封郑，又欲肆其西封，若不阙秦，将焉取之？"这句话昭示了晋国的野心，晋国既想向东扩充领土，又想从秦国的身上扩充它的领土。这句话就是对秦晋关系进行挑拨了。

师：这里烛之武已经给晋国下了定论：晋国贪得无厌！"阙秦以利晋，唯君图之"，希望您好好考虑考虑吧！话说到这儿，秦伯有没有被说服呢？

生：被说服了。

师：从哪个字可以看出来？

生：说。

师："说"是什么意思呢？

生：高兴。

师：那秦伯采取了哪些措施呢？

生：这个时候秦伯"与郑人盟"，"使杞子、逢孙、扬孙戍之"，就是跟郑国结盟，并派人保卫郑国。

师：现在整个形势发生了逆转，本来是晋国联合秦国来攻打郑国的，现在反过来，秦国派人来守卫郑国，郑国的危机终于缓解了。现在晋国那边呢？

生：这个时候晋国也因为秦国退兵而退兵了。

师：晋文公手下的大将要求继续进攻，但他拒绝了。他有几条理由呢？

生：第一，晋文公曾经受过秦国的恩惠，他不愿与秦国为敌，如果他与秦国为敌就是不仁义；第二，秦国是晋国的盟友，如果晋国与秦国为敌就失去了这个盟友，是不明智的；另外，盟友之间用混乱相攻取代联合一致，也不是真正的勇武。所以，他就不再去攻打郑国了。

师：说明晋文公还是有点感恩之心的，并不像烛之武说的那么坏。但是，烛之武为了达到劝说的目的，必须把对方说成非常坏的家伙。

师：烛之武必须具备哪些才能方可完成劝说的使命？或者说，烛之武必须是个哪方面的专家呢？

生：军事家、外交家、雄辩家。

师：还有呢？哦，有同学说是政治家，我看还应该是个历史学家，如果他不懂双方的历史也不行。或者还应该是个心理学家，先了解对方的心理，然后对症下药。由此可见，一个人要想在国家需要的时候为国家做出贡献，仅仅依靠勇气是不够的，还需要具备多方面的才能。下面，我请大家来做一个填空题，王老师在板书课题时在"退"字的前面空了一个格，大家能不能在"退"字前再加一个字？

生：智。

（教师板书"智"。）

师：现在大家对烛之武这个人有什么认识呢？

生：首先，他答应郑伯的要求去劝说秦伯，说明他具有爱国情操……

师：你在什么地方感觉到他的爱国情操了？

生：郑伯向他阐述了请他去劝说秦伯的理由之后，他便"许之"，没有任何犹豫。

师：开始是发了一点牢骚，后来怎么又同意出山了呢？

生：因为他爱国。

师：除了爱国，还有没有其他原因？

生：如果郑国被灭了，对烛之武也不利。

师：除了这个，还有没有？这里有一段郑伯的话可能起了一定的作用。郑伯说了一句什么话呢？

生：郑伯说："吾不能早用子，今急而求子，是寡人之过也。"

师：这个"子"是什么意思呢？

生："你"，指烛之武。

师：我们应该怎么翻译？

生："您"，是敬辞。

师：这句话的意思是"我不能够及早重用您，现在到了国家危急的时候，我才想到您，才来求您，这是我的过错"。作为一个君主，郑伯能够在下属面前自责，已经很不简单了。所以烛之武原谅了他，之后郑伯又以"郑国亡了，你也没什么好处"来提醒他。当然，更重要的是烛之武的深明大义、爱国情怀。你佩不佩服烛之武啊？

生：很佩服！

师：下面我请大家来做个口头小练习，就以"烛之武，我佩服你……"，或者以"烛之武，我欣赏你……"为开头说几句话，好不好？

生：烛之武，我欣赏你！你能够在万军丛中临危不惧，脱口而出雄辩的言辞，劝退秦师。烛之武，我欣赏你！在国家危难之时，你深明大义，不计前嫌，答应君主的要求，为国家献一份力。你永远是郑国的英雄！你永远活在历史的长河之中，活在我们的心中！

师：说得很好！还有哪位同学再来说说？

生：烛之武，我佩服你！在年轻之时，你独自一人，没能获得什么，但在暮年之时，你以一己之力挽狂澜。当郑国上下人人自危之时，你向前迈了一步，你在深夜里走向了秦军的兵营，面对秦王的时候，你的身上焕发着光芒。当前途渺茫时,你能勇敢地走下去!你在史书上虽然只有一个名字,但我们要给你一个称号,那就是"英雄"。

师:说得太好了!(此时,下课的哨声响起)

师:哨声已经响了,老师本来还想让更多的同学来发言,看来今天是没机会了。从刚才同学们的发言中,我看到了同学们既欣赏烛之武能言善辩的杰出才华,也欣赏烛之武深明大义的爱国情怀。我衷心地希望在座的各位也能成为当代的烛之武,为实现中华民族的强国梦做出自己的贡献!好,下课!

教者反思

一题一人,亦言亦文
——浅谈《烛之武退秦师》教学设计的"智趣"追求

在第二届"苏派语文教育论坛"预备会上,我将我的展示课定为《烛之武退秦师》。

之所以选择一篇文言文基于两点考虑:一是我近些年在外上展示课,上过现代文课,也上过作文指导课,但还没上过文言文课,所以想填补一下在外上课的文体空白(尽管大会的组织者允许我上我曾经上过的课,但我不想"炒冷饭");二是想在文言文教学方面做一些有益的尝试,因为一直以来,中学文言文教学总是不尽如人意:要么是通篇串讲,字字落实,实倒是实了,可惜课堂缺乏生气;要么是天马行空,把文言文当成现代文分析,活倒是活了,可惜文言知识落实得不到位;还有就是前半节课疏通文句,后半节课分析文本,也实了,也活了,可惜课堂被分解成了"两张皮"。我以为,文言文教学的最佳境界是文与言的自然融合,也就是在分析文本的同时落实文言字词。

在文言文的教学中要真正达到这样的境界其实并不是一件容易的事,首先必须找到一个突破口。《烛之武退秦师》的突破口我认为有两个,一个是秦晋围郑这件事,一个是烛之武这个人。考虑再三,我感觉还是将烛之武这个人作为突破口比较好，因为烛之武能带出文中的所有事件和所有人物，这是一个牵一发而动全身的人物。

确定把烛之武作为突破口之后需要考虑的就是如何引出这个人物，在设计初稿时，我主要设计了两个问题来引出烛之武：①烛之武姓甚名谁？②烛之武是个什么身份的人？解决第一个问题时，我本来是想告诉学生，烛之武没有姓，"烛"是他的出生地，"武"是他的名，"之"是连接地名和人名的连接词，可解释为"的"。后来通过研究我发现，过去有些人的姓与封地的名是同一的，或者说，有些人的姓就源于封地，分辨这个姓名问题没有多大意义，再说，"之"作为连接词，教材已经注了，也没有必要再次强调。设计第二个问题"烛之武是个什么身份的人"的目的本来是想引出"臣之壮也，犹不如人；今老矣，无能为也已"等句，以此说明烛之武是个身份低下的人，但我通过试讲发现，这个问题的指向性与这句话没有必然的联系。于是，在正式上课时，我将这两个问题改为"在这个故事中讲了话的人总共有多少个？""谁是这个故事的主角？""烛之武在平时的政治生活当中是不是主角呢？"三个问题，这一改，既增加了问题的趣味性，又更具针对性，而且跟问题"那么是什么样的人，什么样的事把他推到了历史的前台呢"自然衔接了。

突破口找到了，也解决了，那么整堂课如何展开呢？我选择了将课题中的三个词作为展开的线索，重点解决三大问题：烛之武是个什么人？烛之武为什么选择秦师作为劝说的对象？烛之武如何劝退秦师？每研究一个问题，我就在相关的词语下面用红粉笔画一条横线，再在横线下打一个问号，以引起学生的注意和思考。

找到了突破口，也找到了贯穿全课的主线，但要真正做到文和言的融合，还需要在问题的设计上下功夫。在文言文教学的提问设计中常常是，要么问题过于琐碎，要么问题导不出相关的文句。因此，我们在问题设计时既要紧扣核心问题，又要有明确的指向性。譬如，我在分析烛之武其人时由"烛之武在平时的政治生活当中是不是主角"的问题引出"臣之壮也，犹不如人；今老矣，无能为也已"等句，由"是什么样的人、什么样的事把他推到了历史的前台"这一问题引出"晋军函陵，秦军氾南""国危矣，若使烛之武见秦君，师必退"等句，由烛之武"开始是发了一点牢骚,后来怎么又同意出山了呢"这一问题引出"吾不能早用子,今急而求子,是寡人之过也""然郑亡,子亦有不利焉"等句。还有,为解决"以其无礼于晋,且贰于楚也"这两句,我又设计了"围郑的是晋国和秦国,他选择劝说哪一方呢""他为什么要去劝说秦伯呢"等问题。再如,在引导学生分析烛之武劝退需要解决的核心问题时,围绕第一个核心问题"亡郑,利晋还是利秦",导出"越国以鄙远,君知其难也。焉用亡郑以陪邻?邻之厚,君之薄也""若舍郑以为东道主,行李之往来,共其乏困,君亦无所害"等句;围绕第二个核心问题"晋国,是敌还是友",导出"且君尝为晋君赐矣,许君焦、瑕,朝济而夕设版焉,君之所知也""夫晋,何厌之有?既东封郑,又欲肆其西封,若不阙秦,将焉取之?""阙秦以利晋,唯君图之"等句。最后围绕故事的结局,我又设计了一个讨论烛之武的劝说取得了怎样的效果的问题,由效果一"秦与郑结盟"导出"秦伯说,与郑人盟。使杞子、逢孙、扬孙戍之,乃还"句;由效果二"晋撤出郑国"导出"子犯请击之。公曰:'不可。微夫人之力不及此。因人之力而敝之,不仁;失其所与,不知;以乱易整,不武。吾其还也。'亦去之"句。

我紧紧围绕一题一人设计问题,几乎涵盖了这篇课文的所有文句,看似散乱,其实是步步推进、问问相连的。

在文言文的教学中,通过问题引出相关的文句还不是最终目的,其重要任务是帮助学生积累文言知识,掌握文言词句。因此,在教学中,教师应适时要求学生疏通文句,提醒学生注意重点字词和特殊的文言现象。

请大家看这样两个教学片段:

[片段一]

师:我看你对这个故事的背景了解得很多,你能不能从课文里找到依据呀?

(生没有反应。)

生:"以其无礼于晋"。

师:你已经找到一个理由了,还有一个理由呢?

生:"且贰于楚"。

师:把"以其无礼于晋,且贰于楚也"翻译一下。

生：因为郑国曾对晋文公无礼，同时对晋国怀有二心，偏向楚国。

师："贰于楚"的"贰"是什么意思？

生：从属二主，怀有二心。跟晋好的时候又跟楚好。

[片段二]

师：好！第一个核心问题解决了。还有什么核心问题需要解决？

生：他应该考虑一下如何揭露晋国的野心。

……

师："说"是什么意思呢？

生：高兴。

  这两个片段都恰到好处地将对文章内容的理解和对文言字词的落实融合在一起，有的文句是我特意让学生翻译的，有的则是我在讲解中顺带翻译的。而对"贰""说"等字我又做了特别的提醒。俗话说，字不离词，词不离句，句不离篇。而我们有些老师教文言文，往往只重视某个字词的意思，而忽略了这个字、这个词在整个文句中的意思，更遑论这个字、这个词或者这个句子在整篇文章中的作用，学生怎能留下深刻的印象？现在，当我们把对文言字词的落实与对整篇文章的理解融合在一起时，不仅分散了学习的重点，还加深了学生对文言字词的理解。

  在《烛之武退秦师》的教学中，我不仅追求"文"与"言"的融合，更追求"智"与"趣"的结合。"智趣语文"是我独创的一个全新的概念，它源于我的"激趣·启智·寻法"教学模式，为了表述的简洁，我从这六个字中提取了两个字——"智""趣"，作为我语文教学追求的核心概念。所谓"智"就是"智慧"或"智力"，《现代汉语词典（第7版）》对"智慧"的解释是"辨析判断、发明创造的能力"，对"智力"的解释是，指人认识、理解客观事物并运用知识、经验等解决问题的能力，包括记忆、观察、想象、思考、判断等。所谓"趣"就是"兴趣"。什么是兴趣呢？从心理学的角度看，兴趣是人的个性心理特征，它是在一定的情感体验下产生的积极探究某种事物或从事某种活动的意识倾向。学习兴趣是指学生对学习的喜好和关切的情绪，是学生积极主动学习的内在因素。所谓"智趣语文"就是在语文教学中，通过不断激发学生学习语文的兴趣，开发学生的智力，提高学生的语文素养。

在本课教学中，我就十分注重激发学生学习的兴趣。譬如导入环节，为了介绍《左传》，我学习《幸运52》的方式，先后呈现五条信息，让学生根据呈现的信息猜一猜这是一本什么书。原来我的设计是让学生抢答，后来我发现有些聪明的学生在出示第一条信息时就揭开了谜底，那就没什么悬念了。于是，正式上课时，我改为明白了的举手示意，这就造成了一种神秘感，更给学生以压力。教学现场显示，直到第四条信息呈现时仍然有少数学生没猜到，这就让悬念一直保持到第五条信息出现之时。即使读书这个环节，我也注意了趣味性。本来读书之前，我完全可以先指定四个学生来完成，但我临时改为由前一位朗读者选定后一位朗读者，这样，就使选择者有了主宰感，其他学生又有了紧张感，这样课堂气氛就变得紧张而有趣了。

"智趣语文"中的"智趣"不是"智"和"趣"的简单相加，而是充满智慧的趣味或是充满趣味的智慧，简言之，就是趣中有智，智中有趣。当然这是"智趣语文"追求的最高境界。在本课教学的几个教学环节中，我努力追求这样的境界。

譬如，在研究烛之武退秦师的方案时，我跟学生有这样的对话：

师：烛之武要出使秦师了，在出使之前是不是也要考虑一下劝说的方案呢？甚至有可能把佚之狐也请过来商量商量。大家看看有哪些方案可选呢？（稍停）王老师设想了三个方案，大家看看哪一个最合适。第一个方案是"逞强"，烛之武跑到秦师那儿去拍拍胸脯说："你们给我滚回去吧！我们郑国是不怕的！我们一定会战斗到底！"这样去说可不可以？

生：不可以。

师：为什么呢？因为郑国根本没有这个实力。第二个方案是"求饶"："你们就可怜可怜我们吧，你们要什么我们就给你们什么。"这个方案行不行呢？

生：不行。

师：秦可能会说：我马上把你灭了，我想要什么就拿什么岂不是更好？第三个方案是"挑拨"，他会这么考虑：因为你们是联军啊，我把你们挑拨得不团结了，然后我从中渔利。最后他选择了哪一个呢？

生：挑拨。

因为时间关系，这个环节我没有让学生展开充分的讨论，但我所提供的三个方案既有情趣，又有智慧，自然引起了学生极大的兴趣。尽管这一段我唱了"独角戏"，但我的稍作停顿，我的征询意见，都增加了学生的参与度。

另外，对烛之武要劝退秦师所需考虑的两个核心问题的探讨也是激发学生学习兴趣、训练学生思维的重要环节。这部分内容是全文的重中之重，我第一次教学本课时将这一部分分为三个层次：①分析现状；②回顾历史；③展望未来。这样分层，线索是清晰的，但显得含糊笼统。我在准备本次上课时也找了很多资料，有的比我原先设计的还笼统，有的又过于琐碎，如有一个教案是这样分析的：

烛之武为了说服秦伯退师，采取了高超的攻心战术，大体说来分为五步：

第一步：欲扬先抑，以退为进。

第二步：阐明利害，动摇秦君。

第三步：替秦着想，以利相诱。

第四步：引史为例，挑拨秦晋。

第五步：推测未来，劝秦谨慎。

应该说这个方案是细腻到位的，但如何在课堂上呈现呢？它虽然概括得很好，但过于琐碎，况且趣味性不够。于是，我在反复研读课文的基础上抓住了"亡郑，利晋还是利秦？"和"晋国，是敌还是友？"两个核心问题引发学生讨论，问题设计对称、简洁，又有相当的思维力度。学生不但要读懂这一段劝辞，还要根据目的性做一定的分类。这样的问题，虽然学生回答起来有一定的难度，但因为有趣味性，学生在课堂上还是兴趣盎然的，课堂效果也是理想的。

本课教学的最后一个环节是欣赏烛之武，一般的教学程序是让学生总结一下烛之武的特点，譬如深明大义、热爱国家、能言善辩、有勇有谋，等等，但这样的总结显得过于平淡。我设计成让学生以"烛之武，我佩服你……"或者"烛之武，我欣赏你……"为开头说几句话，这其实就是口头作文，但我没有提"口头作文"这几个字，因为有些学生一提到作文就害怕，一提到作文就自觉地把要求提高了。用"说几句话"这一说法就降低了难度，再因为引导语中用了"你"，似乎烛之武此刻就站在学生的面前，学生因此产生了与烛之武对话的欲望，于是，课堂上就出现了妙语连珠的发言，让我也惊叹不已！课堂气氛也在学生欣赏烛之武的妙语中达到了高潮。

有人说，电影是遗憾的艺术，其实，上课又何尝不是遗憾的艺术呢？拍电影还可以反复拍摄，直到满意为止，而上课是典型的"现场直播"，特别是借班上课，在学情很不了解的情况下，遗憾是在所难免的。曾经有人问球王贝利："你最满意的球是哪一个？"贝利回答是下一个。如果有人问我最满意的一课是哪一课的话，我也会说：下一课！

[见《教育研究与评论（中学教育教学版）》2013年第12期，有删改]

时师观课

在第二届"苏派语文教育论坛"上，王学东老师借金陵中学河西分校高一（9）班，执教了文言文《烛之武退秦师》示范课。

众所周知，与专题讲座不同，示范课由于受到教学内容、学生情况、教学时间等诸多因素的制约，具有很多不确定性。因为"难能"，所以"可贵"。相比较而言，文言文尤其难驾驭。因为当今的中学文言文教学误区多多，主要体现在以下几个方面：一是重"言"轻"文"，大致类似于古汉语课；二是重"文"轻"言"，大致类似于文章分析课；三是"言""文"割裂，形成"言""文"两张皮的状态；四是弃"文"弘"道"，把文言文教学的课堂变成了思想政治课。

以笔者多年来一直倡导并躬自践行的文言"四文"（文学、文言、文章、文化）教学法来考量王学东老师的这节示范课，确实是"四文"兼顾、智趣四溢的好课。

一、趣说文学

教学《烛之武退秦师》，《左传》是必须介绍的文学常识。怎么介绍？其中很有讲究。王学东老师采取了游戏的方法，通过渐渐出示五条关于《左传》的信息，让学生猜测该著作。也许有人会质疑：对高中的学生采用这样的方法是不是有点"小儿科"？其实，对异地借班上课而言，这种充满了趣味性的导入是很有价值的设计，它活跃了课堂气氛，拉近了师生感情，为教学的有效展开营造了和谐的氛围。曾记否？魏书生老师异地借班上课时，还让学生猜他会带着学生一起学习哪篇课文呢。当学生说不知道的时候，魏书生老师说：怎么不知道呢？把全部课文说一遍不就知道了吗！于是，课堂顿时就有了生气。

且看王老师是如何解读"传"的：

师：这里有一个字请大家辨析一下，有一本书叫《巨人传》，《巨人传》的"传"与《左传》的"传"是不是一个意思呢？

（生沉默，师继续引导，列举《毛泽东传》和《邓小平传》启发生思考。）

生：我觉得《毛泽东传》和《巨人传》应该是以毛泽东和巨人为主人公来写的，《左传》的"传"表示是左丘明记录的。

师：是不是专门记录左丘明生平的书？

生：不是，是左丘明记录历史的书。

师：这是谁写的就把谁的姓放在前面。（问学生）你姓什么？

生：王。

师：呀！我们是本家。如果当年是你写的，那叫什么？

生：《王传》。

师：啊！那你就很不简单了！

师：那么《左传》的"传"是什么意思呢？其实就是解说的意思。它是来解说《春秋》的……

王老师善于就近取譬，善于随机生发，善于比较鉴别。试问，这样的教学过程之后，谁会不对"传"的意义有深刻的印象？

二、实解文言

文言文教学，实实在在地解读通假字、文言实词和虚词、词类活用现象、古今异义词、特殊句式、令人费解的语句都是题中应有之意。王老师在导读《烛之武退秦师》的过程中，对"阙""犹""贰""鄙""共（供）""说（悦）""子""行李"等语言现象都给予了关注。

我们不妨管中窥豹，看看他是如何具体落实的：

师：……再看看到底哪些句子是来解决第一个核心问题的。

生："越国以鄙远，君知其难也。焉用亡郑以陪邻？邻之厚，君之薄也。"

师：好！能不能把这句话翻译一下？

生：越过别国把远地的郑国当作边邑。

师：这儿的"鄙"是什么意思？

生：边远。

师：应该是"边境"的意思，这里是名词作动词，当作边境。"远"是指远方的郑国，形容词作名词用。

生：您知道这样做是很难的。

师：哪个字解释为"很"呢？

生：噢，不！根据口语似乎可以这样翻译，其实不能这样翻译。

师：是的，这个字是"其"，"其"在这里可以翻译成"多么"。这句话的意思是，您知道这是多么难的一件事啊！这个"其"字在课文当中出现了好几次，有的地方用作代词，这个地方是当语气副词用。

这里，在解读文章的时候，学生提到了文中的句子"越国以鄙远，君知其难也。焉用亡郑以陪邻？邻之厚，君之薄也"。王老师因势利导，通过让学生翻译该句，让"鄙"（名词活用为动词）、"远"（形容词活用为名词）、"其"（多义词之一，随文释义为"多么"）等凸显出来，带着学生去感悟语言，让结论慢慢地浮出水面，这里体现出了教师的智慧。

三、智析文章

史传类文章离不开人物，脱不开背景。如何有序地引出话题、有效地解决问题，其中确有智慧。

王老师在分析文章的时候，先从文本中出现的众多人物中区分出出场人物（与戏剧中的"暗场人物"相对）、开口讲了话的人、故事的主角，从而锁定烛之武，抓住了一个人做文章；再通过他平时的地位与这个非常时期的地位进行对比，显示出烛之武平时是"无用武之地"的"英雄"，现在终于可以"危难时刻显身手"了；然后补充了冯梦龙在《东周列国志》中提到的关于烛之武的资料。这样一来,学生对故事的主要人物就有了准确的把握,而且这样的把握比较深入,这样的过程也很有趣味性。

在分析中心事件时,王老师抓住佚之狐为什么推荐烛之武、烛之武面临的是晋秦联军却为什么偏偏到秦的军营中去劝说、烛之武游说的方案是什么、烛之武劝说时要解决哪些核心问题等关键点条分缕析:既有对"逞强""求饶""挑拨"的备选方案的优选,又有"亡郑,利晋还是利秦""晋国,是敌还是友"等核心问题的剖析,让学生对《左传》的文章之妙有了切实的体会。

其间,背景情况也巧妙地穿插着,并得到了落实。这样做既没有孤立介绍的生硬、枯燥之弊,又有效地助推了学生对人物的理解、对事件的把握。

还有一个精彩的设计不得不提:在基本完成了对文本的教学之后,王老师问:"你佩不佩服烛之武啊?"在得到学生"很佩服!"的肯定回答后,王老师这样安排:"下面我请大家来做个口头小练习,就以'烛之武,我佩服你……',或者以'烛之武,我欣赏你……'为开头说几句话,好不好?"

这是从整体上回归文本的设计,是对学生口头表达能力的训练。"好不好"的说法,体现了王老师的"学生主体意识",体现了教学民主。正因为王老师教学理念的先进、教学设计的高明,才催生出了学生的精彩回答:

生:烛之武,我欣赏你!你能够在万军丛中临危不惧,脱口而出雄辩的言辞,劝退秦师。烛之武,我欣赏你!在国家危难之时,你深明大义,不计前嫌,答应君主的要求,为国家献一份力。你永远是郑国的英雄!你永远活在历史的长河之中,活在我们心中!

生:烛之武,我佩服你!在年轻之时,你独自一人,没能获得什么,但在暮年之时,你以一己之力力挽狂澜。当郑国上下人人自危之时,你向前迈了一步,你在深夜里走向了秦军的兵营,面对秦王的时候,你的身上焕发着光芒。当前途渺茫时,你能勇敢地走下去!你在史书上虽然只有一个名字,但我们要给你一个称号,那就是"英雄"。

对于学生的回答,王老师都即时给予肯定:"说得很好!""说得太好了!"

四、妙说文化

文化是个意蕴丰厚的概念，我这里所说的文化有"小文化"（古代文化常识）和"大文化"（文本文化元素）两个层面。

先看王老师对"东道主"的处理：

师：……这里的"东道主"怎么解释？

生：东方道路上的主人。

师：这个词是不是很熟啊？

生：是。

师：我们现在也常用吧？

生：对。

师：我到你们南京来，我们是朋友了，你请我吃饭，你是什么？

生：东道主。

师：所以这个词跟我们现在的用法有点不同。

王老师横贯古今，联系现实，让学生对"东道主"形成了深刻的印象，可谓巧妙！除此之外，王老师以大家熟悉的《西游记》中的弼马温解读"圉正"也是如此。

"东道主""圉正"之类的"小文化"固然重要，然而，更为重要的是对文本中文化元素即"大文化"的发掘。请看王老师的处理艺术：

师：说明晋文公还是有点感恩之心的，并不像烛之武说的那么坏。但是，烛之武为了达到劝说的目的，必须把对方说成非常坏的家伙。

师：烛之武必须具备哪些才能方可完成劝说的使命？或者说，烛之武必须是个哪方面的专家呢？

生：军事家、外交家、雄辩家。

师：还有呢？哦，有同学说是政治家，我看还应该是个历史学家，如果他不懂双方的历史也不行。或者还应该是个心理学家，先了解对方的心理，然后对症下药。由此可见，一个人要想在国家需要的时候为国家做出贡献，仅仅依靠勇气是不够的，还需要具备多方面的才能……

……

师：……从刚才同学们的发言中，我看到了同学们既欣赏烛之武能言善辩的杰出才华,也欣赏烛之武深明大义的爱国情怀。我衷心地希望在座的各位也能成为当代的烛之武,为实现中华民族的强国梦做出自己的贡献!

对报国之勇、报国才能(军事家、外交家、雄辩家、政治家、历史学家、心理学家)、"能言善辩的杰出才华""深明大义的爱国情怀""中华民族的强国梦"之类的文化元素的发掘,是建立在扎扎实实地解读了文本的基础之上的,是从学生中来的,是教师凭借自己厚重的积淀升华而来的。这样的处理放大了文本的教学效益,是"教教材",更是在"用教材教"。

王学东老师在30多年的教学实践中渐渐形成了"激趣·启智·寻法"的教学模式。他从"不失时机强调意义""别出心裁设计导语""毫不吝啬夸奖学生""张弛有度控制节奏"四个方面解读"激趣"的操作要领,从"谨慎把握启智的时机""精心设计启智的提问""努力挖掘启智的深度"三个方面解读"启智"的操作要领。综观《烛之武退秦师》的教学过程,应该说充分体现了这样的教学追求。

总而言之,这是一节"四文"兼顾,智趣四溢的示范课,为我们的文言文教学树立了一个"标杆",值得同人仔细咀嚼,用心品味。

(见《教育研究与评论·课堂观察》2014年第2期,有删改)

入境悟神，创生建构

——《念奴娇·赤壁怀古》教学实录及解析

江苏省南通市教育科学研究院　袁　菊

名师名片

袁菊，江苏省特级教师、正高级教师、江苏省南通市教育科学研究院高中语文教研员，南通市语文学科带头人、南通市中青年科学技术带头人、南通市新世纪科学技术带头人第三批培养对象。

"研读积学，酌理悟神，导法激思，蕴情崇美"是她的教学追求。从事中学语文教学工作15年，送过10届高三毕业班，高考成绩均名列前茅；从事中学语文教研工作多年，主持培训初、高中语文教师，直接受众1万多人次；主编、参编著作20多部，发表研究论文30多篇；执教各类公开课100多节，形成了"多读深思掘内涵，多彩设计显美感，多方勾连拓资源，多元领悟重体验"的教学风格。为全省上千名高中语文骨干教师代表上过示范课，先后应邀至新疆、陕西、海南等地做专题讲座或经验介绍数十场。独立承担省、市教育科学规划课题。被聘为省普通高中课程改革语文学科专家指导组成员和苏教版国标本初中语文实验教科书培训班讲师。

曾被全国中语会、江苏省教育学会、南通市教育局等单位授予"全国优秀教师""江苏省先进个人""南通市德育先进工作者"等称号。

开课背景

1999年下半年，南通市第一中学举行开放教学活动，我们应邀前往观摩。

时在该校任教的袁菊老师执教了《念奴娇·赤壁怀古》一课，让在场师生耳目一新。

教学实录

师：同学们，首先我们共同来欣赏一首歌曲，电视连续剧《三国演义》的主题曲。

（多媒体播放 MTV。）

师：（在音乐声中）听着这首雄壮激越又含蓄深沉的歌曲，我们仿佛看到一个个三国英雄，随着滚滚长江，滔滔东去。是的，千秋江山，多少豪杰辈出；是非功过，自有后人评说。

师：（音乐结束，稍作停顿）在中国古代文学园地里，宋词是一个芬芳绚丽的花圃。她以姹紫嫣红、千姿百态的丰神，与唐诗争奇，与元曲斗妍。今天我们要学习的是一首宋词。后人习惯把宋词分为豪放和婉约这风格迥异的两派。前者往往大气磅礴，飘逸洒脱，后者则以清丽柔婉见长。要指出的是，这种划分是针对作家创作风格的主要倾向而言的，并不绝对。历史上的许多词人既有豪放的作品，也有婉约的作品。比如苏轼，他是豪放派当之无愧的奠基者，但他的作品中也有"十年生死两茫茫，不思量，自难忘"的凄婉，这是我们在鉴赏过程中要注意的一点。今天学习的这首词的作者是豪放派的代表人物苏轼。

（多媒体出示苏轼像。）

师：关于苏轼，同学们都很熟悉。"一门三父子，都是大文豪。诗赋传千古，峨眉共比高"写的就是苏洵、苏轼、苏辙。苏轼一生命运坎坷，但在文学上成就斐然，名垂青史。在散文上，他是唐宋八大家之一；在诗歌上，他是北宋时期最大的一家；特别是在词的创作上，他首开豪放词风，对词的发展做出了划时代的贡献。此外，他还是著名的画家和书法家。他在被贬黄州时期所写的作品，更如精金美玉、行云流水，历来为人所称道。也就在这个时期，他写下了豪放词的代表作《念奴娇·赤壁怀古》。

（通过多媒体由远及近推出课题及赤壁背景。）

师：诗歌是靠形象来表达感情的，所以我们学习时要发挥联想和想象，把握意境，体会作者的感情。

[多媒体呈现学习目标：（1）体会作者的思想感情；（2）培养联想、

想象能力;(3)体会豪放词的艺术风格。]

师:苏轼有一个著名的读书方法,(多媒体呈现"'八面受敌'读书法"几个红色大字)就是阅读一本书要反复多次,每次侧重于一个方面的内容,这种读书方法使苏轼受益无穷。今天我们不妨借鉴一下,分三个步骤来学习这首词。

[多媒体呈现学习步骤:(1)整体感知;(2)深入理解;(3)比较鉴赏。]

师:我们先进行第一步,请一位同学有感情地朗读,其他同学厘清这首词的结构和脉络,听听哪些词句写得好。

(生朗读。)

师:读得很好,可谓声情并茂。学习语文要注重朗读,特别是欣赏古典诗词,更要在吟咏之间体会其意境。朗读首先要读准字音,读清句读;其次要读出作品的语气和风格,读出作者的思想感情,这就要求我们深入体会,建立与作品相吻合的内心情感。

师:请同学们考虑一下:这首词写了哪几部分内容?这几部分内容是靠哪些语句连缀在一起而形成一个艺术整体的?

生:上阕写赤壁景色,是第一部分。下阕既写了周瑜的风采业绩,又写了对人生的感慨,分别为第二、第三部分。连缀第一、第二部分的是"江山如画,一时多少豪杰"这个过渡句,用"遥想"转入第二部分,用"故国神游"转入第三部分。这三部分联系得自然而紧密。

师:你将这首词的思路理得很清楚。下面我们来进行第二步——深入理解。让我们一起来品味这首词。在这首词中,你最喜欢哪一句?为什么?

生:我喜欢"乱石穿空,惊涛拍岸,卷起千堆雪"一句,因为这一句写出了一种巨大的气势,充满力量。

师:我们可以抓住哪些词语进行赏析?

生:"乱"字突出了山崖的陡峭不平;"穿空"二字形容山崖高耸入云的气势,写出了一种动态。

师:说得好。化静为动,就更有力度了。

生:"惊"字写出了令人震惊的巨大的波涛。"拍"字描绘出巨浪拍击江岸的景象，使人联想到它的威力和巨响。

师：你对"拍"字领悟得很好。"惊"字的本义为马因受惊而行动失常，可引申为"震动、震惊"。同学们想想，这句中的"惊"字，用哪一种解释更合理？

生：前一种，把巨浪比作奔跑的马，更形象生动，更能体现江水激涌的速度和气势。

师：对。同学们还记得吴均的《与朱元思书》是怎样描写富春江的急流的吗？

生："急湍甚箭，猛浪若奔"，写凶猛的浪头比奔跑的马还快。对"惊涛"我们也应该这样去理解。

生："卷"字把滚滚惊涛汹涌而来，掀起层层白色浪花的壮美景色呈现在读者面前。

师：同学们抓住了最富有表现力的词语，捕捉到了最富有感染力的形象，体会得很好。这几句描写，有动态，有气势，有音响，有色彩，把景写活了，使人感到赤壁就在眼前，浪花就在脚下，涛声就在耳边。读着这样的诗句，我们的眼前会出现一个什么画面？

生：会出现一幅赤壁江山图。

（多媒体呈现《赤壁奇景图》。）

师：请同学们展开联想和想象，用绘形、绘色、绘声的语言描述这幅《赤壁奇景图》。

生：大江两岸，怪石嶙峋，犬牙交错。陡峭的山峰昂然屹立，直插云天。江水滔滔，汹涌澎湃，拍打着两岸。被岩石击碎的巨浪，四处飞溅。江面卷起重重浪花，裹夹着团团水雾，喷吐着层层泡沫，像朵朵怒放的白莲，若堆堆无瑕的白雪。咆哮的涛声，如雷霆轰鸣，似万马奔腾……

师：描绘得精彩极了，把我们带进了奔马轰雷般的壮美境界之中。我们可以用一个什么样的成语来形容这种景象呢？

生（齐）：波澜壮阔、气势磅礴、气象万千……

师：作者面对这种景象，心情会是怎样的呢？

生：作者当时充满了斗志。

生：他的心情一定像大海一样，汹涌澎湃。

师：我相信同学们如果身临其境，一定会有"登高望远，举首高歌"的豪情壮志。我们一起把"乱石穿空，惊涛拍岸，卷起千堆雪"一句朗读一遍。

（生朗读。）

师：同学们还喜欢哪一句呢？为什么？

生：我喜欢"江山如画，一时多少豪杰"这一句。这一句话有着丰富的思想内涵：它由景及人，触景生情，由对赤壁江山的赞美，自然地想到当年在此鏖战的英雄豪杰们。

师：作者为什么把如画的江山同豪杰联系起来呢？

生：这不禁让我想到王勃《滕王阁序》中的名句："物华天宝，人杰地灵。"壮丽美好的江山必然孕育出杰出的人才，因而，置身于如画的江山中，不能不想到英雄辈出的三国时代。

师：很有见地。同学们还喜欢哪些诗句呢？

生：我喜欢"雄姿英发。羽扇纶巾，谈笑间，樯橹灰飞烟灭"。

师：你能不能根据这两句的描写，设计几个电视镜头？

生：可设计《周瑜儒将图》和《曹军溃败图》。

师：好，请你具体地描述第一幅，你准备怎样设计周瑜的形象？

生：我准备把他设计成"头戴纶巾，手摇鹅毛羽扇，装束儒雅，风度翩翩"的儒将形象。不过我有一个问题：我在影视剧中看到的和在历史书籍中读到的周瑜都是披坚执锐，戎装上阵的，何况赤壁之战发生在冬季，周瑜也不会手摇羽毛扇；他身为都督，也不会戴青丝巾。但是，作者为什么这样写周瑜呢？

师：这个问题提得很有质量，我也在思考。同学们看一下电视剧《三国演义》中的周瑜，是一位全身披挂、叱咤风云的大将。

（多媒体呈现影视剧中周瑜驰骋疆场的将帅形象。）

师：作者为什么这样描写周瑜呢？同学们可以讨论一下。

（生讨论，气氛热烈。）

生：苏轼笔下的这位吴、蜀联军主帅，不是"会挽雕弓如满月"的武夫形象，没有甲胄兵器，唯有"羽扇纶巾"，不须披挂上阵，谈笑即可破敌，完全是一副儒将的派头。这样描写周瑜，迄今尚未发现史籍的依据

(《三国志》对周瑜的形象描绘只有"长壮有姿貌"),却透露了作者的审美倾向——体现在风度、情调中的儒雅之美,带有幻想光芒的文人式浪漫。这样写,更能体现周瑜举重若轻、胸中自有百万兵的英雄形象。

师:这位同学把我要讲的内容讲了出来,谢谢!(笑声与掌声)曹军溃败的场面,哪位同学来描述一下?

生:大火烧起来了,曹军四散逃窜,溃不成军。哭声、怒号声、车马声不绝于耳。千里兵船顿时灰飞烟灭。

师:说得形象、简洁。苏轼在《前赤壁赋》中描写曹操:"方其破荆州,下江陵,顺流而东也,舳舻千里,旌旗蔽空,酾酒临江,横槊赋诗,固一世之雄也……""固一世之雄"的曹操率领80万大军驻扎在赤壁,被周瑜一把火烧得"樯橹灰飞烟灭"。"樯橹灰飞烟灭"仅6个字,却描绘出惊心动魄的战争场面。

(多媒体呈现曹军溃败的场面。)

师:同学们看到了吧,曹军水寨和岸寨一片火海,烟雾弥天,兵士有的被烧死,有的被溺死,有的被踩死,有的被射死;有的焦头烂额,呼天抢地;有的抱头鼠窜,如漏网之鱼……浩大的战争场面被浓缩在"樯橹灰飞烟灭"6个字里,可见作者的语言功力。同学们还喜欢哪一句呢?

生:我喜欢"大江东去,浪淘尽,千古风流人物"这一句。作者站在江边,看见江水,想起了历史上的英雄人物。

师:我也挺喜欢这一句的。如果将"大江"改为"江水"好不好?为什么?

生:还是"大江"好,它给人一种气势磅礴的感觉。

师:"大江"着重"大"字,不仅写眼前的江水,而且着眼于整个长江;不仅写眼中所见,还写心中所想,把空间拓展开了。同时,"大江"二字,读来也更有力度。这"大江"还指什么呢?请联系整句话的意思考虑。

生:还指历史的长江,因为作者说"浪淘尽,千古风流人物"。

师:把"千古"改为"无数"好不好?为什么?

生:不好,因为"千古"既包括古代,也包括现在,是历史概念,而且"千古风流人物"读起来也更有韵味。

师："千古"让我们想到了悠久的历史，从古到今，把时间概念扩大了。"大江东去，浪淘尽，千古风流人物"这一句，一开篇便将我们的视野引向了广阔无垠的空间和无比悠久的时间之中，定下了这首词的豪放基调，为人物的活动展开了波澜壮阔的背景。如果你是导演，你会怎样拍摄这个镜头？

生：我先拍远景——浩荡的长江，浪涛滚滚，日夜奔流。然后镜头由远而近，闪过历史上那些英雄豪杰如孙权、周瑜、诸葛亮等人的特写镜头。

师：挺像个导演的。同学们还有不同的想法吗？变换一个角度再想想，也许效果会更好。

生：我想这样拍摄——横贯天地的大江滚滚东去，昼夜不息的浪涛迅猛地搏击江岸，发出撼人心魄的轰鸣；那卷起的雪浪，令人眼花缭乱。

师：也就是你的镜头里不出现人。你为什么这样设计？

生：这样可以让观众想象当时战斗的激烈，同时也联想起古代的豪杰，已经一个一个地被长江水冲走了。

师：说得妙极了！它更能使人"视通万里，思接千载"。我想问一下同学们，影片中表现自然景物而不出现人物的镜头，叫什么？用影视学上的术语应该怎么说？

生：叫空镜头，也叫景物镜头。

师：请回忆一下，你们看过的影视剧中，有没有让你印象比较深的典型的空镜头？

生：《开国大典》中，蒋介石匆忙向台湾逃窜时有一组空镜头：海，苍茫的大海。一艘灰色的舰艇在波澜起伏的海面上行驶，它缓缓地驶向天边，越来越小，越来越小，最终消失了。没有出现蒋介石狰狞的面目，没有他失意的彷徨，没有听见他咬牙切齿地骂人，但导演巧妙地把大海、天空、舰艇三者结合在一起，利用大海的无垠、天空的广阔，衬托舰艇的孤独和渺小。

师：说得很好。你认为导演精心设计这组空镜头想达到什么目的？

生：这样设计，将"藏"在镜头后的蒋介石的外表故作镇定，内心恐慌不安，无可奈何又一心想东山再起、卷土重来的心态表现得淋漓尽致。

师：我记得在影片结束之际，导演又运用了一组空镜头：一道阳光通过半圆的门洞，斜射在通向天安门城楼的台阶上，给一级级石阶带来了无限光明，门洞外面的天空更明亮了。这组镜头出现在万众欢呼的场面之前，显得格外平静。但这并不是感情的终止，而是感情逐渐积累准备汹涌澎湃地推向最高点的前奏。这高潮之前的平静，为整部影片增色不少。

师：所以，空镜头的运用，不是单纯展现景物，而是把客观景物和主观情绪结合起来，向观众展现作者的态度，也就是烘托和揭示人物的内心世界和感情变化。王国维说："以我观物，故物皆着我之色彩。"我们说，空镜头不空，有时的确能起到"无声胜有声"的艺术效果。

（多媒体呈现大江东去的镜头。）

师：苏轼不愧是一位高明的画师，他挥洒如椽的画笔，像电影全景式鸟瞰镜头似的将一泻千里、日夜东流、滚滚滔滔的万里长江推到读者面前。在广阔的空间和悠远的时空背景里，我们既能看到长江波澜壮阔、磅礴浩瀚的气势，又能联想起那些扭转了乾坤的历史巨人。尽管他们的躯体已被大浪淘尽，随岁月逝去，但是他们创立的辉煌业绩与山河共存、与日月同辉。

师：刚才我们欣赏并描绘了四个画面。

（多媒体呈现四个缩小的画面：赤壁奇景，周瑜驰骋疆场的将帅形象，曹军溃败，大江东去。）

师：我们将这几个画面组合在一起，便构成了场面壮阔的赤壁之战的历史风云画卷，就像一个高明的摄影师摄下了赤壁之战的全景镜头。

（多媒体呈现赤壁之战的场面。）

师：赤壁之战就其规模来说，波澜壮阔；就其场面来说，惊天动地。作者仅用寥寥数字，就概括描述了其宏大的战争场面，尤其突出了英雄人物周瑜雄才大略、卓然超群的将才形象，这在写法上是颇为巧妙的，艺术效果比较强烈。词人站在江边，面对滚滚滔滔的江水，会是一种什么样的心情呢？

生：心情像大海一样澎湃。

师：作品的感情基调是怎样的呢？

生（齐）：豪放。

师：但作者的心情有时还显得很低沉，很感伤。那么，作者是想到什么之后才产生了低沉、感伤的情绪呢？

生（齐）：在想到周瑜之后。

师：把表现这种心情的句子读一读。

生（齐）："故国神游，多情应笑我，早生华发。"

师：旧体诗词由于受格律的限制，往往出现"词序倒置"和"词语省略"的情况。这句话应怎么说？

生："故国神游"就是"神游故国"的倒装句，"多情应笑我"就是"应笑我多情"的倒装句。谁笑他？省略了主语"人们"。

师：作者怀古之后，回到现实，从怀古转到自抒情怀。为什么会有这种情绪呢？

生：他看到周瑜年轻有为，年仅24岁就已为吴将，而自己被贬，已经40多岁了，相比之下，他感到自己报国无门，很失意。

师：说得很有道理。作者壮志未酬，早生华发；而周瑜年轻有为，战功显赫，名垂千古。周瑜的年轻是从哪儿看出来的？

生：从"小乔初嫁了"这一句看出来的，"初"是"刚刚"的意思。

师：这里是写小乔还是写周瑜？

生（齐）：写周瑜，写他的年轻有为。

师：小乔是江南美女，这里用美人为英雄进行渲染，这种写法在词学上叫"刷色"。

（多媒体呈现"刷色"两个红色大字。）

师：所谓"刷色"，就是增加某种气氛。具体到这一句就是增加浪漫气氛。周瑜是在汉献帝建安四年和小乔结婚的，赤壁之战发生在建安十三年，所以当时他们已结婚近十年，博学的作者不会不知。这里的"初嫁"是为了增加浪漫的气氛，为了突出周瑜的少年英俊、风度潇洒、举止不凡。这里是借用一下小乔，作者重点不是写美人，而是写豪杰。作者是不是一直沉浸在感伤之中而无法解脱，像李清照那样"怎一个愁字了得"呢？

生：作者解脱了，他说："一樽还酹江月。"作者洒酒酹月，寄托自己的感情，说明他没有继续感伤下去。

师：作者在短暂的感伤之后，接着想，人生如梦，何必让种种闲愁萦烦我呢？还是洒洒酹月，把感情寄托在大自然之中吧。这是一种无可奈何之后的自我解脱，是一种旷达。在这首词中，豪放、感伤、旷达这三种思想感情是统一在一起的。为什么会出现这种情况呢？原来，苏轼深受儒、道、佛三种思想的影响。儒家思想使他渴望建功立业，但当这种理想在现实生活中不能实现的时候，他便陷入了低沉、感伤之中。这时，佛、道思想又成了他的精神支柱，使他能够在困境中自解自慰，随缘自适，旷达超脱而不至于颓丧沉沦。可以说，豪放、感伤、旷达这三种思想感情之所以能有机地统一在一起，其原因就在于儒、道、佛三种思想对苏轼的深刻影响。

师：苏轼如此，李白如此，中国历史上的许多文学家也都有这样的文化心理品质。

（多媒体呈现相关背景资料。）

师：现在，我们全体朗诵这首词。

（全体生有感情地朗诵。）

师：同学们，苏轼一生到过的地方很多，其中许多地方远比黄州美丽，为什么他能把如此深厚的人生意味和历史意味投注给黄州呢？《念奴娇·赤壁怀古》为什么会产生在这样一个地方、这样一个时期呢？

生：我想从苏轼来黄州的原因和心态说起。

师：你能不能具体说说？

生：苏轼天性善良、正直坦诚，看到不合理的事，或者看到对百姓不利的事，往往"如蝇在喉，不吐不快"，这就得罪了很多人。再加上他的诗文成就太高、太出色，使周围人的文章黯然失色，这就引起了很多人的妒忌。这两类人一起向苏轼围攻过来，说苏轼怨恨皇帝，诽谤朝政。于是这些权贵们又搜罗苏轼的诗作，罗织罪名，构成"乌台诗案"，要求将苏轼处以死罪，并把他押解到京城问罪。但是，很多人都觉得他是个难得的人才，纷纷营救他。最后神宗皇帝决定不杀他，以贬谪了事。苏轼被贬为黄州团练副使，谪居中的他在游黄州郊外赤壁矶时有感而发，写下了这首借怀古以抒发怀抱的雄豪之作。

师：说得好极了！你对这首词的背景资料了解得很多。是的，苏轼是带着累累伤痕向黄州走来的，他没有资格选择黄州之外的任何一个地方，只能向着这个当时还很荒凉的寂寞小镇走来。

师：在黄州，苏轼是孤独的、愤懑的、凄凉的。他在一首词中写道——
（多媒体呈现《卜算子》，并配乐朗诵。）

卜算子

缺月挂疏桐，漏断人初静。谁见幽人独往来，缥缈孤鸿影。

惊起却回头，有恨无人省。拣尽寒枝不肯栖，寂寞沙洲冷。

师：他在痛苦中思考，他在思考中成熟，他的心中正激荡着感情的波澜、酝酿着冲天的豪气，只待找到一个突破口，便会不可遏制地喷涌而出！终于有一天，面对滚滚东去的长江，遥想古代的英雄豪杰，苏轼心潮澎湃、壮情激烈，大笔挥洒写下了这首千古杰作。

师：所以，余秋雨先生说，在黄州的苏轼是成熟了的苏轼。这种成熟是"一种不再需要对别人察言观色的从容，一种终于停止向周围申诉求告的大气，一种不理会哄闹的微笑，一种洗刷了偏激的淡漠，一种无须声张的厚实，一种并不陡峭的高度"。经历了一场旷世未遇的人生劫难的苏轼，渐渐回归于清纯和空灵。《念奴娇·赤壁怀古》正是这种清纯和空灵的一个音符。

师：下面我们听一下这首词的朗诵。

（多媒体呈现配乐朗诵的视频。）

师：俄国著名的文学理论家别林斯基说："哲学家用三段论法，诗人则用形象和图画说话。"大凡好的诗词都是诗中有画，具有自己独特的意境、风格和气势。《念奴娇·赤壁怀古》就是这样的词作。通过鉴赏，我相信同学们一定深深地体会到了这一点。

师：我们再进行第三步——比较鉴赏。我们已经赏析了婉约词的代表作——《雨霖铃》，不难看出，"杨柳岸，晓风残月"与"乱石穿空，惊涛拍岸，卷起千堆雪"之间有着明显的区别，这就是二者不同的特色，这就是它们各自的风格。我们把这两首词做一下比较，看看它们各写了什么人、什么事、什么景，抒发了什么样的感情，音调上又有什么不同。请同学们独立思考后展开讨论。

（生讨论。）

生：我认为这两首词在风格上有很大的不同。《念奴娇·赤壁怀古》写的是千古英雄周瑜，写的是战争，写的是"大江东去""乱石穿空，惊涛拍岸，卷起千堆雪"的壮丽景象，抒发的感情主要是豪放的，音调也很高亢。《雨霖铃》写的是情人的离别，景色凄凉，情感哀伤，音调也不高亢。

师：概括得很全面。《念奴娇·赤壁怀古》也写了词人的感伤，但这是英雄的感伤，低沉中仍不乏英雄之气，与《雨霖铃》的感伤相比，更有深厚的历史意味和人生意味。这是一种豪放式的感伤。苏轼的豪放不同于一般所说的豪迈奔放，苏轼的旷达也不同于一般所说的旷放达观。苏轼的词没有屈原的忧愤、阮籍的超脱，也缺乏李白的飘逸和陶渊明的淡泊，往往表现为一种深沉的喟叹。因此，《念奴娇·赤壁怀古》实际上是对历史的审视和人生的反思。

（多媒体出示以下内容。）

《念奴娇·赤壁怀古》 { 历史的审视（哲学的思考） 人生的反思（仕途的体验）

师：通过分析，我们可以提炼出豪放词的艺术风格。请同学们用简练的语言概括一下。

生：豪放词主要写的是风流人物，也就是英雄豪杰。写战争故事的词也较多。

生：景物很壮阔，读来铿锵有力。

生：豪放词最重要的是感情雄壮。

生：记得词坛有佳话——柳郎中词只合十七八女郎，执红牙板，歌"杨柳岸晓风残月"；学士词须关西大汉，铜琵琶，铁绰板，唱"大江东去"。我认为从这两句话中足以看出豪放词的艺术风格。

师：同学们说得很好。我们是否可以这样说：那些主要描写英雄人物的英雄壮举，或者内容虽是一般题材，却以激昂排宕之笔加以描写的词；那些写景波澜壮阔，感情豪迈奔放的词；那些音调激越高亢的词，我们一般把它们称为豪放词。

（多媒体出示以下内容。）

豪放词 { 如天地之观
　　　　 天雨海风逼人

师：最后请同学们完成一个书面作业。

（多媒体呈现作业：写作一篇，自由命题，就宋词某家某篇发表点评议论或抒发感想，体裁不拘，千字为宜。）

师：下课！

教者反思

"新天下耳目"的苏轼词在题材、立意、语言、诗境等方面开拓了词的表现世界。本词是苏轼谪居黄州后写下的借古抒怀的雄豪之作，其中豪放、感伤、旷达多种情感交织杂陈。但是高中学生的生活和文化累积相对不够丰厚，如何使学生"入境悟神，创生建构"是教学设计的出发点和归宿。我运用"入境—悟神—创生"模式，较好地解决了古与今、形与神、抑与扬之间的关系，收到了"体悟意会多维获益"的效果。

一、运用多种手段引领学生"入境"

初读感知阶段，播放电视连续剧《三国演义》的主题曲，在雄浑深沉的旋律中辅以教师描述，简约华丽，起到了震撼心灵又引而不发的神奇作用；推进对话研读阶段，通过分别出示苏轼像、赤壁景等，将形象思维与抽象思维巧妙榫接，引领学生钻貌求神，凭形悟神；评价人物形象阶段，画面显现周瑜从容淡定、浪漫儒雅之风度，较好地展现了诗人的审美倾向。在整个教学过程中，特别是"赤壁"多次出现：先是静景，再是奇景，后是战景，让学生比照感悟，如入奇境。另外，还恰当地运用了师生语言描述、背景资料投放、配乐诗歌朗诵、设计 MTV 镜头等手段创设情境。

二、优选多种方式指导学生"悟神"

诗词学习，需指导学生悟其诗境，明其诗意，品其诗味。在教学中，我采用了多种指导方式：①教给学法，借鉴苏轼的"八面受敌"读书法，明确学习的三个步骤；②师生进行想象描述，勾画诗句的美学造型，如《赤壁奇景图》《周瑜儒将图》等；③运用"换字比较"体会用字的精妙、神韵，如"江水""无数"；④通过空镜头，理解"以我观物"的借物抒怀手法；⑤深度解读"倒置省略""小乔初嫁""刷色渲染"等，由表及里，主客相融。

三、设置多重角度启发学生"创生"

"创生课堂"首先需要"投放"原料、链接资源才能引发共鸣，自主生成。本课主要择取了"添加式资源""联想式资源"，通过比较，使学生领悟、触发创生意愿及达成教学目标。研讨空镜头时，带领学生联想《开国大典》中大海、天空、舰艇的空镜头，使学生形象地理解其作用，形成知识积淀。结束前出示了苏轼在黄州撰写的另一首词《卜算子》，让学生通过体验，理解成熟了的苏轼，理解一种旷达与空灵，达到篇外求意、曲终韵回的效果。此后又进行了"豪放"与"婉约"的比较。这些拓展与开发既紧扣文本又不囿于一词，对学生多维思考具有很好的导向作用。

时师观课

这是一节比较充分地体现了袁菊老师"入境—悟神—创生"课堂教学模式的课。

这是一节我三十多年教学生涯中听过的千百节课中一直盘桓在心中的课。因为，这节课在听课现场就让人耳目为之一新，心灵为之震动。

观照这节课，可以从很多角度切入，我主要说三个维度。

一、互动性

以前，对于孩子到学校读书，人们的习惯说法是"上学堂"，这意味着我们的教室不是"讲堂"而是"学堂"，是学生学习的地方，是教师引领学生学习的地方。现在更应持这种观点，于是，有两种极端的状况是颇遭诟病的：学生表面热闹的"伪讨论"，教师口若悬河的"满堂灌"。在课堂上如何恰到好处地体现教师的主导性与学生的主体性，何时该放、何时当收,那种收放自如的"课感"(课堂推进的节奏)是很见教学功力的。

在课堂教学中,要注重对学生思维时间的控制:需要给予学生充足的时间,则毫不吝啬,一如画家之用墨如泼;无须给予学生时间,则寸阴是竞,一如画家之惜墨如金。一言以蔽之,就是你的分寸是不是拿捏得准确。

比如袁老师带领学生对"乱石穿空,惊涛拍岸,卷起千堆雪"的赏析。

赏析由"在这首词中,你最喜欢哪一句?为什么?"引出。当学生谈整体的感觉时("因为这一句写出了一种巨大的气势,充满力量"),袁老师适时地引导:"我们可以抓住哪些词语进行赏析?"于是,学生看到了"乱"(突出了山崖的陡峭不平)、"穿空"(形容山崖高耸入云的气势,写出了一种动态)、"惊"(写出了令人震惊的巨大的波涛)、"拍"(描绘出巨浪拍击江岸的景象,使人联想到它的威力和巨响)、"卷"(把滚滚惊涛汹涌而来,掀起层层白色浪花的壮美景色呈现在读者面前)等词语的表现内容与力度。袁老师适时点评、点拨,还以吴均在《与朱元思书》中对富春江急流的描写("急湍甚箭,猛浪若奔")帮助学生加深对"惊涛"的理解。最后,袁老师这样小结:"同学们抓住了最富有表现力的词语,捕捉到了最富有感染力的形象,体会得很好。这几句描写,有动态,有气势,有音响,有色彩,把景写活了,使人感到赤壁就在眼前,浪花就在脚下,涛声就在耳边。"

接着,袁老师启发学生:"读着这样的诗句,我们的眼前会出现一个什么画面?"学生说:"会出现一幅赤壁江山图。"随即,袁老师以多媒体呈现《赤壁奇景图》:"请同学们展开联想和想象,用绘形、绘色、绘声的语言描述这幅《赤壁奇景图》。"

于是,学生有了下面的表述:

"大江两岸,怪石嶙峋,犬牙交错。陡峭的山峰昂然屹立,直插云天。江水滔滔,汹涌澎湃,拍打着两岸。被岩石击碎的巨浪,四处飞溅。江面卷起重重浪花,裹夹着团团水雾,喷吐着层层泡沫,像朵朵怒放的白莲,若堆堆无瑕的白雪。咆哮的涛声,如雷霆轰鸣,似万马奔腾……"

袁老师评点:"描绘得精彩极了,把我们带进了奔马轰雷般的壮美境界之中。"然后追问:"我们可以用一个什么样的成语来形容这种景象呢?"学生齐答:"波澜壮阔、气势磅礴、气象万千……"随后,袁老师由景入情:"作者面对这种景象,心情会是怎样的呢?"接着得出这样的结论:"一定会有'登高望远,举首高歌'的豪情壮志。"最后,还要求学生把"乱石穿空,惊涛拍岸,卷起千堆雪"一句再朗读一遍。

如此处理,层层深入,丝丝入扣,互动有序且有深度,让人拍案叫绝。

当然,随后袁老师又有"同学们还喜欢哪一句呢?为什么?"之类的追问,又和同学们一起赏析了"江山如画,一时多少豪杰""大江东去,浪淘尽,千古风流人物"等句。

二、拓展性

现代教学理念看重的是"用教材教",这是对叶圣陶先生"教材无非是个例子"的真正践行。当然,"用教材教"必须建立在"教教材"的基础之上。

若只眼热"用教材教"的绚丽,不能踏踏实实地"教教材",教师只会让学生凌空蹈虚,堕入眼高手低的尴尬境地。我们提倡扎扎实实地"教教材",我们主张扎扎实实地"用教材教";让"教教材"为"用教材教"奠基,让"用教材教"为"教教材"升华。

袁老师旨在借这首词教会学生解读古诗词的方法。所以,她着力于文本,着意于方法。

比如,在处理"小乔初嫁了"时,很多教师会从历史事实上升到"失事求似"的层面谈艺术的真实问题(当然,能够到这个层面已经是比较高明的处理了);而袁老师引入了"刷色"的概念,让人顿觉眼前一亮。然后她解说:"具体到这一句就是增加浪漫气氛。周瑜是在汉献帝建安四年和小乔结婚的,赤壁之战发生在建安十三年,所以当时他们已结婚近十年,博学的作者不会不知。这里的'初嫁'是为了增加浪漫的气氛,为了突出周瑜的少年英俊、风度潇洒、举止不凡。这里是借用一下小乔,作者重点不是写美人,而是写豪杰。"

这样处理,真是不同凡响!

袁老师还说到了影视作品中的"空镜头",旧体诗词中的"词序倒置"和"词语省略"等常识。

袁老师还以《卜算子》一词来帮助学生体会"在黄州,苏轼是孤独的,愤懑的,凄凉的",进而得出这样的结论:"他在痛苦中思考,他在思考中成熟,他的心中正激荡着感情的波澜、酝酿着冲天的豪气,只待找到一个突破口,便会不可遏制地喷涌而出!终于有一天,面对滚滚东去的长江,遥想古代的英雄豪杰,苏轼心潮澎湃、壮情激烈,大笔挥洒写下了这首千古杰作。"

袁老师还引领学生把苏轼的这首词和柳永的《雨霖铃》进行比较,引出豪放派词作的特色,起到"教一篇,通一类"的效果。

袁老师还要求学生"就宋词某家某篇发表点评议论或抒发感想",将阅读教学与写作训练对接。

如此大而得当的课堂容量,为我们在拓展性方面做了很好的示例。

三、前瞻性

在教学过程中,多媒体走过了从无到有,从有到滥,从滥到控的过程,甚至有拒绝多媒体而提倡原生态的做法。

平心而论,当年,袁老师的这节课让我等心之念之的其中一个很重要的因素就是多媒体的运用,使我们在教学现场深受震撼:形象、凝练、丰厚……

但是,全课的课件不到20张!它,真正体现了课件的本义——有力的点!用当其时,要言不烦。

比如,第1次使用多媒体是播放杨洪基演唱的电视连续剧《三国演义》主题曲的MTV,为这节课的学习界定了内容范围,营造了特定氛围,让在场师生很快"入境"。

再如,第11次呈现的多媒体画面,是前4个画面的缩微集中版:"赤壁奇景""周瑜驰骋疆场的将帅形象""曹军溃败""大江东去"。袁老师如此阐释:"我们将这几个画面组合在一起,便构成了场面壮阔的赤壁之战的历史风云画卷,就像一个高明的摄影师摄下了赤壁之战的全景镜头。"随后,第12个多媒体画面就是赤壁之战的场面。

可以说，袁老师将多媒体运用得非常巧妙，恰到好处。

难能可贵的是，袁老师有着一份清醒，她提出新课改以来出现的中学语文课堂教学"异化"现象，主要表现在三个方面。

（1）低效的合作学习、粗放的小组讨论。学生并未进入课文意境，更未独自涵泳咀嚼领悟文本，就匆匆讨论，或无疑而论，或优生独论，或浮光浅论，基本上属于"伪讨论"。

（2）多媒体使用不能做到适切、适时、适度，容易以一种"画面定格"来替代多向思维的想象空间，以一种媒体语言来取代学生可能的"一百种语言"，使文本意境趋于固化、狭窄，使文本内涵变得唯一、机械。

（3）不注意倾听作者的声音，不下功夫去"悟"文本之"神"，而是泛拓展、乱延伸，使教学活动游离于课本中心，架空了文本内蕴，成为无边界的"天马行空"。

正因为这份清醒，才有了上述的诸多精彩。

于读赏中见匠心

——《锦瑟》教学实录及解析

江苏省南通中学 夏立东

名师名片

夏立东，江苏省如皋人，南通市学科带头人，南通中学党政办公室主任助理，2012年江苏省高中语文教学优秀课评比一等奖得主。

开课背景

2012年12月，南通市教育学会中学语文专业委员会在江苏省海安高级中学召开第十七届年会，夏立东老师应邀进行教学展示，执教了刚刚获得江苏省高中语文教学优秀课评比一等奖的《锦瑟》汇报课。

教学实录

一、简介作者及其诗歌特点

师：今天我们一起来学习晚唐著名诗人李商隐的诗《锦瑟》。提起李商隐，大家都很熟悉吧？

师：春蚕到死丝方尽——

生：蜡炬成灰泪始干。

师：身无彩凤双飞翼——

生：心有灵犀一点通。

师：何当共剪西窗烛——

生：却话巴山夜雨时。

师：李商隐最擅长以象征、暗示等手法，创造朦胧的境界，表达朦胧的情思。也正是这个原因，他的诗歌往往使人在感受到美的同时，却又很难说得清。《锦瑟》就是其中极具代表性的一首。所以我们今天的学习是很富有挑战性的哟。

二、初读，整体感知

师：首先，我们一起来朗读一下这首诗，请大家一定要注意轻重音以及节拍的长短变化。

（生齐读。）

师：我先不点评，下面我们一起来聆听古诗文吟诵专家王更生教授的吟诵，请大家注意王教授吟诵时的情感投入。

（听录音。）

师：跟大家的朗读相比，有什么不一样？

生：我认为他的朗读富有节奏的音律美，他朗读时带有对这首诗的理解，投入了感情，而我们的朗读是生硬的。

师：他是吟唱的。最关键的是他的情感投入比我们多。我们读起来好像挺有节奏的，但我们的情感被淹没在单调的节奏里了。没关系，我们还没来得及体会诗的情感呢。等我们体会出来了，读得也不一定比他差！

师：既然要体会，我们首先要了解这首诗究竟写了什么，表达了怎样的情感。

（生沉默。）

师：对于这个问题大家还需要再想想？那自己在下面再读读。

（生自由读。）

生：我觉得这首诗表现了李商隐晚年郁郁不得志的情感。

师：诗中有没有直接点明诗人情感的诗句？

生：最后两句，前面一句点明了怀念、追忆，后面一句直接抒发了情感——迷惘的、惘然的。

（板书：追忆、惘然。）

师：从内容看，诗歌写的是对往昔华年的追忆，在追忆中传达出的是一种惘然的心情。这在首尾两联中就告诉我们了。那么，是什么引起了诗人对"华年"的追忆呢？

生：是锦瑟引起的，诗人看到它五十弦，"一弦一柱思华年"，表明他想起了过去的日子。

师：是锦瑟的五十弦逗引他的，好像李商隐有点无理。"锦瑟无端五十弦"，锦瑟五十弦碍你什么事了？你为什么要埋怨它呢？

生：看到锦瑟五十弦，诗人就想到了很多往事。

生："五十弦"是《史记》中的一个典故，天帝让素女弹奏五十弦瑟，其音悲不可禁，这里表现了李商隐当时的心情。

师：有可能是诗人听到了锦瑟五十弦弹奏的繁复的音调，从而引起了很多的回忆，本来是他内心情感的郁积，反而去责怪锦瑟。这个"一弦一柱"让他回想起太多的往事，所以心中无限感慨。

师：我们要读好这首诗，还要特别注意哪些地方？

生：应该读得更有节奏，应该在"锦瑟无端"的"端"后断句，"一弦一柱"的"柱"后断句，从而读出情感。

师：根据大家的提示，我也想读一读，我读的时候，请大家特别关注中间两联是如何表现诗人内心的惘然的。

三、细读，感知意境

1. 揣摩阅读方法

师：有没有感觉到诗人的惘然？

生：感觉到了。

师：诗人是如何表达惘然之情的？

生：诗人说"此情可待成追忆，只是当时已惘然"，最后一句表达了诗人的惘然之情；还有"庄生晓梦迷蝴蝶"也让人仿佛感受到诗人当时像庄生一样神游化外。

师：我也来跟大家交流一下我的阅读体验。我读第一遍的时候，感觉挺美的，所以我就探寻了一下诗人是如何表达惘然之情的，可是探寻的结果是我自己惘然了：诗中到底在表达怎样的思绪？是否有具体针对的事件？我一头雾水，而且有一种雾里看花的感觉。我相信大家和我的感觉差不多，知道这感觉是从哪儿来的吗？为什么会有这样的感觉呢？

（投影：为什么会有雾里看花的感觉呢？）

生：因为用典太多，而且每个典故的意思都不一样，没有记叙实事，所以让大家一头雾水。

（投影：A. 诗歌中用了大量的典故。）

师：典故如果用得好，能在有限的字句中包含丰富的、多层次的内容。这里用典太多了，那么内容就太丰富了。

生：刚才他讲的是用典太多，如果典故中所讲的事理可以代替诗人自己的所思、所行，那么我们就可以很清楚地了解诗人想表达什么，但这里的典故并不能清楚地让我们感受到诗人到底想要讲什么、跟他有什么关系。

师：对，李商隐用典跟别人不一样，比较另类，他的着眼点并不在典故原来的事理，而是典故所传达的情思韵味，用典故来制造气氛，牵引情绪。

师：除此之外，有没有其他原因？

生：还没想好。

师：我们不妨与一般的抒情诗做个比较，看看这首诗在情感的表现方法上有没有不一样的地方。大家拿出昨天发的讲义，看看马致远的《天净沙·秋思》，这首小令历来备受推崇，堪称"秋思之祖"。我们一起朗读一下！

（投影：天净沙·秋思。）

师：这首小令表达了一个漂泊天涯的游子的孤寂愁苦之情，诗人是如何表达感情的？

生：借景抒情，通过描写枯藤、老树、昏鸦、小桥、流水、人家这几个景物来抒发自己愁苦、寂寥的心情。

师：诗人描绘了一幅画，在我们脑海中便形成了一种意境，让我们体味到诗人的情感。一般抒情诗往往是借助于对眼前景象的选择、组合，构建一个完整的画面，创设一种意境，从而传达出诗人的内心情感。大家再来看看李商隐的《锦瑟》，中间两联选择了哪些意象？

生：蝴蝶、杜鹃、海、月、珠、泪、蓝田、日、玉、烟。

师：这些意象是诗人眼前之景吗？

生：不是。

师：如果说眼中所见我们称之为实景，那么这里的意象就应该是虚景了。所谓虚景，说白了，就是诗人的心中所见，反映的是心境，是心像。大家都做过梦吧，就跟你的梦境差不多。也就是说，此时，诗人已经把自己的心灵世界直接作为表现对象，呈现在大家面前。

（投影：B. 以大量虚景入诗，呈现诗人内心。）

师：这些意象能不能简单地连缀成一个完整的画面呢？

生：不能。

师：诗中各意象之间的跳跃性太大，不受任何的时空限制，这就跟我们的梦境一样，上天入地，有时还搞点穿越。所以，我们要想深达诗人内心，就要尽量还原诗人心中的画面，而要还原这梦境般的画面，需要凭借我们的联想、想象去补充、丰富，唯有这样，才能感受诗人的纷繁意绪。这就是我们本堂课最重要的一个实践性任务。

（投影：用联想、想象去补充画面，还原诗人心中的镜像。）

2. 示范阅读

师：好，下面我们不妨结合对诗中典故的理解，来细细品读一下颔、颈两联，体味一下诗歌是如何表达惘然之情的。先跟大家交流一下我的品读心得。

中间两联四句中我最喜欢"沧海月明珠有泪"这句。对于"南海鲛人泣泪成珠"这个典故，我有直觉的悲凉感，于是在我脑海中形成了一个以深青色的大海和天上的一轮明月为背景、以鲛人泣泪成珠为主体形象的画面。

月明海静，蚌向月张开，蚌中珍珠得月之光华，显得分外晶莹。月华如水，耀亮了珍珠；珠光若月，映射着大海。意境虽清冷，却是那样美。

但此时此刻，在清风之中，鲛人泣泪，颗颗成珠，似乎诉说着无尽的哀怨与彷徨、凄凉与迷惘。珠光、泪光融成一片，难以分清了。清冷的意境中，又平添了许多寂寥和悲苦。我不知道美丽和悲哀、失落怎么总是结合在一起，试想，鲛人痛苦哭泣，其泪却化为人们喜爱的珍珠，其中有多少情味呀！此时，在我的心里，鲛人的形象已经渐渐幻化为诗人的形象了。诗人在对华年逝岁的追思中，也许早已潸然泪下，内心凄冷的世界充盈着无尽的寂寥与怅惘。

（板书：冷——怅惘。）

3. 阅读交流

师：我刚才首先理解典故，然后借此想象画面，感受意境，从而体味诗人的情感。好，下面给大家几分钟时间，根据我刚才的方法，读一读，体味体味，把你认为最美的、你最喜欢的诗句和大家交流一下。

（指名答。）

（1）蓝田日暖玉生烟。

生：我最喜欢"蓝田日暖玉生烟"，诗歌中的四个典故其实都是讲诗人的淡淡哀思，表达诗人人到暮年郁郁不得志的情感的，这一句让我感觉更加苍凉。因为"日暖"给人一种舒适的感觉，是一种温暖的色调，"玉"让人感觉稍微有些清冷，但还是非常温润的、美的，但是下面又说到表现的是一种"可望而不可置于眉睫之前"之景。这样一种美好的东西，它虽然在我的眼前，我却不能触摸它，就是说我只能看到它，可望而不可即，这比看不到它更加令人难过。这种模糊的距离，更让诗人感到无奈和凄苦。

师：说到我心里去了。这位同学首先对整首诗的情感意境进行了准确的把握，然后重点感受了一下这一句，她认为这一句在一种暖色调的前提下，又给人一种清冷的感觉，在一种温暖的心理镜像之中，又蕴含着清冷所带来的对触摸不到美好往事的迷惘。

师：还有没有同学也喜欢这一句？刚才有同学问我，这个"蓝田日暖玉生烟"到底是什么意思。你想啊，这种温暖的色调反映的是温暖的心境，必然是诗人想起了一些让他感到温暖的往事。那么，这一句是不是就仅仅表现诗人回忆美好往事时的温暖的感受呢？不是的，刚才这位同学回答得很好，"蓝田日暖，良玉生烟"是代表了"可望而不可置于眉睫之前"的诗家之景。所谓"可望而不可置于眉睫之前"，就是你远看则有，近看则杳，也就是诗人回忆那些美好往事时，感觉那些美好就在那里，想要走近它，它却像那缕缕轻烟一样飘散了。那丝丝缕缕的轻烟又难免使诗人陷入一种往事如烟的虚无缥缈之境。

（板书：暖——怅惘。）

（2）望帝春心托杜鹃。

生：我最喜欢的是"望帝春心托杜鹃"这句，典故讲的是杜宇本来是个帝王，死后化为杜鹃鸟，整日啼叫，直至口中流血。这里的"春心"是指伤春之心，比喻对失去了的美好事物的怀念。整个典故表现的是凄苦、悲凉的情感。我觉得李商隐也是有"春心"的，但是他在政治上不得意，让他感到很悲苦、凄凉。这典故与他自己是有一定联系的，能很好地体现他凄凉、悲苦的心境。

师：好，知人论世了。还有喜欢这一句的同学吗？

生：我读这句仿佛看到一只杜鹃，在人间的二月，遥望着人间的美好景色——和和睦睦、其乐融融的景象，无声地流下泪，吐出血来，表达了它对美好事物的渴望，以及只能遥望着那些事物，但永远接近不了的无奈和悲苦。

师：你想象的画面很准确，但杜鹃是会叫的，你说它是无声的远望。

生：那就是杜鹃啼叫。

师：这位同学是通过想象画面揣摩情感的，而第一位同学更多的是结合典故分析。两位同学的感觉都挺准确的。这里面用了杜鹃啼血这个典故，杜宇是因为国破家亡了，才化为杜鹃日日悲啼，那么诗人是因为失去什么而悲呢？结合"春心"的理解，他失去的是青春、爱情、理想等，一切可能的美好事物。所以当诗人在追忆往事时，当他意识到青春不在，理想破灭，一切美好的东西都已远去，再也无法追寻时，他的心里除了空虚幻灭，还能剩下什么呢？只能是无尽的伤痛、悲哀和无奈、怅惘。

（板书：哀——怅惘。）

师：同学们的理解很到位。正如刚才同学所讲的，这句诗所呈现的画面是单一的，只有一个形象——杜鹃啼血。那么我们需不需要给它增添一个背景呢？如果需要的话，可以增添一个怎样的背景呢？

生：我会加春天，因为杜鹃是春天出现的。

师：是江南的春天，还是北方的早春？

生：应该是北方的春天，这样才能更好地衬托出肃杀凄凉的感觉。

师：这是一种怎样的衬托？

生：正面的衬托。

师：有没有不同意见？

生：我觉得应该是秋天，江南的秋天，这样感觉会更加凄凉，因为刚刚度过美好的夏天。

师：好，其实两位同学加背景的一个最高原则是借助背景的衬托来表达情感。那么，我想的是什么呢？跟大家不一样。我想的是前一句。对蝴蝶，我一直觉得特美好，而且感觉它特别快乐。我觉得用这种快乐的画面来衬托凄楚悲哀的心情，便能形成一种极大的落差，所谓以乐景写哀情，倍增其哀乐。

师：假如要读好这一句，最关键要读好哪个字？

生：托。

师：哪位同学来读一下。

（一生读。）

师：是呀，"托"的是春心，所寄托之物却是杜鹃的悲啼，这种反差怎能不让人心痛呢？

（3）庄生晓梦迷蝴蝶。

师：接下来是"庄生晓梦迷蝴蝶"，刚才老师在下面转的时候，发现好多同学都喜欢这一句。

生：我喜欢这一句，是因为首先蝴蝶是非常美好的意象，庄生在梦里梦见他变成了蝴蝶，醒来后却不知是自己变成了蝴蝶，还是蝴蝶在梦中化为了他。我认为他已经分不清自己究竟是谁，或者说已经找不到自己的定位了。一个"迷"字，能看出他其实在梦中已化为蝴蝶，蝴蝶是个美好的意象，但是他醒来后发现，现实跟梦境有极大的落差，所以内心的无措、迷惘能更好地体现出来。

师：我替你稍微整理一下。我觉得你讲了两种交杂在一起的情绪，首先从蝴蝶是一个快乐的形象入手，觉得诗人可能有一段时间是挺快乐的，然后这种快乐过去之后，就是迷惘了。

（生点头。）

生：这里写梦，写庄生"迷梦"，说庄生分不清梦境和现实，我觉得不仅这样，诗人也分不清回忆和现实了，迷失在对过去的回忆中。

师：太精准了。回忆和现实，诗人已搞不清了。大家的感觉都很准确，但我估计可能还有些同学的感觉还不太到位，如果我们跟着庄生、跟着诗人一起做一下那个关于蝴蝶的梦，我想我们的感受可能会更深一点。大家把眼睛闭上，想象自己变成了蝴蝶，这时，你会看到一个怎样的世界呢？

生：世界变得更大了。

师：你会看到怎样的情景呢？

生：还没想好。

生：首先想到蝴蝶，我就想到春天，因为春天的时候我们很容易看到蝴蝶。蝴蝶是很美好的事物，然后我就想到花，因为花跟蝴蝶一样是很美丽的。古往今来，很多人用花来表达自己对大自然的喜爱、对生活的向往，所以，我觉得可以用花来陪衬蝴蝶的美好。

师：蝴蝶是离不开花的，我们可以想象一下，如果我们化成蝴蝶，可能会看到什么呢？可能会看到小朋友在花丛中奔跑，可能会看到花儿的悄然绽放，可能会听到花儿的喃喃细语，可能会听到鸟儿的雄雌鸣和、情意绵绵……总而言之，这蝴蝶就着花丛把"鸳鸯蝴蝶梦"唱了个酣畅淋漓。也就是说，此时，诗人像庄生，也像我们一样，已经乐而不知身处何处了。

师：但是这种快乐，就像梦一样，是短暂的，特别像破晓之前的梦，一下子就醒了。我们推想一下，诗人或者庄生或者你我，从这样美好的梦中醒来，是一种怎样的感觉呢？

师：失落、空虚、幻灭、迷惘。

（生应和。）

师：我们做的这个梦其实就印证了刚才同学的解说。

（板书：乐——迷惘。）

师：中间两联四幅图虽然各有主色调，但诗人或喜或悲、或冷或暖的心理感受早已纠缠在一起，哪里分得清呢？这种种心灵景观在诗人心里时隐时现，诗人在极度的迷茫、失落中，已经意乱而情迷了，他的内心纠结于希望与绝望，已经形成了一个怪圈，再也走不出去了。

（板书：意乱而情迷。）

师：带着刚才的体会，我们一起把这首诗再来读一遍，把那种惘然之情读出来。

（生齐读。）

四、总结及作业

师：最后总结一下，对于这样一首另类的、以大量虚景入诗、直接呈

现诗人内心世界的抒情诗，我们是这样解读的。（投影）

    理解典故   还原画面
    紧抓意象   感受诗境
    想象联想   体味诗情

  师：我们首先结合典故，紧抓蕴含丰富情感的意象，然后通过感情的灌注和想象的补充，还原诗人心中的镜像，从而感受到诗人时光追忆中的伤痛、怀念、无奈、迷茫。可是怎样的往事会让诗人如此惘然呢？诗人究竟在苦恋什么呢？如果你有兴趣，不妨像专家、学者那样，多收集一些资料，做些研究，也许你也会有新的见解。

教者反思

  面对这样一首意蕴丰富的诗歌，我不能引导学生把它当作快餐来吃，非细细品读、慢慢咀嚼不足以体会其妙处。怎样才能达到这个目的呢？

  首先，我在"教什么"上纠结了很久。

  由于这首诗歌意境朦胧且具有"多义性"，如果采用常见的知人论世的方法努力地探究诗人那一特定时刻的情感根源，结果只能是"公说公有理，婆说婆有理"的所谓的"多元解读"，这对提升学生对古典诗歌的美学特质和魅力的感受毫无意义和价值。因此我带领学生通过品味诗歌的语言，还原诗人那一时刻真实的生命状态，鉴赏诗人表达情感所采用的方法，让学生掌握这类诗的解读方法。

  其次，如何教会学生层层剥笋，从表面的文字直抵情感的、思想的内核呢？解决这个问题尤其难。为此，在教学设计中，我着重考虑了以下两点。

一、强化课堂的铺垫

  在语文课堂上，教师不能一下子就引入核心问题，那样容易造成课堂上的"冷场"现象。比如，学习《锦瑟》这首诗时，如果直截了当地问"诗人是如何表达惘然之情的"，学生或者无话可说或者不知从何谈起，即使能勉强地一问一答，也会把丰富的知识生成过程简单化，效果肯定不会好。于是，我进行了三次铺垫。第一次，引导学生反复朗读吟诵，整体感知诗歌的情感；第二次，与马致远的《天净沙·秋思》进行比较阅读，让学生从中总结出一般古典抒情诗的抒情套路，并以此为参照物，找到解读此类诗歌的方法；第三次，在细读品味环节，和学生交流深入阅读后的"品读心得"，给学生接下来的自主阅读做一个示范。在这样的层层铺垫中，学生鉴赏的兴味逐渐浓厚，知识体系逐渐形成，能力的内化渐显端倪。

二、强化感性的阅读

生活本身是感性的，文学正反映了感性的生活。所以对文学的欣赏需要更多的感性的体悟。

一是吟咏。吟咏的教学意义在于，通过反复吟咏，让这首诗的语言刺激学生已有的诗歌语言，进而使学生直接感知诗歌所表达的情感。正如钱理群先生所言："也许你读完作品，只有一些朦胧的感觉、若隐若现的人物身影，只有说不清、道不明的情感的涌动、思绪的感悟，或者某种想象、创造的冲动，……这样的'第一（原初）感觉、感悟、涌动、冲动'是最可贵与最重要的，它是文学阅读（欣赏）的最基本的要求，也是以后的文学分析的基础。"因此，在课堂教学中，我尽量采用多样的诵读方式：齐读—听吟诵—教师读—学生自由读，并且突显了这一环节的目的——体味、把握诗歌情感。比如，让学生齐读和听王更生教授吟诵，目的是让学生在比较中感受王教授吟诵情感的投入，由此顺势进入对诗歌情感的揣摩；接下来再根据自己对情感的把握，思考如何通过朗诵把自己的理解呈现出来；最后再以教师的朗读和学生的自由读检验和强化学生对诗歌情感的把握。

二是想象。个人心绪的真实再现需要靠想象，这种想象主要基于读者与作者在情感情绪上的"息息相通"。这种再现，是作者的，有时更是读者的。因此，在与马致远的《天净沙·秋思》进行比较阅读后，我和学生达成了共识：诗歌以大量虚景入诗来呈现诗人的内心，我们要想深达诗人内心，就要尽量还原诗人心中的画面，而要还原这梦境般的画面，需要凭借我们的联想、想象去补充、丰富，唯有这样，才能感受诗人的纷繁意绪。于是，我在做了充分的示范后，让学生进行自主阅读。在这个环节中，学生联系典故，紧抓蕴含丰富情感的意象，通过想象和联想，用自己的理解还原了诗人心中的镜像，从而感受到了诗人追忆时光时的伤痛、怀念、无奈、迷茫。显然，这是种用形象感受形象的方法。如果作为文学批评，这可能不利于学说的准确性，但在鉴赏中，远远比单纯的理性术语评价来得深入。而且，也许语文课堂的语文味正由此而体现出来。

上完课后，感受很多，最深刻的有三点。第一，语文课一定要上成语文课。语文是用语言文字来打动人心、提升人性的课程。对学生而言，如果能从人人可见的文字表层挖出未必人人能见的深意，就会是一个充满创造乐趣的过程。第二，无论多么精心的设计，每一堂语文课总会有"意外"发生，尤其当把更多的课堂主动权交给学生时，自然会"意外"迭出，这就要求教师不断加深、加厚阅读积淀，以求得课堂上的从容调度。第三，课堂推进中，所有称得上技巧的教学手段其实都有一个共同的特点，那就是遵循了学生学习的规律。正如德国教育家第斯多惠所说："教学艺术的本质不在于传授的本领，而在于激励、唤醒和鼓舞。"

时师观课

李商隐的诗作难解、多解几成学术界共识。夏立东老师敢于挑战自己，以李商隐的代表作之一《锦瑟》的教学参加江苏省高中语文教学优秀课评比活动并且斩获一等奖，又把这节课拿到市级大型学术活动中展示，其勇可嘉。从中我们可以管窥夏老师把握课堂、驾驭教材、调动学生的功力，见识夏老师的教学自信。

诵读是习诗的常见方式，古体诗、近体诗，包括现代诗，莫不如此。而今微信里走红的《为你读诗》就是一个力证。在这节课上，夏老师不仅安排了初读、细读，还安排了齐读、个读，还有教师的范读，更有让学生聆听古诗文吟诵专家王更生教授的吟诵的个性化设计。在反复诵读中，在不断比较中，学生对诗歌内容的理解、对意境的感受趋于准确、明晰。

诵读只是手段，鉴赏才是目的。夏老师的这节课，诵读已经让人眼前一亮，鉴赏更让人有一种惊艳之感。

除了习见的师生问答、条分缕析外，夏老师的这节课颇有一些值得称道的个性化的做法。

一是赏内容、赏意境、赏情感，重在情感。内容解读能解决"写了什么"的问题，是解读一个作品的基础性工程；意境是中国古典诗词中一个极其重要的概念，中国古典诗词之美、之特质，都绕不过意境；情感则是解决"为什么要写"的问题。按照"诗言志"的传统，诗歌这种极具灵性、贴近心灵、自由灵活的文学样式是最为"走心"的，它以文字的形式把诗人瞬时的抑或日萦夜绕的情感（情调、情绪）固化下来，因此，重在情感是必然的选择。

二是师也赏析，生也赏析，投入自我。与一般课堂不同的是，夏老师不时地和学生分享自己的阅读体验，更有品读颔、颈两联时 400 多字的品读心得的分享——在当今控制教师的"讲"的背景下，这样的做法似乎显得另类。然而，这样的另类又很有价值：他是在给学生做示范，这是教者的真性情的流露。

三是既赏作品本身，也赏相关作品，旨在作品本身。应该说，学生对颔、颈两联的精细解读显示了很高的欣赏水平。这固然与学生的素质有关，但很大程度上也得益于夏老师得法的引导。夏老师引导学生将本诗与马致远的《天净沙·秋思》进行比较阅读，让学生总结出一般古典抒情诗的抒情套路，并以此为参照物，找到解读此类诗歌的方法。在自主鉴赏环节，学生利用已经获得的关于意象等的知识，结合人生履历、阅读积累等，对诗作的颔、颈两联进行了个性化的解读，其间，夏老师或肯定，或补充，或纠偏，或升华……既有"于我心有戚戚焉"的一步到位的欣喜，也有"千呼万唤始出来"的教学期待所引发的成果。

虽然文本不易解读，教学过程中随时有"意外"出现，但是夏老师以其丰富的教学经验、丰厚的教学积淀掌控了课堂，使学生的主观能动性得到发挥，自己的教学才华得到展现，文本也因为师生的和谐互动而得到颇有深度的解读。

仔细品读这样的课堂，你一定会满载而归。

附 录

三个层面与两点建议

江苏省连云港市语文教研员　马长根

一、三个层面

第一个层面,教学内容的选择与展开,即教什么的问题。有人说语文好教,也有人说语文难教。所有人都来听语文课,而且都可以进行点评,这是因为语文教材是显性的。课堂上,教什么、教多少、怎样教,由教师自己来定。一篇文章可教的内容很多,至于教什么,则涉及文本的核心价值,即语文的核心价值,而语文教师要做的就是从文本中挖掘出语文的核心价值。夏立东老师执教《锦瑟》一课,从诗歌的整体感知、雾里看花的感觉、赏析诗歌的方法入手,从对典故、词语的品味与揣摩等一步步推进,符合诗歌的教学规律,是一堂诗歌教学课,也是一堂很好的语文课。

第二个层面,课堂活动的安排与推进,即如何教的问题。教师应从课堂活动的安排与推进的视角审视自己的教学理念。在本课教学中,夏老师注重为学生搭建平台,让学生进行自主阅读,说出自己的感知、感悟,讲述自己的见解、理解。对于"为什么会有雾里看花的感觉"这一问题,学生较难解答,因为这首诗本身就是一首研究了千年的"谜"诗。于是,夏老师采取迂回推进的方法,联系马致远的《天净沙·秋思》,引导学生通过意象寻找解读这类诗歌的方法,非常巧妙,体现了教师的教学智慧,从实到虚,再回到实,便于学生理解,为后面更加深入地体悟文本打开了一条通道。

第三个层面,学生在学习过程中的独特体验,即如何学的问题。通过学习形成体悟的过程是别人无法替代的,语文学习必须凸显这一过程。众所周知,语文学习离不开感受、体验,有了感受、体验,学生的自我认知才会实现一次次的超越。夏老师在引导学生体悟这方面做得比较好，通过品读、交流，加深了学生对诗歌的理解与感悟。

二、两点建议

（1）语文课应再语文一些。

（2）高中语文课的教育立意要有高度，教育思想要有深度，教育活动要有力度，教育内容要有厚度，教学设计要把握好跨度，教学内容的展开要把握好角度。

吃透教材，让传统课堂焕发异样光彩

——《师说》教学设计及反思

江苏省如皋市第一中学　时鹏寿

名师名片

时鹏寿，毕业于南京师范大学中文系，现任如皋市第一中学教科室主任。正高级教师，江苏省中小学正高级教师专业技术资格评审专家，南通市"226高层次人才培养工程"中青年科学技术带头人，南通市语文学科带头人；如皋市"148高层次人才梯队中青年科技领军人才"，如皋市"创业创新创优人才"。

南通市作家协会会员，南通市语言学会常务理事，中国青少年写作研究中心理事、高级研究员。

形成了"目标意识强、课堂容量大、教学方法活、教学语言精"的教学风格。曾获得国家级优秀课评比一、二等奖，在浙江、山东、江苏等地多次开设公开课或讲座，是"江苏优质教学资源（高中阶段）"研发创作团队主讲教师。

《中国青少年写作年鉴（2000卷）》《教育家》《江苏教育》《河南教育》《中学语文教学参考》《优秀作文选评》《写作导报》等出版物推介过其教育教学教研实绩。出版专著《语文教师的五般武艺》，发表文章500多篇。

开课背景

2011年9月20日，南通市教育局师资处在南通第一中学组织教授级中学高级教师申报者进行课堂教学环节的评审，我执教了这节课，并于当年通过评审，顺利晋级教授级中学高级教师。

教学设计

[教学目标]

（1）学会用"四文"（文学、文言、文章、文化）法学习文言文。

（2）积累一词多义、古今异义、特殊句式等文言知识。

（3）了解接句法、对比论证等文章写作技法。

（4）通过了解背景、熟悉作者，进而理解文本内容。

（5）运用诵读、分析、归纳等方法理解文本。

（6）认识从师学习的重要性，坚定能者为师的信念。

[课时安排]

1课时。

[教学内容与实施]

一、导入

师：同学们好！同学们从幼儿园、小学、初中一路走来，已经读到了高中。有没有人想过这样一个问题：我们为什么要到学校来学习？

师：这，在今天，似乎是一个不需要思考的问题：人要成长，要发展，必须接受学校教育，接受老师的教诲。但是，经常思考看似不需要思考的问题如"我从哪儿来""要到哪儿去"的人，往往会成为哲学家。然而，在中国历史上有那么一个时期，一些人以从师学习为耻，你能想象吗？唐朝有一个时期就是这样的。

师：但是，在那样的背景下，有一个见识超群、不肯随波逐流的人勇敢地站了出来，呼吁大家从师学习。他就是——韩愈。

二、韩愈其人

韩愈（768—824年），字退之，河南河阳（今河南省孟州市）人，自称"郡望昌黎"，世称"韩昌黎"。唐代杰出的文学家、哲学家。晚年任吏部侍郎，又称"韩吏部"。谥号"文"，又称"韩文公"。

强调："唐宋八大家""古文运动"。

韩愈为此写了一篇文章《师说》。

三、解题

说：议论文的一种。

师说：说说关于从师的事。

师：那么，关于从师，作者到底说了哪些事呢？让我们一起走进文本。

四、解读第一节

（1）指名读文，评读，然后自由读文。

（2）这节文字写了几个方面的内容？试着用问题领起。

师者何为？（作用）

为何从师？（必要）

何人可师？（标准）

（3）穿插落实如下文言知识：学者、所以、从而、师、关于"接句法"（顶针格）。

师：既然从师学习如此重要，那么是什么人那样糊涂，偏偏不肯从师学习呢？他们有哪些想法和做法呢？让我们看看文章的第二节。

五、解读第二节

（1）指名读文，评读，然后齐读课文。

（2）这一节好像写到了不少人，大家能不能归归类呢？

| 圣人 | 众人 | "其皆出于此乎"（揣测） |
| 其子 | 其身 | "吾未见其明也"（肯定） | 对比论证
| 巫医乐师百工 | 士大夫 | "其可怪也欤"（感叹） |

师：这就是宋代黄震所说的"轻重相形"（比较），作者通过对比论证，批评了当时社会上"耻于从师"的不良风气。

（3）穿插落实如下文言知识：师道、众人、关于合叙格（与"互文"恰成反调）。

六、诵读第一、二节

巩固内容，体会论证说理的逻辑。

七、粗略提要后两节内容

师：刚刚我们接触了许多人，接下来作者又写到了圣人孔子和他的弟子李蟠，这是出于怎样的考虑呢？

第三节：论述"圣人无常师"，从正面进一步阐明能者为师的道理。

第四节：说明写作这篇文章的缘由。

试译重要观点句：

（1）三人行，则必有我师。

（2）是故弟子不必不如师，师不必贤于弟子。

八、作业

（1）诵读全文。

（2）整理有关的文学、文言、文章、文化知识。

教者反思

当年课堂教学评审要求必须呈现原生态的课堂，远离多媒体的丰富多彩，回归"一支粉笔一本书"的状态，所以，我老老实实地准备了这节课，追求朴实，拒绝花里胡哨。

我的教学定位主要是让学生学会用"四文"法学习文言文。在教学流程的安排上，我遵循课堂导入—作者介绍—文题解读—课文研习—练习巩固的常规步骤，规规矩矩，不见波澜。

但是，"戏法人人会变，巧妙各有不同"。在实际的教学中，还是有很大的发挥空间的。

比如，课堂导入时，我从"我们为什么要到学校来学习"的问题入手，在哲学的层面上观照，顺势介绍了本文的写作背景，同时引入并突出了作者的与众不同；在作者介绍环节，我重点介绍了对韩愈的多种称谓，及"唐宋八大家""古文运动"等文学常识。

再如，在课文研习环节，针对文言文教学中的种种偏颇，我践行了坚持多年的文言文学习的"四文"法，以"文言"为主，兼顾"文章""文化""文学"，尤重"文章"。因此，在"文言"层面，我强调了"学者""所以""从而""众人"等古今异义词语，"师"这样的多义实词，"乃"这样的重点虚词，"受"（授）、"不"（否）等通假字；在"文章"层面，除了第二节的三组对比论证外，我还引导学生研习了第一节的"接句法"（顶针格）（"……师。师……""……惑？惑……""……吾，吾……"）、第二节的"句读之不知……吾未见其明也"一句所运用的合叙格，既提供了"桀纣暴乱而汤武征伐"句以壮合叙行色，又提醒学生与互文格（"谈笑有鸿儒，往来无白丁"）进行区分，让学生对韩愈的行文笔法有了深刻的印象。

教学中，我注意对教学内容详略的处理，对前两节内容花了比较多的教学时间，对后两节内容，则只带领学生粗略地了解所写内容，提醒学生关注几个重要观点句。

我还注意了诵读，一来加深了学生对文本的理解，二来使学生体会了文章论证说理的气势。

这节课得到了评课组专家们的肯定。评课组组长秦志强评语："依据学生水平及教材要求确定目标，注重教学策略运用，能围绕文本进行有效拓展和延伸，课堂结构设计条理性强，提问富有启发性，师生双边活动充分，整体教学效果好。"这是对我的肯定，增强了我对传统课堂教学的信心。

总之，只要吃透教材，因材施教，传统的课堂也能焕发出异样的神采。

附 录

实施"四文"策略，进行文言教学

——以时鹏寿老师《师说》教学为例

江苏省如皋市第一中学　崔娟

文言文教学内容的确定常常让教师困惑，以"文"为主还是以"言"

为主？"道"处于何种位置？在实际教学中，或畸轻畸重，或顾此失彼，而且众说纷纭，莫衷一是。近日读到时鹏寿老师的《〈师说〉教学设计》，他所倡导并躬行的"四文"法让人思路大开。

一是文学。指关于作家、作品的知识，也就是常说的文学常识。

《师说》的作者韩愈是著名文学家，他的生活阅历与这篇文章的写作有着非常密切的关系。时老师在导入课文之后就为学生介绍了这个见识超群、不肯随波逐流的人，接着又自然而然地介绍了"唐宋八大家""古文运动"等常识，为该文的学习拉开了序幕。

学生所掌握的文学常识通常是一鳞半爪、支离破碎的，但教师眼里的作家、作品则不是孤立的人、孤立的文，而是某个朝代、某个流派的人与文。在教学中，教师要发挥自己的优势，帮助学生把零散的知识构成体系。时老师这一点做得非常好。

二是文言。通假字、古今异义、一词多义、实词虚词、同义复词、偏义复词、特殊句式等都是文言知识。关注了这些，文言文教学才有"文言味"。只有上述内容得到落实，学生才能读通、读懂文言作品。

时老师对"学者""所以""从而""师道""众人"等古今异义词的重点引导，体现了其对文言知识的关注。

当然，对文言的落实要有重点，因为属于文言范畴的东西太多了，教师不可能也完全没必要在某一篇文章的学习中面面俱到，否则就会因过于琐碎而伤了学生学习文言文的"胃口"，遑论不少学生学习文言文本来就没有什么"胃口"呢。

对"文言"的落实有两个"精神"必须领会：教学要有"东方不亮西方亮"的意味，最终必须通通"亮"起来，这是一个精神；还有一个精神，就是要注意新旧知识的联系，如此既符合认知规律，也能使某个知识点慢慢地丰厚起来。否则，课内无所得，迁移就无从谈起；课内所得不笃实，迁移就不能走远。

三是文章。就是篇章结构、行文技法之类的内容。

时老师对全篇内容与结构的了然于胸、调遣自如姑且置之不论。他引导学生对第二节中"其皆出于此乎""吾未见其明也""其可怪也欤"三个句式的分析（最后分别界定为揣测语气、肯定语气、感叹语气），对"圣人"与"众人"、"其子"与"其身"、"巫医乐师百工"与"士大夫"之间的多角度的对比论证分析,对"接句法"(顶针格)、"合叙格"(据我所知,对于合叙格很多老师压根儿就不知道或者知之不详或者知而不道)的讲解(为了说清楚学生相对陌生的"合叙",引入了学生比较熟悉的"互文",两相比照,恰成反调,确实是高明的教学技巧)都是我们所说的"文章"范畴。

四是文化。"文化"是个包孕丰富的概念,这里指传统风俗习惯、文化常识之类。

随着时代变迁,山川风物、典章制度等都发生了不小的变化,对于有着强烈的时代烙印的东西,不把它还原出本来面目,是不能正确地把握其内涵的,势必影响对文本内容的掌握。时老师在导入新课时以"我们为什么要到学校来学习"引发学生思考(对似乎不成问题的问题进行思考,于无疑处生疑,是"为学"的素养),观照韩愈所处时代"以从师学习为耻"的怪现象,这就涉及文化层面的东西了。

我们在文言文学习过程中常常要与文化常识打交道。譬如,山南水北为"阳",山北水南为"阴";做官称"出仕",正常退休叫"致仕"("致事""致政""休致"等);授予某人官职谓之"除",降某人官职谓之"左迁";等等。

如此这般,《师说》的主要内容也就把握住了。如果再在"坚定能者为师"方面强化一下认识,顾及情感态度与价值观维度,课程目标就比较完备地达成了。

综上所述,以时老师的《〈师说〉教学设计》为参照,打量我们日常的文言文教学,不难得出如下结论。

文言文教学注重"文言",要把文言文的课上得真正像个文言文的课,这是有道理的。但是,如果一味专注于"文言味",不顾其他,又是绝对不可以的。因为"文言"不是文言文教学的全部,囿于这方天地,意味着课程目标的缺失,意味着文本效益的萎缩。

在一些开放的文言文教学的课堂上,教师致力于对文章的起承转合、写法特色之类的分析,往往也能够讲得神采飞扬、头头是道,只是这也不是文言文教学的全部。如此处理,是本末倒置、舍本逐末。

正确的做法是以"文言"为主,兼顾"文学""文章""文化",特别是"文章",因为有些作品的"文章"很有借鉴价值。

譬如,《师说》的对比论证,在议论文写作中是常用方法,也是很有表现力的方法。再如,大家熟悉的《项脊轩志》中的"然余居于此,多可喜,亦多可悲"句在全篇的勾连作用就是"文章"层面的,讲清楚了这一点对学生理解该文、学习写作技巧很有助益。又如,大家熟悉的《左忠毅公逸事》中用了比较多的笔墨来写史可法,其实是侧面描写左光斗(因为史可法就是左光斗拔擢的,两人有师生之谊),讲清楚这样的"侧写法"对学生把握文题对全篇的统摄作用,从而借鉴这种表现力很强的写法也是大有好处的。

文言文教学的内容相当杂,但是,在"四文"策略指导下开展文言文教学,教学效果一定是有效的,甚至是高效的。

[见《作文成功之路(上旬)》2014年第12期,有删改]

现代文篇

高屋建瓴，"文""道"兼美

——《葡萄月令》教学实录及解析

江苏省南京市第十三中学 曹勇军

名师名片

曹勇军，山东人，现供职于南京市第十三中学，江苏省特级教师，正高级教师，江苏省中语会副秘书长，兼任扬州大学硕士研究生导师，曾获"江苏省优秀教育工作者""南京市名教师""南京市中青年拔尖人才""南京市劳动模范"等荣誉称号。

主持编写了苏教版新课标高中语文教材必修本、选修本，苏教版初中语文教材。应邀在浙江、山东、山西等地做省级培训讲座100多次，宣传推动语文课改。近年来致力于课程研究、选修教学、语文教育教学智慧、教师专业化发展等研究，取得了较好的科研成果。在中学"绿色阅读"教学、中学"绿色作文"教学方面独树一帜。发表论文100余篇；主编、参编语文教学论著《叩开高中语文选修课之门——高中语文选修课教学实践研究》等10余部。

开课背景

2012年3月，江苏省中小学教学研究室、《教育研究与评论》编辑部主办，江苏省靖江高级中学承办的首届"苏派语文教育论坛"在靖江高级中学举行，曹勇军老师应邀进行课堂教学的现场展示，执教了《葡萄月令》一课。

教学实录

（课前板书课题、作者，出示唯一的一张PPT，展示汪曾祺先生的三句话。）

师：同学们好！

生：老师好！

师：今天我给大家带来了一本书，汪曾祺先生的散文集《蒲桥集》。今天和靖江高级中学高二（3）班的同学们一起来学习选自这本书的《葡萄月令》。

师：课前我请同学们每个人用一句话写出读此文的感受，大家写得都很精彩，有个同学的话给我留下了特别深的印象，他说"这是一首朴素到了极点的田园诗"，我觉得这话讲得很别致。

师：课前我们都做了预习，下面请同学们依据阅读后的体会、认识、理解，说一说"月令"包括什么内容。

（生思考。）

生：我觉得"月令"应该是一种时令，是植物按照季节生长的标记。

师：有没有补充的？

生：在本文中，我们可以认为是葡萄每个月生长发育的情况。

师：葡萄每个月生长的状况，（板书：葡萄）还有没有？

生：劳动者农事的劳作。（板书：农事）

师：还有没有？没有了？大家看一看一月。一月怎么啦？下大雪了。（师生齐答）二月呢？刮春风。（师生齐答）文章里面虽然写天气的内容不是很多，但是作者又以月份逐月地写到天气，写到葡萄的生长以及葡萄种植的农事劳作。"月令"其实是古代《礼记》中的内容，汪先生对其非常喜欢，他觉得在这种特别的时空框架里，特别能反映中国人的生命过程和在大自然中的角色，像诗一样美丽无比，所以他的这篇文章就叫《葡萄月令》。

师：课前读过12个月份，喜欢哪几个月？

生（齐）：四月份、五月份、八月份、九月份。

师：其实三月份也很好。这篇文章比较长，这节课只能选择其中一部分来学习，我们选择三月份、五月份，还有八月份来学习。

师：有人说，汪先生的文章不是用眼睛看的，要靠嘴巴来读。读才能读出其文章独特的韵味。我们先来看"三月"，请一个男生来朗读一下。

（请生推荐朗读较好的一位男生。）

生（王逸凡）："三月，葡萄上架……小葡萄，一桶也就够了。"

师：读得怎么样？

（生鼓掌。）

师：读得很不错，声音很洪亮，语气、节奏等方面也还可以，但也有不足。我们一起来看看"请葡萄上架"这一节，我发现刚才这个同学在读"起！——起！"时处理得很好。前面一个"起"，是口语吧？后面的"起"是大家一起打的号子，一起把这个老藤从地里扛起来。（师范读）"'起！——起！'哎，它起来了。"这是一种非常欣喜的语气。这个地方他没有把这个效果读出来。还有那个"伸开"，"把枝条向三面伸开"，这个"伸开"重复了3次，读时应该有变化。（师范读）趴了一冬的老藤啊，这个时候舒舒服服、凉凉快快地就在那里待着，这个读的时候要把口语的特点、色彩尤其是那种劳动之后的喜悦通过声音传达出来。来！我们全班齐读一下。

（师生齐读。）

师：很好，在体会文字时，通过读，文章里那种情味就触手可及了。来，我们看"五月"。

（请生推荐朗读较好的一位女生。）

生（曹敏）："五月，浇水，喷药，打梢，掐须……很快，就结出了绿豆大的葡萄粒。"

（生鼓掌。）

师：好，坐下。我请一位同学来评价一下她刚才的朗读。

生：我觉得她读出了葡萄的生机，特别是葡萄嗜水、生长茂盛、农家人对铰葡萄的那种欣喜，读得自然，就像是农家人自己在铰一样；果树开花的那一部分，好像是她亲眼所见，读得很抒情。

师：好，请坐。刚才同学读出了那种情味，不过你刚才讲的呢，好像她读得好得不得了，实际上还可以精益求精。刚才讲到果树开花的那一部分，她读得特别有感情，特别抒情，这很好。前面的第一节、第二节、第三节都很好，不过比较而言，我觉得葡萄"抽条"和"卷须"这两节有些口语的地方，她没有比较好地把口语化的特点表达出来。我们一起来看一下。

（师生同看"抽条"一节，师提醒生注意对"瞎长""结不结果""劈劈啪啪""铰"等口语的处理，师范读。）

（师生同看"卷须"一节。）

师：哪个地方要特别注意？"长出来就给它掐了"重复两遍，为什么？

生：有点调皮，像个孩子，同时体现出种葡萄人的勤劳。

（师生齐读"抽条""卷须"两节。）

师：一起来看"八月"，全班一起读。（提醒生酝酿一下，调整好情绪）

师生（齐）："八月，葡萄'着色'……去吧，葡萄，让人们吃去吧！"

师：读得很好！在学习了前面两个月的基础上，我们现在对"八月"的处理就很好，要讲不足呢，就是文字背后那种喜悦和快乐的情感还可以再充分一点。（提醒生课后再读一读）

师：读完了这几节文字，我们发现汪先生的语言真好。他曾经讲过，好的语言就像揉面，要软熟，要筋道，要有劲儿，像流水一样地流畅，读起来才特别顺，读起来才有一种我们汉语特有的节奏之美，甚至天籁之音。

师：这样一种读起来像流水一样流畅的节奏之美，是怎么产生的呢？

生：文中有很多口语，读起来像拉家常一样，让人感到非常亲切。而且作者是从果农的角度来写这篇文章的，不仅有丰收的喜悦，还有期待，语言非常自然、亲切，读起来也很流畅。

师：（板书：口语化）讲得很好！口语的使用使文章活泼、俏皮，读来很流畅。还有没有其他使文章流畅的方法？

生：作者经常接触劳动人民，对葡萄的种植非常了解，所以才能写流畅。

生：我觉得只有"接触"是不够的，作者肯定还亲身体验过种葡萄的过程，所以才能把这些细节描写得这么真实，让读者觉得仿佛在亲身经历，所以我们在写文章的时候，要写自己的亲身经历，这样，文章才能自然流畅。

师：这位同学回答的很对，作者亲身经历过才能写出自然流畅的作品。刚才曹老师问的问题是"这样一种读起来像流水一样流畅的节奏之美，是怎么产生的"，再听听其他同学的意见。

（生互相启发，总结。）

生：采用了许多短句，没有过多的修饰语，不累赘，读起来朗朗上口。

师：短句很多，很有味儿，不啰唆，简洁明快，朗朗上口，一气呵成。能不能举一些例子？

生：如"八月"中，"不是的"三个字，没有像其他大家一样用很多华丽的修饰词，但照样能达到传情达意的效果，而且让读者觉得特别自然。

师：刚才同学说到短句，并举出了例子，短句表达简洁明快，能表达特别的效果。大家再体会一下"五月"。

（师生共同品析"浇水，喷药，打梢，掐须"一句。一方面说明农事繁忙，另一方面也说明自己在这种繁忙的季节里有一种喜悦感。）

师：这种短句特别有味道，作者特别喜欢用句号，有时2～3个字就用一个句号，很多地方就如同没有分行的诗歌。不怎么用关联词，能不用就尽量不用。这样的语言就特别简洁，特别干净，有一种特殊的韵味。

师：汪先生曾经讲过，文章之妙，往往在字里行间，文字要有似断实连的效果（板书：似断实连）。让我们一起来体会一下。

师：（出示生课前预习时提出的问题）在五月讲到梨树开花了，苹果树开花了，葡萄也开花了，写着写着就写到梨花、苹果花上去了。这里为什么写梨花和苹果花？

（生互相启发。）

生：写梨花、苹果花是为了给葡萄花一个大的背景，是一种衬托，衬托果园的繁忙，衬托葡萄花的生机。

师：你说是衬托葡萄花的生机勃勃。请旁边的同学说一说你的思考。

生：葡萄花小而梨花、苹果花大。这里是用看得见的、有视觉冲击力的梨花、苹果花来衬托小小的不易被看见的葡萄花。

师：我们仿佛看见了葡萄开花的景象。大家同意不同意？

生：同意。但是这里用雪来比喻梨花、苹果花的白，我认为这是用来与葡萄花的淡黄做对比的。

师：还有对比在里头。很好。

师：现在回到老师的问题上来，作者本来是写葡萄花，写着写着又写到了梨花、苹果花，似乎断了，可最后又用衬托、对比等手法把它连上了。文章就是这样似断实连，字里行间含有一种诗意的表达效果，这种语言有一种流水的感觉，不是那种很呆板地一句接一句。另外，这里还有一个例子，也是大家在阅读时发现的。在"七月"那部分有一句："汉朝是不会有这次追肥的，汉朝没有硫铵。"很多同学都问这句话是什么意思，请同学们交流一下你是怎么理解的，然后回答。

生：我觉得这就跟古代有了联系，说明古代也是有葡萄的，但是当时的技术没有现在先进，产量也不高，而现在技术先进、产量高了，更能体现果农的喜悦。

生：我认为汪先生首先是一位热爱劳动的人，他写硫铵是为了赞美劳动技术，表达自己的喜悦。

师：写科技，表达喜悦、赞美都不错，但是这好像是一个套话，套上去的，它不是我们的阅读成果。哪位同学有自己的思考？

生：这句话有点"调节剂"的作用，因为本文从上到下都是以葡萄为主线的，加上汉朝就向古代延伸了。

师：向古代延伸，似乎有点联想。还有吗？

生：写汉朝是与今朝对比，突出硫铵的作用。

师：刚才两位同学讲得都有道理，我觉得这句话也许没有我们想象得那样有深意，它也许就是一个幽默的调侃。大家注意到没有，"五月""六月""七月"讲的内容是有些重复的，有重叠之处，讲的都是浇水、喷药、打梢、掐须。在"五月"就讲，"六月"还讲，到了"七月"，你觉得它还好写吗？不好写了，是不是？怎么能写得笔笔不同呢？到了"七月"写上这一笔"汉朝是不会有这次追肥的，汉朝没有硫铵"时味就出来了。看上去,这句话好像断了,其实呢,它是连着的,还是在讲葡萄。正是这一写作上的特色,才使人读起来有一种流水一样的节奏之美。

师:文章叫《葡萄月令》,如果把"月令"两字去掉,只保留"葡萄"两字,文章中的哪几个月份可以不写了?

生(齐):一月不写了,十二月不写了,十月也可以去掉,七月也可以不写。

师:但是你仔细看,其实这几个段落写得很好,有一种充满深情看着自己孩子的感觉。

师:那接下来我们要思考一个问题,这个问题也是我班同学提出来的:这篇文章用"月令"的形式写了12个月,总感觉像流水账一样,这种写法,好在哪里?

(生3人一组讨论,3分钟后,请每组推荐一位代表发言。)

生:我想从两个方面来讲。一是从彩珠串线的形式来看,如果不用"月令",会给人一种流水账的感觉。二是从组成来看,"好的文章要像树一样自然",汪先生写文章就像一位年长的朋友与你亲切谈话一样,谈话是要有次序的,所以要从一月到十二月,一个月一个月地讲,这样就显得有条理、结构清晰,同时给人一种自然、愉快的感觉。

生:用"月令"的形式来写,给我的感觉是非常有条理,同时也可以看出汪先生对葡萄的热爱——就像父母对自己的孩子一样,对葡萄成长的记录就像在记录自己孩子的成长,爱就体现出来了,让人感觉自然、和谐。

(师表赞同。)

生:按月来写有利于写出葡萄成长的细节,写出它成长的不一样。

生:我觉得他能把握每个月份葡萄生长的不同特点,特别好,不空洞。

师:刚才几位同学都提到一点,作者用"月令"这种形式能把我们平时看似散漫的生活条理化。将农村生活以"月令"的形式展示出来,非常完整地表现了我们原生态生活的过程,非常完整地写出了我们生命的成长过程。

师:刚才很多同学都讲到作者将葡萄一个月一个月的特点都写出来

了,是的。除此之外,我们也看到了葡萄背后是一个生命成长的过程。你看,文章有的段落长,有的段落短,就像树一样很自然,因为生活就是这样的,有的月份特别繁忙,有的月份特别清闲。

师:初看文章似乎就是讲种葡萄,仔细一看,写的是作者种葡萄的辛劳及辛劳之后的喜悦和满足(板书:喜悦、满足)。大家知道这篇文章的写作背景吗?作者当时被划为"右派"下放到农村,于是他有了一段在农村劳作的经历,多年以后,他写了这篇《葡萄月令》。

师:我们说政治上受到牵连,应该是人生的坎坷和不幸,遇到这种事,一般人写文章往往是牢骚满腹,可是我们看这篇文章里没有一点牢骚。作者是怎么面对自己的人生困境的?请大家讨论一下。

生:我觉得作者怀有一颗平和的心,因为他觉得劳动可以创造美,他在劳动中也发现了美,作者即使被下放到农村,但还是抱着一种享受的态度在生活。

师:在劳动中可以发现美、创造美,其实劳动还有一个非常重要的作用,就是医治心灵的创伤。作者通过欣赏大自然的美,最终从人生的困苦中解脱了出来。

师:其实说穿了,作者拥有乐观、豁达的心态(板书:乐观、豁达)。作者以乐观、豁达的心态积极面对人生的苦难、人生的坎坷。

师:很多同学课前都提到"这篇文章到底写什么"的问题。其实,大家问的是这篇文章到底有什么深意。乍一看,作者写的是一首田园诗、田园牧歌;仔细一看,写的是劳动的快乐、满足、幸福;再仔细看,联系作者当时的经历,大家觉得是什么?是一种品格,是一种胸襟。到此,我们就由这篇文章读出了这个"人",读出了文章里表现出来的作者的品格。(板书:由文及人,由文及品)

师:课后,大家可以用今天老师介绍的这个办法——"由文及人,由文及品",读一下汪曾祺的另外一篇散文《果园杂记》。推荐大家读的一个片段叫"涂白",看看用老师的这个办法能不能读好、学好。

师:曹老师最喜欢的一种读书方式,就是既要一篇一篇地读,更要一类一类地读。这样子读下来,我们就可以知一篇通一类,就会有好的见解。

师：读完《葡萄月令》一文，大家对散文的认识、理解是不是稍微深刻了一点？古文里面常说"散文，名散，字文，号性情"。（板书：散文，名散，字文，号性情）作者在文章中所表现出的胸襟、气度，就是这篇文章给我们的启示。

师：到此我就和大家一起把这篇文章读完了。语文学习，其实是从下课铃才开始的。课堂上学的东西很有限，课堂不过是一个商量、讨论的地方。今天我们就进行了一次商量、讨论，大家表现得非常好，曹老师非常满意，下了课，希望同学们把汪先生的文章找来读一读。

师：下课。同学们再见！

生（齐）：老师再见！（掌声）

师：谢谢大家！

时师观课

在首届"苏派语文教育论坛"活动中，我有幸观摩了曹勇军老师的展示课《葡萄月令》，为曹老师高屋建瓴、"文""道"兼美的教学风采所吸引，于是有了如下文字。

不少在场的同人用"长文短教"的说法来概括曹老师在这次展示课中对文本的取舍，其实，这个说法不很准确。因为汪曾祺先生的《葡萄月令》还真算不上一般意义上的"长文"，"长文"之说都不能成立，何来"长文短教"一说呢？

我想起了叶圣陶先生的诗句："为教纵详密，亦仅一隅陈，贵能令三反，触处自引申。"

一篇很有味道的名篇，内蕴是非常厚重的；而一堂45分钟的课，教学容量是有限的。如何以"有限"御"厚重"？取舍是必然的。如何取舍？主要取决于教师设定什么样的教学目标。

曹老师对本课的教学旨在使学生"知一篇通一类"，这是高屋建瓴的教学设计。

下面我们就看看他是如何教给学生"知一篇"的读法的。

"文学是语言的艺术。"汪曾祺先生的散文语言很有特色。《葡萄月令》

中体现得比较充分的是口语、短句,曹老师选择这"一隅",着力重锤这"一隅"之后,学生方可借此"一隅"去"三反",去"引申"。

当学生表示对"四月份、五月份、八月份、九月份"比较喜欢后,曹老师说"其实三月份也很好","我们选择三月份、五月份,还有八月份来学习",于不经意间就把课堂掌控在自己预设的轨道上了。

教学的主要环节首先是诵读相关小节。推荐朗读较好的男生、女生读,学生齐读,师生齐读,教师范读,师生评读……使学生对汪曾祺先生的语言有了切实的体悟。

之后,曹老师引导学生从文本出发,品味、赏析,在口语化、短句、"似断实连"几个方面做足文章,让学生真切地领会了"像流水一样流畅的节奏之美"的文字是怎么来的,或者说文字怎么就能臻于"像流水一样流畅的节奏之美"的境界。

接下来,曹老师带着学生剖析文题,弄清"月令"的妙处。此"一隅"也很关键,因为很多人粗略浏览全文后往往会形成"流水账"的印象,曹老师与学生几番"如切如磋,如琢如磨"后形成了共识:

"'月令'这种形式能把我们平时看似散漫的生活条理化。将农村生活以'月令'的形式展示出来,非常完整地表现了我们原生态生活的过程,非常完整地写出了我们生命成长的过程。"

"葡萄背后是一个生命成长的过程。你看,文章有的段落长,有的段落短,就像树一样很自然,因为生活就是这样的,有的月份特别繁忙,有的月份特别清闲。"

在解决了语言、结构两个"文"的层面的问题后,曹老师转向了"道"的层面,借汪曾祺先生的人生际遇,既巧妙地帮助学生理解了本文的创作背景,也自然地对学生进行了情感态度与价值观的熏染:以"乐观、豁达的心态积极面对人生的苦难、人生的坎坷"。

至此,对文本的解读可谓尘埃落定了。但曹老师并没有止步,而是"由文及人,由文及品",引导学生领悟"既要一篇一篇地读,更要一类一类地读"的读书方式,致力于"知一篇通一类"。

那"散文,名散,字文,号性情"的睿智让人击节。

那"语文学习,其实是从下课铃才开始的。课堂上学的东西很有限,课堂不过是一个商量、讨论的地方"的认识让人折服。

一言以蔽之,曹老师的这节展示课是高屋建瓴的,是"文""道"兼美的,展示了一位教学名家的不凡风范。

曹老师由读文到解文,由"文"而"道",从阅读到写作,课堂容量很大,充分演绎了读文章从一篇一篇地读到一类一类地读的真义。

曹老师致力于上"有语文味道的语文课"。他认为从关起门来上的课可以看出一个教师的进步与退步。他强调语文老师的三种眼光:教育的、语文的、课堂的。他追求把课上得朴实、平实、老实、结实。他强调在"专业生活"中求得"专业发展"。

附 录

曹勇军老师的"语文的眼光"

江苏省南通市陈桥中学　大漠孤烟

《葡萄月令》文本较长,曹勇军老师采取跳读课文的方式,带领学生重点学习"三月""五月""八月"的文本内容,将其余内容适时贯穿,这恰恰应了那句"舍得舍得,有舍才有得"。这也提醒我们,在一堂课的教学中不一定要面面俱到,但重点突出很有必要。很多教师面对比较长的文本时总是这也不舍得放,那也不忍心丢,最终导致课堂像一个臃肿的胖子,教学过程步履维艰,学生所得甚少。曹老师将教学行为的侧重点放在对文章的诵读上,让学生在诵读中感悟,提倡用语文的方式来学习。这让我们明白,任何一门学科都不能脱离了它的学科特点,一味追求融合的大杂烩是没有针对性的,一味追求热闹的教学行为是没有出路的。

当下的很多课堂是"没有问题进课堂,没有问题出课堂,最大的问题就是没有问题"。当然,问题也不能过多,太多了容易让人手忙脚乱。更重要的是,问题呈现了决不能不讨论,否则就是教育的"南辕北辙",说严重点,就是你对学生的"欺骗"——你明明让学生带着这些问题去阅读文本,或者你明明给学生提出了阅读文本时的思考题,可学生带着问题读完文本后，你连提都没提这些问题，这难道不是一种教育的"欺骗"吗？在教学时，曹老师带着学生的问题进课堂，并围绕学生提出的问题去解读文本，这是一种对生命的尊重。

当然，我个人认为，曹老师的课也有许多值得商榷的地方。

（1）朗读方式以朗读较好的学生示范读和学生齐读为主，对于高二的学生而言，难度不大的内容没有必要齐读，少了默读和速读的高中语文课堂也就少了学生加强个性化理解的过程。

（2）讲读过程中教师依然是以"讲"为主。当然，讲是必要的，课堂效率的高低和教学效果的优劣很大程度上就取决于教师的讲，但学生对文本的感悟理解、思维训练也是很必要的。

（3）很多问题未能给学生留下思考的空间，问题像空响的炮弹，光发射，不爆炸，比如，教师说："请大家讨论一下。"结果，还没等学生讨论，就请学生回答。

（4）教师在课堂上很多时候是"活在下一刻"的，等待回答，等待学生朝着自己所想的那个答案靠近，等待结果的到来，等待结果与"标准答案"的契合，过程本身所具有的种种意义和价值全部让位于结果。

（5）面对学生精彩的回答，教师的课堂评价语言是苍白的，是缺乏教育机智的。比如，教师一开始让学生用一句话写出读了《葡萄月令》的感受，有学生写道："这是一首朴素到了极点的田园诗。"如此精炼而深刻的回答，教师只说了句"我觉得这话讲得很别致"，便进入第二个问题谈谈对"月令"的理解中了。

当然，给名师的课堂挑刺有点像"鸡蛋里挑骨头"，我也绝非想要班门弄斧，我只想说：面对任何一堂名师的好课，我们都要比照自己，提出名师课堂中的问题比学习名师课堂中的优点有时对我们的帮助更大。

其他教师的评价

曹勇军老师的《葡萄月令》寓巧思于平实，以学生为中心，将以散淡见长的汪曾祺的文章扎扎实实地教出了味道与深邃。在这篇文章的教学中，曹老师选取了最能体现汪曾祺语言风格的"三月""五月""八月"进行鉴赏。曹老师在对文章有极其细致和深刻的把握的前提下，采用灵活多变的方式，将朗读品味、写法探讨以及难点质疑相结合，带领学生充分地领略了汪氏散文独有的语言风格。在此基础上，曹老师还进一步揭示了文章语言风格背后所传达出的作者豁达、乐观的人生情怀，给学生以思想启迪。由文及人，由文及品，由一篇带一类，曹老师巧妙的构思获得了听课教师的一致好评。

——南京市第十三中学　王娟

《葡萄月令》是苏教选修《现代散文选读》"人与动物的对话"板块中的一篇文章。文章比较长，粗看连线索都不甚清晰，极像流水账，又没有什么值得赏析的状物描写，在实际教学中，可能最大的困难是感到不知从哪儿下手。

曹老师从农事讲到辛劳人的喜悦，再谈到作者豁达、乐观的情怀，很容易便让文章"立"了起来。曹老师紧扣学生的质疑，和学生一起探究文章内容，不仅教给了学生读此类散文的方法，更重要的是教给了学生一种思考的方式。

曹老师本节课唯一的一张PPT上是汪曾祺先生的三句话，自始至终显示在那儿，成了本节课学生不断品味语言的一个助手，很实用，又恰到好处地提醒学生什么是课堂的不蔓不枝，什么是课堂的灵动优美，正如曹老师所说，好课要真实、朴实，更要结实。

——王文发

精到的解读，智性的展示

——《鉴赏家》教学实录及解析

江苏省南通市教师发展学院　鞠九兵

名师名片

鞠九兵，江苏如皋人，江苏省高中语文特级教师，江苏省"333高层次人才培养工程"培养对象、如皋市"148高层次人才梯队"培养工程首席专家、如皋市十佳名教师、南通市第六届"园丁奖"获得者，现任南通市教师发展学院院长、书记。

所执教的课曾两次获得全国优秀课评比一等奖，在国家级、省级以上刊物发表论文近百篇，先后主持国家级和省市级课题6个，其中4个已经结题，课题成果曾获得教育部课题成果鉴定一等奖。所研究与实践的"'活动单导学'教学模式"获首届基础教育国家级教学成果二等奖，创设了"四主·有效"和"智性语文"的课堂教学模式。

开课背景

2014年11月，"长三角语文教育论坛'小说教学内容的确定'主题研讨活动暨主题征文颁奖大会"在江苏省常州高级中学举行，鞠九兵应邀执教示范课《鉴赏家》，受到好评。

教学实录

师：文学史上有这样一类小说作品，它体现着民风之淳、人情之美和人性之光。这节课我们一起阅读出生在我们江苏高邮的著名作家汪曾祺先生的小说《鉴赏家》。课前老师已经将卷子发给同学们了，大家有没有预习？

生：预习了。

师：为了便于加深大家对文本的理解，老师在课前做了一个很短的导读提示，哪个同学读一下？

生：汪曾祺，江苏高邮人，作家。1939年考入国立西南联合大学，师从沈从文。1940年开始发表作品。小说《鉴赏家》写于1982年，是他晚年追怀故土的作品。他力求淡泊，避免外界的奢华和干扰，一心营构自己的艺术世界；他自觉吸收传统文化，使小说具有浓郁的乡土气息，显示出沈从文师承。在小说散文化方面，其作品中展示的风土人情、民俗民风，恬淡自然，美丽动人，给人一种淳朴的感觉。

师：很好！请坐！都看明白了吧？为了便于大家对文本做进一步理解，我选了两个人称"鬼才"的名家对汪曾祺先生的评价。一个是一代"鬼才"黄永玉，这个人你们认识吗？（不认识）"鬼才"是贬称还是褒称？

生：褒称！

师：黄永玉是中国著名的美术家，也是中国美术家协会的副主席，他说，汪曾祺是他认为全中国文章写得最好的，一直到今天他都这样认为。这是他的评价。因为他既是作家，又是画家，所以评价人的维度不一样。第二个是人称"鬼才"的陕西省作家协会主席贾平凹。他说，"汪是一文狐，修炼成老精"。这个评价怎么样？现在，让我们带着问题快速阅读文本，加深对文本的整体感知。

师：大家看这个问题，小说第2～16节从内容上看与鉴赏家无关，这些"闲笔"是不是多余？为什么？当然，你也可以将第2～16节分为几个部分，现在开始。允许出声朗读。

师：朗读时用标记笔将相关的语段或你感兴趣的词语标注出来。出声读，体会文本。快速浏览，总结各段写了什么内容。看完了可以向老师示意。

（生朗读，标注。）

师：哪位同学说说，这篇小说大致写了什么内容？用最简洁的语言说。

（生无语。）

师：小说的主人公是谁？

生：叶三。

师：叶三是个什么人？

生：卖水果的。

师：能不能说得准确点？是卖水果的吗？小说中怎么说的？第2节的第1句话。

生：卖果子的。

师：水果和果子是不是一回事？

生：不一样。

师：阅读小说的时候要认真，我们考试的时候更加要认真。卖果子的人，果贩子，是吧？这个果贩子怎么样？

生：他卖的果子都是最好的。

师：他卖的果子都是最好的。你看，我们对一篇小说的概括，其实只要把它的大意说出来就行。小说的主人公是一个叫叶三的果贩子，他怎么样？他有个朋友，什么朋友？

生：画家朋友。

师：画家叫什么？

生：季匋民。

师：他跟他之间的感情怎么样？好得很，能不能用小说中的内容说一下？

生：第7段。

师：第7段怎么样？

生：第17段！

师：我耳朵不好！你读读看！

（生朗读。）

师：也就是他跟画家之间有感情，而且从小说中可以看出，这个果贩子是懂得欣赏画的一个人。他喜欢画家季匋民的画，画家也喜欢这个果贩子。小说讲的就是这两个人之间的故事，对不对？那我们再看这个问题：小说第2～16节从内容上看与鉴赏家有关吗？你说说看。

生：没有关系。

师：写了什么？

生：先写了叶三卖果子，然后写了他两个儿子的工作。

师：还写了什么？

……

师：那第2~16节与鉴赏家有没有关系？为什么？

……

师：同学们，要记好，我们阅读时不仅自己要看懂，还要会概括，如果不概括，怎么做题？我们阅读小说时还要看看最近几年的高考中关于小说文学类文本是怎么来考查我们的。你看，2008年我们江苏省的高考语文就考了《侯银匠》这篇文章，《侯银匠》的作者是谁？

生：汪曾祺。

师：我就想，如果2008年同学们就学了今天的《鉴赏家》这篇小说，那解决《侯银匠》的问题时就简单了。看看人家是怎么命题的。你看这个题目就明白了。第一道题考的什么？概括一下，考的是小说当中某一情节（某一段落）在整个故事情节中的作用。第二道题考的什么？文中关键句子的情感解读。第三道题：小说中的花轿与刻画侯菊的形象有密切关系，请简要分析。也就是我们经常所说的，出现了一个物象。第四道题就是经常考的探究题：小说题为"侯银匠"，但写侯菊的文字多，请结合全文探究作者这样安排的理由。

我们今天不讲《侯银匠》，讲《鉴赏家》，但我们通过对《侯银匠》这篇文章的命题可以知道在阅读小说文学类文本的时候，有哪些取向。首先要把我们的直觉说出来。你心目中的鉴赏家是一个什么形象？随便说说，不要看文本。

生：斯文，眼界开阔，年纪比较大，有丰富的经历，古板严肃。

生：儒雅，戴着老花镜。

生：眼光独到，说话精辟。

师：谁能根据刚才大家的回答，概括一下作为一个鉴赏家，要具备哪些基本特点？

生：斯文、儒雅。

师：作为鉴赏家，是不是要有鉴赏方面的知识呢？是必须有的，这是大前提。当然，见识广、经验丰富，包括他外在的形象这些特点都可能是存在的，但首先要有这方面的专业知识。如果没有这方面的专业知识，他就不可能成为鉴赏家。我们说的鉴赏家，就是能对文物艺术品进行鉴定和欣赏的专家。那我们来看看小说中的鉴赏家叶三具有什么样的专业知识。文章的第2～16节并没有写他在鉴赏方面有什么专业知识，只介绍了他是卖果子的，我们怎么将这一点和鉴赏家联系起来呢？这是不是我们要攻克的问题？快速筛选文章信息，看看小说中哪些地方能够体现叶三是个鉴赏家。

生：我认为前面有写到，比如"他的果子全都从他手里过过，有疤的、有虫眼的、挤筐、破皮、变色、过小的全都剔下来"。

师：你是说他卖的果子品质很好，从这里可以看出什么？

生：可以看出他有鉴赏家应具备的严谨的品格。

师：从叶三卖果子可以看出他还是有些品味的。既然说到这个问题，我们就把这个问题再搞明白点，好不好？叶三卖的果子有什么特征？

生：品质很高。

师：从哪些地方可以看出来？

生：都很大，都均匀，很香，很甜，很好看。

师：很好。还有什么？

生：有疤的、有虫眼的、挤筐、破皮、变色、过小的全都剔下来。

师：这个叫什么？

生：叫筛选。

师："都很大，都均匀，很香，很甜，很好看"，这是在说果子的品质；"有疤的、有虫眼的、挤筐、破皮、变色、过小的全都剔下来"，这是在筛选，筛选出来的果子都是品相很好的。有个关键词没有提醒大家，那就是"品质"，他卖的果子品质优。对于各地的果子，文章中写了多少种？二十多种！有的果子你还没吃过呢。鸡头你们有没有吃过？

生：没有。

师：后面写了叶三能鉴赏画，他是怎么鉴赏的？文章提到了他三次对画的鉴赏。第一次鉴赏的是什么？

生：鉴赏画家画的紫藤。

师：叶三怎么说的？

生：紫藤里有风。

师：画家季匋民一看，不得了啊，就问他是怎么知道画里有风的。

生：花是乱的。

师：季先生还题了两句词，全班同学一起读一下。

（生朗读。）

师：有的时候，画家和文学家是相通的。这句词我们在哪些词里似曾相识过？字数上，前句五个字，后句六个字，如李清照的《如梦令》。

生：昨夜雨疏风骤，浓睡不消残酒。试问卷帘人，却道海棠依旧。知否，知否？应是绿肥红瘦。

师：试问卷帘人，却道海棠依旧。又如——

生：兴尽晚回舟，误入藕花深处。

师：很好。从叶三说紫藤花乱可以看出叶三有鉴赏画的能力。小说中第二次赏画的片段是什么？

生：老鼠上灯台。

师：是个怎样的老鼠？

生：小老鼠。

师：为什么？

生：老鼠把尾巴卷在灯台柱上。它很顽皮。

师：老老鼠就不能把尾巴卷在柱子上吗？怎么理解？

（生沉默。）

师：我们今天用的都是电灯了，过去啊，用的是油灯，油灯有灯台，老鼠在灯台上干吗？

生：偷油吃。

师：老老鼠会不会做这样的傻事？

生：不会。

师：小老鼠顽皮，不谙世事，不知道风险有多大。油在灯里面，所以小老鼠要将尾巴卷在灯台柱子上，悄悄地看，害怕把胡须给烧掉了。第三次赏画呢？

生：墨荷。

师：然后他发现画家画错了，并提了出来。画家是怎么做的？

生：题了一首诗。

师：我们一起读读看。

（生齐读。）

师：在这首诗中，胭脂是什么意思？

生：红色。

师：我们一节课不可能解决很多问题，所以我给同学们提供了一个学习的导向——在规定的时间内阅读文本，迅速地筛选文本，捕捉重要信息。这样，我们才能够走进文本。刚才有同学说，即使前面是写他卖果子的，也能看出叶三与鉴赏家有关。那我们回过头来看，既然后面已经给我们呈现了叶三是个懂画的人，那作者还有必要花大力气去描写叶三卖果子的事吗？与鉴赏家有何关系呢？请独立思考，最好用笔在纸上或本子上把问题的答案写出来，并说说理由。有了自己的初步答案后，进行小组讨论，完善自己的答案。

（生讨论。）

师：如果在高考中有这道题，你怎么呈现答案呢？哪个小组先来展示一下？选个代表。

小组1：我们小组总结了两点原因。第一点，叶三卖果子，四乡八镇都去过，见识广，而且挑的果子都是很好的，所以他对美的体验来自于他的阅历，来自本身的生活，这培养了他对画的鉴赏能力，而且后文提到，即使是为了季四太爷（季匋民）一个人，他也要卖果子。而季匋民在画画时要吃水果，水果就成了联系叶三与季匋民的纽带。第二点，写他卖果子的行为，叶三比较朴实，很诚实，没有少斤扣两的行为，这说明他对金钱不看重，即使季匋民死后，画价大增，叶三也没有将季匋民的任何一幅画卖出去，这说明叶三是纯粹地欣赏，不功利地去热爱、去鉴赏季匋民的每一幅画。

师：从对内容的理解看，你已经说得很全面了。但是从答题的角度看，我希望你再精炼一些，以便于将来答题。其他组呢？

小组2：写叶三的果子非常好，说明他有鉴赏能力。与后文他能指出画家的错误相照应，并为下文与画家的交往做铺垫。

师：她刚刚说了一个很重要的信息，叶三在生活中就是追求美的，所以才有了后来跟画家的交往，对艺术的追求，这之间是相通的。还有吗？男生也不要示弱啊！

小组3：叶三见识比较广，有一定的实践经验，所以对鉴赏有一定的基础，对美有独特的感悟，具有鉴赏的能力。

师：因为生活当中，就算是卖果子，他的果子也是品种多、品质优、品相好的，追求这"三品"的人，品位能不高吗？很多卖水果的人也许巴不得把不好的水果卖给你呢。小说中写叶三什么季节卖什么果子，写了很多果子，我在备课的时候，专门把这些东西整理了出来。香橼，我带来了一个。（展示实物）花下藕什么概念，花开过了，就要采藕，所以叫花下藕。不像我们这里的藕，要等叶子都败了，到了初冬或是深秋的时候才采。花下藕，就是花期一过，就采下来，很新鲜。这是鸡头果，（展示实物）像不像鸡头？这是一种水中的植物，（展示实物）又叫芡实。为了新鲜水果，叶三全国各处到处走，这样的人见识能不广吗？阅历能不丰富吗？他去评价季匋民先生的画，也是有生活阅历基础的。"他还卖佛手、香橼。人家买去，配架装盘，书斋清供，闻香观赏。"这句话写得非常好，请同学们把第四节读一读。

（生齐读。）

师：一个果贩子还知道，水果买回去不仅可以吃，还可以清供，闻香观赏，这才是一个文人之雅致。常规的鉴赏家是什么形象，而汪曾祺先生笔下的鉴赏家又是什么形象？第6~16节用了大量的篇幅，写叶三的两个儿子不想让他卖水果的事，我们可以将它简称为"家事"，小说中为什么要写他的家事呢？这样的安排有何用意？小组讨论一下。

（生小组讨论。）

师：这个问题多给你们一两分钟解答，以使你们留下深刻的印象，因为这样的考题今后会经常遇到。作者写叶三的两个儿子非常能干、聪明、勤劳。写儿子就是为了写爸爸，有什么样的儿子，就有什么样的爸爸，这是从遗传学上来看的。当然，也有不一样的啊。儿子不让爸爸风里来雨里去，是出于孝心。汪先生这是在写基层人民之间的人情之美、人文之美，同学们一定要上升到这样的高度来概括，千万不能仅仅是对情节的叙述。分析时，还有一点要注意：儿子要给叶三祝寿，叶三对儿子说："你们也不用给我做什么寿。你们要是有孝心……一口寿材。"这一情节推动了故事情节的发展，否则哪有后面的将画和他一起埋葬呢？下面看看标准答案能不能给你们启发。

（生读标准答案。）

师：一个卖果子的怎么和一个画家勾连起来呢？这不禁让我们想起"高山流水"这样的典故。有人觉得小说的结尾有些遗憾，你觉得呢？希望同学们课后围绕这个话题进行深入研究。

师：最后送给你们两样东西，一个是香橼，让你们记住叶三，记住叶三的生活情趣、人情之美和人文之美。另一个是一本汪曾祺先生的小说集，让我们永远怀念汪曾祺先生，因为他为我们提供了生活的源泉，他的作品，引领着我们一步一步地成长。

师：今天的课到此结束，下课！

时师观课

鞠九兵老师执着于一线教学，而且不忌讳公开教学，常常活跃于各种教学展示、教学比武的现场，以其精湛的教学艺术、高超的课堂驾驭能力给同人带来一次次的惊喜。

《鉴赏家》是他执教的一节示范课，有着鲜明的个性特点，对文本的解读堪称精到，课堂展示洋溢着智性。

一、精于解读

"语文味"在语文界是颇受关注的热点话题，它既是语文课的底线，也是语文课的境界。文本阅读自然应该立足于文本的解读，用自己的阅读积累创造性地解读文本，从而"道他人之所未道"，这样的处理就是"语文味"，就是真语文。

1. 鞠老师精于课堂构架

一堂课有很多东西值得关注，譬如教学目标得当与否、教学目标达成度的高低、课堂容量的大小、教师的教学机智、教师的教态、学生的学习状态，等等。但是，我认为，课架、课脉、课感、课核是其中的荦荦大端。课架关乎一节课的效率甚至成败。课架即课堂构架，指课堂的整体设计。就像设计图纸对建筑的重要性一样，课堂的整体设计对教学成功之重要性不言而喻。

本节课对文本的解读紧紧围绕文本的第 2～16 节展开，渐次解决了"从内容上看与《鉴赏家》好像无关但确实又不是'闲笔'——因为这里写出了卖果子的叶三具有鉴赏家的眼界、品格"以及"两个儿子不想让叶三卖果子并要为叶三祝寿这两件事在塑造人物形象、推动情节发展与表达主题思想等方面的作用"等问题，角度新颖，重点突出，还兼顾到"文"与"道"的层面，足见鞠老师的设计之功。

2. 鞠老师精于细节剖析

关于"老鼠上灯台"的情节，鞠老师在解读时与学生有这样的对话。

师：老老鼠就不能把尾巴卷在柱子上吗？怎么理解？

（生沉默。）

师：我们今天用的都是电灯了，过去啊，用的是油灯，油灯有灯台，老鼠在灯台上干吗？

生：偷油吃。

师：老老鼠会不会做这样的傻事？

生：不会。

师：小老鼠顽皮，不谙世事，不知道风险有多大。油在灯里面，所以小老鼠要将尾巴卷在灯台柱子上，悄悄地看，害怕把胡须给烧掉了。

这既是对叶三智慧的欣赏，也是教师智慧的展示。如此生活化的解读，一定会给现场的师生留下深刻的印象。

3. 鞠老师精于教学语言

教学语言是教师的基本功之一，对语言学科的教师而言尤为重要。请看下面的片段：

师：因为生活当中，就算是卖果子，他的果子也是品种多、品质优、品相好的，追求这"三品"的人，品位能不高吗？很多卖水果的人也许巴不得把不好的水果卖给你呢。

从"三品"切入，说到"品位"，再联系现实，还用了一个"也许"，可谓自然严谨，妙语连珠。

二、智于拓展

鞠老师多年来一直倡导并践行"智性语文"，积极构建"智性语文课堂"："使语文教学成为'追寻生命内在价值的教育'，成为'有趣味、有韵味、有品位的教育'，是以语文滋养师生心灵，成全胸襟旷达、学养厚重的'智性语文人'的'教学场'；也是使课堂更加融通、清新、简洁、灵动、优雅和美好，成为提升师生教育生活质量和捍卫人格尊严的地方。"[①]"在语文教学过程中，抓准'悟点'，智慧点拨，因文解道，可谓是语文教师的'智力生活'，这样的生活若是生长的、丰富的，那定会呈现'言意共生，智慧迭现，生机盎然'的'智性'语文课堂。"[②]

本节课，鞠老师多点拓展，多次演绎了"语文教师的'智力生活'"，给人以启迪。

课堂伊始，鞠老师以黄永玉、贾平凹两个"鬼才"对汪曾祺的高度评价来引起学生的学习兴趣，目的性很强：为了便于大家对文本做进一步理解。

在厘清第2~16节的内容后，鞠老师再次旁逸斜出，和学生分享了2008年江苏高考语文考卷中的文学类文本《侯银匠》，作者也是汪曾祺，着眼于题目的设置，旨在让学生知道在阅读小说文学类文本的时候，要有哪些取向，仍然有很强的目标意识。

在述及季匋民在画作上的题词"深院悄无人，风拂紫藤花乱"时又很自然地说到李清照的两首词中的诗句"试问卷帘人，却道海棠依旧""兴尽晚回舟，误入藕花深处"。在谈到叶三随季节而经营的众多种果子时，又旁征博引。其间，有鞠老师的积淀，也有语文课应有的文化含量。

[①] 鞠九兵."智性语文课堂"：内涵、特征及状态[J].教育研究与评论（中学教育教学），2014（11）.

[②] 鞠九兵.语文课堂教学"智悟"艺术探幽[J].上海教育科研，2013（12）.

三、善于授"渔"

在教学过程中，授人以"鱼"还是授人以"渔"一直是倍受大家关注的话题，其实，授人以"鱼"就是"教教材"，授人以"渔"就是"用教材教"。"'用教材教'的理念不仅要求教师把教材当作引导学生学习的工具、凭借，使教材原本的功能得到合理发挥，而且要求教师在进行教学设计时不要被教材所束缚，因地、因人、因时制宜，活用教材，实现课程资源的有机整合。而整合的基本原则就是以人为本，适应学生发展的需要，符合学生学习方式转变的要求。教材应成为开放的资源，成为备课设计的基点，同时又是生长点。"[①]

如果说前文所述的对文本的精到解读、智慧拓展是致力于"教教材"，那么，不断强化方法意识则是"用教材教"的具体表现。应该说，鞠老师在"教教材"的同时也注意到了"用教材教"。

请看下面这个教学环节：

师：叶三是个什么人？

生：卖水果的。

师：能不能说得准确点？是卖水果的吗？小说中怎么说的？第2节的第1句话。

生：卖果子的。

师：水果和果子是不是一回事？

生：不一样。

师：阅读小说的时候要认真，我们考试的时候更加要认真。

在厘清第2～16节的内容后，鞠老师如斯说：

"我们阅读时不仅自己要看懂，还要会概括，如果不概括，怎么做题？我们阅读小说时还要看看在最近几年的高考中关于小说文学类文本是怎么来考查我们的。"

随后就是对《侯银匠》的拓展。

---

① 时鹏寿.在"教教材"与"用教材教"之间自由行走——以《一个人的遭遇》教学设计为例[J].中学语文教学参考（高中），2013（9）.

在赏析了叶三的三次赏画情节后,鞠老师这样小结:

"我们一节课不可能解决很多问题,所以我给同学们提供了一个学习的导向——在规定的时间内阅读文本,迅速地筛选文本,捕捉重要信息。这样,我们才能够走进文本。"

其间,还有诸如"从对内容的理解看,你已经说得很全面了。但是从答题的角度看,我希望你再精炼一些,以便于将来答题""汪先生这是在写基层人民之间的人情之美、人文之美,同学们一定要上升到这样的高度来概括,千万不能仅仅是对情节的叙述"之类的语言,都是指向"渔"的层面的。

记得特级教师王学东说过这样一段话:"教师指导学生学习语文好比指导学生去掰一个壳子,既要讲清掰开壳子的目的、知识、方法,又要重视学生在得到知识与方法后更想掰开壳子摸到核心的心理,从而使教法与学法得到有机组合。"相信,鞠老师也是深得其中真味的。

此外,还有两点有必要说一说。

一是教师在课堂上安排的讨论是真讨论。

毋庸讳言,不少课堂教学特别是公开教学总是可以见到学生讨论交流的场面,因为这既是教学的必须,又因气氛热烈而成为"看点",于是"为讨论而讨论"的"伪讨论"屡见不鲜。鞠老师只安排了两次讨论,一次是"既然后面已经给我们呈现了叶三是个懂画的人,那作者还有必要花大力气去描写叶三卖果子的事吗?与鉴赏家有何关系呢?请独立思考,最好用笔在纸上或本子上把问题的答案写出来,并说说理由";一次是"第6~16节用了大量的篇幅,写叶三的两个儿子不想让他卖水果的事,我们可以将它简称为'家事',小说中为什么要写他的家事呢?这样的安排有何用意?小组讨论一下"。

前一次要求"有了自己的初步答案后,进行小组讨论,完善自己的答案",意在纳人之长,完善自己的认识;后一次旨在让学生"留下深刻的印象,因为这样的考题今后会经常遇到",因此不惜多给一两分钟让学生解答。

二是教师是让学生带着问题走出课堂的。

不少教师对课堂特别是公开的课堂有认识误区,奢望课堂在预设中顺利推进，企图在课堂上把问题都解决了，叶澜教授说得好："如果课堂一切都很顺利，教师讲的东西学生都知道了，那你何必再上这节课呢？"

在收束这节课时鞠老师说了这样一段话："有人觉得小说的结尾有些遗憾，你觉得呢？希望同学们课后围绕这个话题进行深入研究。"大有言已尽而意无穷的况味。这样的处理是以先进的教学理念做支撑的。

总而言之，鞠老师的这节课是一节特点鲜明、亮点多多的好课，认真研读教学实录，于你一定大有裨益。

（见《智性语文——让课堂变得智慧而灵动》鞠九兵著，河海大学出版社，2015年，有删改）

附　录

我追求的"智性语文课堂"

江苏省南通市教师发展学院　鞠九兵

清晰的概念，对于课题研究来说，是必不可少的前提条件。要研究"智性语文课堂"这一课题，必须弄清"智性语文课堂"是什么，也就是需要对"智性语文课堂"进行界定。

一、"智性"的本源思辨

"智性"的语法结构即"智慧＋性（性质、性能）"，是形容词＋后缀而构成的属性词。"智性"的百度解释：一是理性。苏曼殊《燕子龛随笔》："泰西学子言：'西人以智性识物，东人以感情悟物。'"。二指真性（佛教语）。许地山《命命鸟》："我自万劫以来，迷失本来智性；因此堕入轮回，成女人身。"

简单地说，"智性"是"具有智慧的性质"，即人们运用智慧，客观、理性、科学地认识事物、关照生命，并在这一过程中有所体悟。

在西学东渐过程中，康德、黑格尔、马克思、尼采、弗洛伊德、胡塞尔、海德格尔等人的哲学对东方思想产生了深远影响。康德最早提出"智性直观"的概念,他认为"智性"是指通过知性得来的认识,可以达到我们的感性世界。他把"智性"理解为"知性"或"悟性",还指"自我"或"心灵",涉及"自身意识"这个最高的哲学点,并把"智性直观"简要诠释为"形而上的直观"。

二、"智性语文"的本质透视

我理解的语文"智性"包含学科、教师、学生三个层面。

学科智性——首先是文字中的智力含量与精神质量,其次是文法中诸如构思智慧、立意智慧、语言智慧、细节设置智慧,等等。

教师智性——包括预设的智慧、生成的智慧、问题设计的智慧、掌控课堂的智慧、与学生沟通的智慧,等等。

学生智性——包括听讲的智慧、答问的智慧、合作的智慧、表达的智慧,等等。

中学语文教学中的"智性"指由经验走向智慧的过程,感性与理性融通合一的状态,知性与悟性会意交融的境界。其基本特征:具有知、情、意、行的融合性、自觉性;内含原生、思辨、美感、体悟、智慧、整体之意蕴。

"智性语文"指教师引导学生自觉观照语文思维,激发和引领学生共同探究、体悟,使其自主、能动、创造性地实现自我身心从经验走向智慧、感性和理性合一、知性与悟性交融的目的,形成独立而稳固的语文能力与素养。"智性语文"蕴含了语文学科的工具性与人文性,融合了实际应用与人文浸润,更兼达了一种教育理念与教育主张以及对教育规律与核心价值的坚守。

三、"智性语文课堂"的内涵揭示

"智性语文课堂"使语文教学成为"追寻生命内在价值的教育",成为"有趣味、有韵味、有品位的教育",是以语文滋养师生心灵,成全胸襟旷达、学养厚重的"智性语文人"的"教学场";也是使课堂更加融通、清新、简洁、灵动、优雅和美好,提升师生教育生活质量和捍卫人格尊严的地方。智性语文课堂具有以下要义。

（1）秉持"教为不教，不教而教；学为会学，会而乐学"的教学理念。智性语文是一种濡染、一种精神、一种文化、一种智慧。智性语文课堂给学生一双慧眼，让学生观察缤纷世界；给学生一颗灵心，让学生体悟趣味人生；给学生一个智脑，让学生想象无边意象；给学生一套方法，让学生探究未知领域、探寻语言意义、孕育语文素养、沐浴文学光辉、提升语文能力。

（2）彰显"人本思想、人文情怀、人格塑造"的教学品格。智性语文课堂是语文文化滋养下智慧共生的教学场景，是宽松与自由、流畅与开放的心灵对话之窗，是生本相生、生生相融、师生相长的成长乐园，是主体建构下体悟成功喜悦的生命旅程。

（3）智性语文课堂强调教学的情境性。情感与物象相映成趣，情由境生，境衬情抒。营造情境的方式有模拟、再现、表演等，技术手段有音像、声光、氛围等。

（4）智性语文课堂是丰富而深邃的，是"人"的教育活动。语文阅读是人与自然的阅读与体悟，语文表达是人话与人性的抒发与折射。语文课不仅是对知识的掌握与运用，更多的是生命的感悟与厚重。

（5）在智性语文课堂上，目的与过程相伴互生，使学生的理性思考与人文情怀得到实质性的发展，使学生自主、自律、自为的能力得到提升。语文教学只有目的与过程并重，才能有助于学生形成完善的学科知识体系，才能体现语文学科的整体内涵和思想。智性语文要求教师洞悉教育的智慧和本真，给学生留有更大的思维空间和更多的自主学习、探究的空间，使学生充分体悟语文的旨趣与魅力；要求师生间、生生间思维的交融与碰撞着眼于学生的终身发展需要，让语文教育充盈着理性的智慧与感性的真情。

个性解读，让课堂充满语文味

——《一朵午荷》教学实录及解析

江苏省海安县教育局教研室　万芝锋

名师名片

万芝锋，江苏海安人，南通市学科带头人，现为江苏省海安县教育局教研室教研员。

开课背景

2011年11月，南通市语言学会2011年学术讨论会在江苏省海安高级中学举行，时为江苏省海安高级中学语文教师的万芝锋老师应邀进行了《一朵午荷》教学展示。

教学实录

一、呈现"荷"，以画入课

师：同学们，我们来看投影，上面有一个"荷"字（"荷"在PPT上的位置靠右）。大家见过吗？哪位同学绘画好，能为大家到黑板上画一下它？

（两位学生在黑板上画荷。）

师：大家有没有发现，这两幅简笔画画的角度不同，一位同学画的是远景，一位同学画的是特写，两人配合得很好，全方位展示了荷花的形象。

师：同学们，把掌声送给他们，好吗？此刻，我们已经加深对荷的认识了，但我们今天还要更进一步！请允许我在"荷"前面加一个字"午"。

二、添加"午"字，理解"午荷"

师：有人可能会说："老师，我只听说过午饭、午睡，竟然还有午荷？真奇妙！"有哪位同学知道"午荷"？会画吗？如果不知道、不会画，那就要请各位捧起课本，朗读一下课文了。朗读的时候，注意思考：这"午"字往"荷"字前面一加，在文中有哪些含义？

（生读。）

师：同学们不但画画得好，而且书也读得好。

生：作者看荷的时间都是午后。

师：对，先思考"午"字本身，作者看荷的时间都是午后。好，这是其一。难道就只有这一层吗？细想一下，文中集中笔墨描写午荷的有几次？

生：两次。

师：对，只有两次。一次在哪里？还有一次在哪里？建议大家再读一读。午荷午荷，"午"是来修饰"荷"的，也就是说这"午"字除了指"人去看荷"的时间，还可以用来描述荷的生命状态：花已凋谢，依然矫健。这是其二。那有没有更深一层的含义呢？优秀的作家绝对不能容忍自己写东西，只停留在表层。

（投影：洛夫，1928年生，诺贝尔文学奖提名者、台湾最著名的现代诗人，被诗歌界誉为"诗魔"，1979年发表了《一朵午荷》，2011年11月，获得首届孔子国际文学奖。）

师：我们经常用"早上八九点钟的太阳"来形容在座的同学，但太阳到了午后，意味着什么？意味着人到了什么阶段？

生：这里的"午"字是说人到了中年，可以指人的生命状态：盛年不再，容颜消逝。

师：把这三者整合起来，我们可以得出一句话：已过盛年的人在已过正午的时候去看花已凋谢的荷，这就是我们要理解的"午荷"。好了，"午荷"我们清楚了，那么老师再来加一个词"一朵"。

三、再添"一朵",解读"一朵午荷"

师:这"一朵"往"午荷"前一加,又意味着什么呢?为了便于大家理解洛夫先生的意思,我们先来理解两个问题:洛夫先生的这篇文章仅仅谈的是午荷本身吗?就像《白杨礼赞》一样,作者仅仅是谈白杨吗?洛夫先生是不是借午荷、托午荷来谈一个什么话题?

(投影:"这是去夏九月间的旧事,我们为了荷花与爱情的关系,曾发生过一次温和的争辩。")

师:对,"我们"用荷花来谈爱情。那,这下文中的"你"可能指谁呢?

生:可能是位女子。

师:从哪些地方可以看出来?

生:"递过来一块雪白的手帕。老是喜欢做一些平淡而又惊人的事,我心想。""《众荷喧哗》中的诗句:众荷喧哗/而你是挨我最近/最静,最最温柔的一朵。""在重重叠叠的荷叶掩盖中,终于找到了一朵将谢而未谢,却已冷寂无声的红莲,我惊喜得手足无措起来,这不正是去夏那挨我最近,最静,最最温柔的一朵吗?"

师:好了,前半句理解好了,再来看后半句,"曾发生过一次温和的争辩"。结合全文,关于爱情他们在哪一点上有分歧?

生:欣赏别人的孤寂有没有罪过。

师:"别人"在本文中首先指什么?还指什么?用了哪种修辞手法?

生:首先指的是荷花,还指人,用了比喻的修辞手法。

师:"孤寂"在本文指什么?还指什么?

生:指"盛况不再",也指如同这午荷一样盛况不再的生命状态。

师:学问高的人说话不直接,看似在谈午荷,其实是在谈爱情,他们的想法不一样。我们一起来读一读两人的对话。

(师生齐读。)

师:下面我们试着将这段对话转换一下。

投影:

我说:"爱人我会爱她的全部,什么都要接受。"

你却说:"我已不再美丽,你还爱我什么,人已老,珠已黄,没什么值得欣赏的了,你还在说欣赏我,难道不是在羞辱我吗?你不觉得是一种罪过吗?我不接受你的这种爱,你不要安慰我。"

师:这里的语言写出她是什么状态?

生:她对自己容颜变老流露出失落的情绪,对洛夫说的话不依不饶,甚至有些失望。

生:她这些可能平日里没有说出来的话,一下子令作者陷入了思索、反省之中。

师:理解得很准确!请看第11节。第11节说"我是诚心去看荷的","诚心"二字,表现出作者在思考这个问题。同学们,他这次看荷有哪些思考所得?

生:生命总有兴衰,容颜总会老去,要坦然面对。

师:到此为止,我们现在可以来理解"一朵午荷"了。请同学来朗读最后一节。

(投影:扑扑尘土,站起身来,心口感到很闷,有点想吐,寂寞真是一种病吗?绕着荷池走了一圈后,舒服多了,绕第二圈时,突然发现眼前红影一闪而没。……我又回来绕了半匝,然后蹲下身子搜寻,在重重叠叠的荷叶掩盖中,终于找到了一朵将谢而未谢,却已冷寂无声的红莲,我惊喜得手足无措起来,这不是去夏那挨我最近,最静,最最温柔的一朵吗?)

师:大家来看,这里有个细节描写"扑扑尘土,站起身来"。这个细节描写表现了作者怎样的心理状态?

生:作者已经领悟了生命的真谛。

(投影:"我"在河池绕圈,一圈、两圈、绕回半匝,蹲下,搜寻。)

师:作者绕圈搜寻什么?

生:在容颜不再的时候,当韶华流逝的时候,"我"一方面达观地对待生命的兴衰,另一方面即使生命由盛转衰,仍然苦苦寻觅,期待生命中的亮色:红色。幸好,生命中还有你相依相伴。执"我"之手的人容颜已消逝,不就如同这午荷一般,不就是那挨"我"最近,最静,最最温柔的一朵吗?感谢生命的恩赐,这一切让"我"惊喜得手足无措起来。

师:这是爱情融进了亲情的最诗意的表达,深情而睿智。

四、课堂小结

师：这节课我们借助语素的添加，层层深入，体会了文本隐喻的美妙，懂得了去理解年过半百这个特殊年龄段上的人们之间的爱情，理解他们面对美好韶华逝去后的焦虑和挣扎，懂得了理解之后的安慰才是真正走进别人心灵的真正慰藉。

师：全文赏读到此结束，谢谢大家！

教者反思

借语素添加，解半百爱情美文之隐喻
—— 执教洛夫散文《一朵午荷》的反思

我细读了人教版高一《语文读本》中台湾作家洛夫的散文《一朵午荷》后，被文中浓郁的中国风、诗人洛夫的细腻诗情所打动，便想做课堂讲授，于是查阅了相关资料。在查阅过程中发现，无论是湖南2010年语文高考选用该文作为现代文阅读所提供的答案，还是众多评论者所做出的各种赏析，都大打"哲思"牌，大谈午荷身上体现的道德品质和哲理思考，这些评论都有一处绕不过的"硬伤"：忽略了洛夫先生与他夫人的"温和争辩"，忽略了作者的写作意图，从而使得解读出现了"泛哲思化"的倾向。实际上，做任何赏析都不能离开作者，不能离开文本的写作由来，而去做所谓的"个性化"解读、"公式化"讲解。散文赏析要讲出"人的成分"，讲出作者透过文本想要表达的意思。故而，读者或执教者要沿着作者的创作思路和情感路径来解读、赏析文本。

我这节阅读教学课的路径，就是借助语素的添加，从"荷"讲起，用"荷"字导入新课后，再在"荷"字前添加"午"字，让学生去理解"午荷"的三层含义，最后添加"一朵"二字，此"一朵"非彼"一朵"，就是身边的"她"。这样层层深入，让学生去体会文本隐喻的美妙，去理解在年过半百这个特殊年龄段上的男女之间的爱情表达，理解他们面对美好韶华逝去后的焦虑和挣扎，使学生懂得了理解之后的安慰才是真正走进别人心灵的真正慰藉。

由上述讲授过程可见，解读文本是一件大事，不能率性而为，不能教得浅显，但也不能过于拔高，分寸的拿捏应该准确。准确理解文本创作意图，正确阐释文本背后隐藏的含义和价值，是读者或执教者的使命，贴合作者的写作意图，应该是阅读教学较为理想的途径。

时师观课

万芝锋老师的这节课是在南通市语言学会的年会上展示的，具有鲜明的个性色彩，自始至终都抓住了在场者的心，是一场相当成功的展示。

从教学的出发点来看，万老师旨在对评论者和以该文作为考试材料的命题人"都大打'哲思'牌，大谈午荷身上体现的道德品质和哲理思考"进行反驳，纠正文本解读中的"泛哲思化"倾向。万老师以作者的写作意图为基点，抓住作者洛夫先生与他夫人的"温和争辩"做文章，引导学生去理解在年过半百这个特殊年龄段上的男女之间的爱情表达，从中读出作者夫妇面对美好韶华逝去后的焦虑和挣扎的心境，读出理解之后的安慰才能真正走进被安慰者心灵的意旨。这是富有新意的解读，是与作者心灵进行对话的解读，是基于文本而又对文本进行适度剥离的解读，因而是站得住的解读。无疑，万老师达成了教学的初衷。

从教学的流程来看，万老师有着强烈的逻辑意识。从标题切入，运用语素添加法，先后对"荷""午荷"和"一朵午荷"进行解读，由物及人，层层深入，丝丝入扣。特别是对"午荷"的解读，在读出了看荷的时间是午后外，还读出了"花已凋谢，依然矫健"的荷的生命状态，更读出了"盛年不再，容颜消逝"的中年人生。在此基础上，"午荷"的内蕴就明晰了：已过盛年的人在已过正午的时候去看花已凋谢的荷，这就是我们要理解的"午荷"。

从教学的细节来看，万老师对文题进行分解，运用的是语素添加解读法；对"午荷"之"午"、"孤寂""别人""扑扑尘土，站起身来"等词语、文句的解读，都充分地彰显了语言的因素，深得语言学会展示课的要义。

　　此外，课堂开始时让学生到黑板上画荷，课堂推进过程中让学生进行语言的转换训练，组织学生对"欣赏别人的孤寂是一种罪恶"进行深度解读等，都体现出万老师强烈的语文意识，使得课堂氤氲着浓浓的语文味。

品读语言，思考人生哲学

——《我为什么而活着》教学实录及解析

江苏省如皋市长江高级中学　王　华

名师名片

王华，江苏如皋人，现任如皋市长江高级中学副校长，中学高级教师、全国教育科研模范教师、南通市学科带头人、如皋市首届"148高层次人才"，是"雉水名师"鞠九兵工作室学员。

参加国家级教育科学研究课题的子课题三项，主持省级"十二五"规划课题两项，发表论文20多篇。

开设省市级公开课（讲座）30多次。在优秀课评比中，获国家级一等奖两次，江苏省二等奖一次，南通市一等奖一次，如皋市一等奖一次。

开课背景

2012年下半年，时任如皋市第一中学教科室副主任的王华参加市优秀课评比，执教了《我为什么而活着》一课，先后获得如皋市、南通市一等奖。

教学实录

（播放歌曲《不能这样活》。）

师：同学们，刚才我们听的这首歌，你们熟悉吗？

生：不熟悉。

师：老师告诉大家，这是刘欢唱的《不能这样活》。歌词写得真好：

"再也不能这样活,再也不能那样过!生活总得前思后想,想好了你再做。"那么,我们究竟应该怎样活呢?又该为什么而活着呢?对于这个问题,有人碌碌一生,未及思考,就已成为人间的匆匆过客;有人苦思冥想,终其一生,未能参透其中的玄机。今天,我们就一起来学习罗素的《我为什么而活着》,看看作者是怎样来回答这一哲学命题的。

(PPT出示教学目标:了解罗素的生平及其积极、崇高的人生观和价值观;鉴赏精巧的构思,隽永的语言;感受罗素博大的胸怀,树立积极健康的人生观。)

师:好,下面请同学们快速地阅读课文,筛选信息,看看作者为什么而活着。

(生自读课文。)

师:哪位同学来说说看?好,你来。

生:作者为知识而活,为爱情而活,为同情而活。

师:好,请坐。(答案展示)

师:对爱情的渴望,对知识的追求,对人类苦难不可遏制的同情心。那么同学们再看一看,文章行文思路是怎样的呢?你来说。

生:总—分—总。第一段总写他为什么而活,第二段、第三段、第四段都是分写,最后一段是总写。

师:好,请坐。我们说结构特点是总—分—总,开头一节总写什么?

生(齐):"我为什么而活着"。

师:总写"人生追求"。分述部分呢?

(生齐答。)

师:对,追述的理由。最后表明自身的观点、态度。那么,同学们能不能告诉我,作者为什么渴望爱情呢?

生:首先,因为爱情给"我"带来狂喜;其次,因为爱情可以解除孤寂;最后,因为在爱情的结合中……

师:很好!在筛选信息时,有没有注意到文中的关键词语?

生(齐):首先,其次,最后。

师:好,很明显,这些关键词语在阅读的时候很重要。那么作者说"我以同样的热情追寻知识",同学们看到了吗?作者追寻了哪些知识?

生：星星为什么发光，毕达哥拉斯的思想威力，还有了解人的心灵。我觉得"了解人的心灵"代表"人"，"星星为什么发光"代表自然，"毕达哥拉斯"代表数字。

师：好，坐下。"毕达哥拉斯"的什么他要了解？

生（齐）：思想威力。

师："思想威力"，我们可以看看，它应该是属于哪一范畴的内容？数学？

生（齐）：哲学。

师：同学们说得很好。那么文中还提到了作者对于人类苦难不可遏制的同情。同学们来看一看，体现在哪儿？或者说表现在哪儿？哪位同学来说说？

生：表现在对饥饿的儿童，对被压迫者折磨的受害者，还有对被儿女视作可厌负担的无助老人的同情，以及对充满孤寂、贫苦、痛苦的整个世界的嘲讽。

师：好。应该说这句话是回答这个问题的有关信息，把最后的几个字去掉，就更好了。哪几个字呢？

生：以及……的嘲讽。

师：好。看来同学读了一遍之后对文本的理解还是比较准确的。我们看一下大屏幕。（PPT投影文章内容、结构）

师：那么，老师再问一个问题，在罗素的这三种激情中，你最欣赏哪一种？或者你认为哪一种更可贵呢？好，怎样想的就怎样说，哪位来说说看？好，你来。

生：我认为，知识是最可贵的，因为知识能让我们更好地了解世界，能让我们对人生充满感悟，能让我们有自信地活着；知识又是无穷尽的，让我们能有一种不竭的动力去活着。

师：嗯，很好！还有不同的看法吗？好，你来。

生：我认为，是对爱情的渴望。因为爱情有作者所提到的这三种功能，这使我想到一首歌："因为爱情，不会轻易悲伤，所以一切都是幸福的模样。"（唱）所以爱情在人类生活中，是很美好的事情，它给人们带来幸福和希望，所以我觉得爱情是很可贵的。

师：好！同学们应该为她鼓掌。

（生鼓掌。）

师：还有不同的看法吗？谁来说？没了？

生：我感觉应该是"同情"。

师：为什么呢？

生：因为只有人人都富有同情，才会有动力去帮助其他人，这样才能改变世界，让世界变得更美好。

师：好，说实话，"仁者见仁智者见智"，这三种激情，对于我们的人生可以说都很重要，缺一不可。但相比之下，"同情心"完全是利于他人的，更能体现出一个人博大的胸怀、崇高的人格。爱因斯坦曾说："阅读罗素的作品，是我一生中愉快的事件之一。"那么我们大家读了这篇文章之后，感受如何？

生（齐）：愉快！

师：英雄所见略同啊！下面呢，请同学们朗读这篇课文，将文中你欣赏的句子画出来，并说说欣赏的理由。同时把文中不理解的、不懂的句子也画出来。画出来之后，以小组为单位进行讨论，然后再来展示一下讨论的情况。好，下面开始。

（生自由朗读课文，之后小组讨论；利用PPT研读课文、品味语言、体味情感、欣赏人格。）

师：好，我们就讨论到这儿。下面我们来看一看各组交流的情况。哪个来说一下？好，你来。

生：我们赏析的是第一段的最后一句"这三种激情，就像飓风一样，在深深的苦海上，肆意地把我吹来吹去，吹到濒临绝望的边缘"，这一句用了比喻，把这三种纯洁而强烈的感情比作飓风，"肆意地把我吹来吹去"生动形象地写出了它支配着"我"的一生，也就是"我"摆脱不了它的控制。还有就是写出了这三种情感对"我"的重要性。

师：好，请坐。用了比喻的手法，构成比喻的两个前提条件是什么？

生（齐）：本体和喻体。

师：本体和喻体，注意了，是两类不同的事物，我举个例子，"他长得很像他的父亲"，这是不是比喻？

生（齐）：不是。

师：因为是——同类，这是第一个前提条件。第二个前提条件是，两者之间一定要有相似点。这里把"激情"比喻成"飓风"，两者之间的相似点是什么？

生：强烈。

师：强烈，具有威力，是不是啊？后面有一个词，跟"飓风"是照应的，哪个词？

生：肆意。

师：对。我们在理解的时候，不仅要看是否用了某种手法，同时还要抓住一些关键词。在这句当中，你认为哪个关键词是需要深刻理解的？比如说"深深的苦海"，还有后面把"我"吹到——

生：濒临绝望的边缘。

师：好。同学们，假如我把"濒临绝望"中"濒临"二字去掉，行不行？

生：不行。

师：为什么不行？谁来说说？好，你来说。

生：因为，他说的是"濒临绝望"，但此时没有绝望，如果删去"濒临"二字的话，就说明他已经绝望了，和"濒临绝望"的意思不同。

师：嗯，坐下。同学们看看，这儿的"苦海"跟"绝望"应该如何理解呢？谁来说说？来，你说。

生：我是通过第四段来理解的。我觉得他的这个"苦海"和"绝望"可能是"对人类苦难不可遏制的同情心"使他感到痛苦所导致的。

师：也就是说，在整个追寻过程中，这三种激情，除了带给他快乐、愉快，还带给他痛苦，而这种痛苦，正像刚才这位同学所理解的，是由"对人类苦难不可遏制的同情心"带来的。因为人在追寻的过程当中，一定会遇到某些挫折，在面对挫折的时候，人常常为自己的渺小而感到无奈和绝望。但作者有没有"完全绝望"？

生：没有。

生：濒临绝望。

师：很好。还有吗？同学们赏析得很好。好，你来。（两位学生一起站了起来）好，一起来。

生1："我寻求爱情，其次是因为爱情可以解除孤寂——那是一颗震颤的心，在世界的边缘，俯瞰那冰冷死寂、深不可测的深渊。"

生2："那是一颗震颤的心"这句话，把爱情比作"震颤的心"，表现出爱情具有强大的力量。之后"在世界的边缘，俯瞰那冰冷死寂、深不可测的深渊"，可以表现出爱情能够把作者从痛苦中解救出来。还有"我寻求爱情，最后是因为在爱情的结合中，我看到圣徒和诗人们所想象的天堂景象的神秘缩影"，我们小组认为"爱情"可以解剖为"爱"和"情"，这个"爱"，是对别人的关爱，这个"情"，是亲情、友情。所以说它不单单指纯粹的爱情，作者寻求爱情，那么他就能够在这里收获到很多，天堂景象的神秘缩影就是指这些。

师：请坐。在这一句中，"孤寂"如何理解？后面用了一个什么符号？

生：破折号。

师：破折号有什么作用？

生：解释。

师：解释说明。在初中我们是不是学过《周总理，你在哪里》这篇课文？

生：学过。

师：那篇课文中的破折号特别多，对不对？给我们留下很深印象的破折号有什么作用？

生：解释。

师：解释说明，还有声音的延长，那么在这一句中破折号后面的内容解释了"孤寂"，其实"孤寂"本来是很抽象的，而后面的解释则把怎样的体验解释了出来，看后面的句子，怎样的体验？我们一起把这句话朗读一下。"爱情可以"1，2。

生："爱情可以解除孤寂——那是一颗震颤的心，在世界的边缘，俯瞰那冰冷死寂、深不可测的深渊。"

师：好，同学们，假如说把"俯瞰"一词换一下，换成"跌落"或"跌进了"，意义还同不同？

生：不同。

师：为什么不同？

生："俯瞰"说明作者没有深陷冰冷死寂的深渊中，说明他还在这个深渊之外，如果换成"跌落"或者"跌进了"，说明作者已经深陷在这个深渊中了。

师：好，请坐。同学们还有吗？

生：第四段的第一句，"爱情和知识，尽其可能地把我引上天堂，但是同情心总把我带回尘世"。前面一句"爱情和知识"是对上文的承接，"天堂"是令人向往的，所以"爱情和知识"写出了"我"心中的快乐，"但是同情心总把我带回尘世"写出了"我"的痛苦之情，该句起到了承上启下的作用。

师：很好，请坐。这位同学分析了这句话的作用——承上启下。那么再从内容上来看看，这一句的侧重点在哪儿呢？

生（齐）："但是同情心总把我带回尘世"。

师：前面的"天堂"和后面的"尘世"该如何理解？"天堂"指什么？

生：美好的境界。

师：作者追求的人生的美好境界，那么"尘世"呢？结合上下文看看，有没有对"尘世"的理解？

生：充满孤寂、贫穷和痛苦的整个世界。

师：对，那么，"爱情和知识"应该是作者一生追求的美好生活，"同情总把我带回尘世"，说明作者不仅仅希望自己过上美好生活，还希望其他人都能过上美好生活，这应该说是一个伟大的思想家拯救人类苦难的良知，更能体现出作者崇高的人格和宽大的胸怀以及对祖国的爱。

生：我们组有一个问题没有讨论出结果来，第一段作者说"在深深的苦海上，肆意地把我吹来吹去，吹到濒临绝望的边缘"，可是在最后一段，作者又说，"如果有机会的话，我乐意再活一次"。为什么作者已经觉得濒临绝望了还乐意再活一次？

师：你们的问题很有质量。其他组的同学能不能帮他们解决？不妨结合全文来理解。

生：我认为"同情心"让作者对这个世界的不公现象感到不安和痛苦，但是这个世界上还存在着美好，他对爱情有着无限的追求。

师：好，还有吗？

生：我认为从"俯瞰"和"濒临"两个词可以看出，作者并没有完全绝望，他还具有拯救世界的"同情心"，如果再活一次的话就可以通过自己的笔来拯救世人。

师：老师受到同学们的启发，也做了一些思考。这三种激情支配着作者，那么对于爱情来说，作者有没有得到？

生：得到了。

师：嗯，也就是说作者体会到了爱情的美好，那么在知识方面作者获得了什么？

生：一些成就。

师：作者一生都在为和平事业而努力奋斗，尽管说他自己也感到无能为力，或者说他自己也深受其害，但实际上作者还是为一些处在苦难中的人们减轻了痛苦，再加上这三种激情自始至终支配着他，所以更能体现出作者伟大的、崇高的人格。理解了这些句子，其实也就把握了整个文章的内涵。应该说，我们每个人都会面临"我为什么而活着"这一严肃的哲学问题。对此，罗素做出了响亮的回答——"渴望爱情""追求知识""同情人类的渴望"。那么，罗素是怎么得出这一结论的呢？联系作者的生平经历就可以得到答案。老师这里收集了一些资料和大家共享，来看一下（课件出示相关资料）。同学们知道2012年诺贝尔文学奖获得者是谁吗？

生：莫言。

师：同学们再看，89岁的罗素和他的妻子被判两个月的监禁，是因为什么？（"反战静坐示威"）再看"数学家""哲学家""文学家""国际和平战士""罗素后来把他所有的藏书都卖掉了，成立了'罗素和平基金会'"这些资料，应该说任何一个人只要有其中的一个成就，应该就够伟大了，而罗素取得了这么多的成就，因此我说罗素绝对是伟大的。罗素的一生应该说是激情澎湃的、热情浪漫的一生；是在知识海洋里愉悦遨游、不息求索的一生；是对人类苦难充满同情、关爱的一生；是充实丰富、精彩纷呈的一生。那么，当我们在享受美好生活的时候，我们是否能够像罗素一样想到那些饱受战争之苦，仍处于水深火热之中的人们？是否想到那些温饱问题尚未解决，急需帮助的人们呢？

师：请同学们看一组触目惊心的照片（PPT 出示）。这是一组非洲儿童的照片，同学们看他们的眼神、他们的外形，看看他们的面部表情。这一张是非洲的一个小孩儿在这儿寻找食物，而不远处有一只秃鹫在虎视眈眈地盯着他，摄影师拍下这张照片三个月之后在世人的唾骂声中自杀了。他为什么会遭到世人的唾骂呢？（没有及时把秃鹫赶走，世人觉得他没有同情心）事实上，摄影师在拍下这张照片之后就把秃鹫赶走了，但他最终还是自杀了。小孩、老人、死于流弹的平民，这样一些画面同学们看了以后有何感受？

生：我觉得世界上充满了苦难，就像我们刚才所看到的那些非洲儿童，他们正在承受着贫穷带来的困厄，他们也在为自己的生命而与命运做斗争，就像贝多芬说的一句话："我要扼住命运的咽喉，我要努力地活下去。"我在他们身上看到了这种精神，他们在努力地活，在与贫穷战斗，就像罗素说的，在这个世界上有饥饿的儿童、有被压迫者折磨的受害者、有无助的老人，我觉得他们都是需要我们帮助的，所以我们应该拥有同情心，努力去帮助他们。

师：说得很好，请坐。贫穷、不安、战争，影响人类幸福生活的因素还有很多。确实，如果我们每个人都有一定的责任心，像罗素那样，或者说人人都献出一点爱，那么我们的社会确实会变得更加美好。著名作家冰心也强调了爱和同情必须伴随我们一生。让我们一起来朗读这段话。

生：冰心："爱在左，同情在右，走在生命的两旁，随时撒种，随时开花，将这一径长途点缀得香花弥漫，使穿枝拂叶的行人，踏着荆棘，不觉得痛苦，有泪可落，却不是悲凉。"

师：学了这篇课文，我觉得同学们的身心一定会受到震撼。让我们也来叩问一下自己的心灵吧。你们在学这篇课文之前认为自己是为什么而活着呢？先仔细想一下，然后互相交流一下。（生思考）好，下面我们来交流一下。

生：在学这篇课文之前，我为我爱和爱我的人而活。我爱我的父母，他们养育了我，陪伴我成长；他们也爱我，希望我将来过得更好。同时也为了身边的人而活，因为他们关心我，为我付出，我也爱他们。我希望不让他们失望。

生：在学这篇课文之前，我是为自己而活。学了这篇课文后我觉我是为守护而活，我要守护我的父母、亲人、朋友，甚至陌生人——世界上处于痛苦中的人们。

师：老吾老以及人之老，幼吾幼以及人之幼。

生：在学这篇课文之前我是为了自己的理想和希望而活，就如罗素所说的，罗素的爱情是他的情感依托，而我的理想和希望是我的思想生活的依托，理想和希望使我对未来的每一天都很憧憬。学了课文之后，我为我的同情心和爱心而活，有句话说得好"赠人玫瑰，手留余香"，在帮助别人之后，自己的心境也会变好，精神境界也会有所提高。

师：同学们说得都很好。应该说，每个人的人生追求都不同，即使是同一个人，在人生的不同阶段，其人生追求也会有所不同，但有一点是相同的，我们每个人肩上都担负着责任，有责任好好地活着，为自己，也为他人。接下来，请同学们欣赏周国平的视频朗诵。（播放视频）如果一个社会是由这样对自己的人生负责的成员组成的，这个社会就必定是高质量的、有效的社会。最后，让我们再次感受一下罗素博大的胸怀、坚定的信念、崇高的人格，一起把这篇课文朗读一遍，开始！

（生齐读。）

师：希望同学们都能对自己的人生负责，谢谢大家！

教者说课

一、教材分析

语文课程是人文性和工具性的统一，而新课程标准有意地淡化语文的工具性，着重突出其人文性，实际上是对培养学生的整体语文素养提出了更高的要求，旨在透过对文本的研习，使学生不仅能够掌握语言文字的运用，还能体会作品中深刻的人文内涵，形成高尚的审美情趣，发展健康的人格。从教材看，《我为什么而活着》是苏教版高中语文必修五中第四专题"我们头上的灿烂星空"下"伟大的情思"板块里的一篇讲读课文。本专题旨在让学生体验人类文化经典中宇宙论和人生论的精华，认识到人的最高精神境界是体认人与宇宙的关系，进而思考人之所以为人、人生存的意义和价值等终极追问。选择的篇目均为中外思想与文学的经典，文字简洁、通畅、优美，思想磅礴大气而富有思辨的意味。

本专题包括两个板块："心连广宇"和"伟大的情思"。第一板块，探讨的问题是人如何认识宇宙万物，超越个体有限的存在和经验的世界。第二板块，探讨的问题是人应该怎样生活在现实的世界里。帕斯卡尔强调了思想在人生命中的重要意义，而罗素则谈到了人活着应具有的精神追求。两个板块，互相补充，逐层深入，引领我们攀登东西方文化的精神巅峰。

根据本专题的教学目标，分析本文特点，结合学生实际，特确定如下教学目标。

（1）了解罗素的生平及其积极、崇高的人生观和价值观。

（2）鉴赏精巧的构思，隽永的语言。

（3）感受罗素博大的胸怀，树立积极健康的人生观。

《我为什么而活着》是罗素的思想随笔，从中可以窥见思想家罗素的崇高思想境界和伟大人格。作者在文中开门见山地回答了标题提出的问题，他活着的目标有三个：对爱情的渴望、对知识的追求、对人类苦难不可遏制的同情心。然后逐一阐明理由。追求爱情，因为爱情可以带来狂喜，可以解除孤寂，可以使人看到想象的天堂景象的神秘缩影。追求知识，因为知识可以使人了解人类心灵，了解星星为什么发光，理解毕达哥拉斯思想的威力。爱情和知识把人引向美好的理想境界，对人类苦难的同情让人把目光投向现实世界。全文短小精炼，层次分明，充满理性的力量，饱含人文的激情，字里行间透出思想家罗素博大的胸怀和崇高的人格。

二、学情分析

学生虽然思维较为活跃，在教师的引导和调动下能够观察和思考，已经初步具备鉴赏能力，但多数学生在鉴赏过程中，仅停留于表层，非常浮泛。所以，本课在引导学生感悟作品的同时，也努力培养学生在鉴赏过程中仔细咀嚼的习惯，尤其是要引导学生沉潜到作品的深处感悟细节之美，迅速领会并运用于实际写作。

三、说教法和学法

新课程的核心理念就是通过语文教学过程中的文本研习、问题探究、活动体验等形式,帮助学生提高语文素养,使学生形成正确的情感态度与价值观。为此,我主要采用"问题探究"和"文本研习"的教学方法进行本课的教学。通过提供重点探究问题,开展问题探讨活动,让学生学会运用思辨的眼光研讨文本,与伟大的思想进行碰撞,体验人类思想的巅峰状态,提高自己的精神境界。

通过文本研习,带领学生从整体上理解文章内容,把握散发思想华彩的句子,体会罗素饱含哲理与激情的语言风格,感受罗素博大的胸怀和崇高的人格;通过问题探究,展开教师、学生、作者和文本四者之间的对话,构建师生间和谐平等、互动对话的语文课堂,力争能教出"语文味"来!

四、说教学程序

1. 设计思路

考虑到本文是一篇短文,本节课教学我决定以学生自主研习为主:首先,通过通读课文,让学生整体感知课文,厘清文本的结构,了解罗素的一生为什么而活着;其次,通过对散发思想华彩的语言的品味,使学生体会作者的思想和情感;再次,插入一组感人画面,加深学生对文本内容的理解,培养学生的怜悯和仁爱之心;最后,引发学生思考:我们应该为什么而活着?进行人格境界的提升。设计时,我充分考虑学生的认知规律——由感性到理性、由浅入深、由了解到欣赏,再到运用,注重培养学生阅读和思考的习惯,在讨论、分析过程中提高学生对人生观和价值观的认识。

2. 教学流程

(略)

时师观课

《我为什么而活着》被很多语文教师在公开教学的时候展示过,王华老师艺高人胆大,挑战自我,在南通市语文优秀课评比活动中执教了该课,并且获得了一等奖。

其中,颇多可圈可点之处,诸如教学目标明确精当,教学设计富有新意,教学重点相当突出,执教过程充满激情,等等。

在这里,我特别提醒大家注意以下三点。

一、浅文深教

罗素的《我为什么而活着》篇幅不长,内容也可以说是一目了然,但是王老师把"浅文"教出了深度。其深度主要表现在两个方面:一是语文的味道。王老师把教学的着重点放在对文句的鉴赏上,突出了语言的因素,上出了语文的味道。二是课堂的厚度。教学时引入了一组极具震撼力的照片,既紧扣文本内容的分析,又拓展延伸了文本内容,自然,熨帖;再用"让我们也来叩问一下自己的心灵吧"别拓新宇,让学生投入自我,感悟人生,这些都增加了课堂的厚度。

二、知人识文

众所周知,作者的学养、身世、际遇等因素直接影响其作品的内容与风格,所以,只有"知人"才能真正"识文",更不用说罗素这样的文化巨人。王老师带领学生先"走近罗素",再"走进罗素",还"学习罗素",带领学生整体感知文本,重点赏析语言,学习巨人精神。罗素是巨人,巨人的文章是精妙的,巨人的精神是必须传承的,其间有环环相扣、层层推进之妙,总是给人"柳暗花明又一村"的感觉。

三、课脉清晰

评一堂课,课脉是必须关注的。先教什么内容,后教什么内容,内容之间如何有机地衔接过渡,都是课脉的题中之意。王老师先以歌曲《不能这样活》激情导入，随后带领学生整体感知文本，进而通过分析文句来把握作者所表达的深沉的情感，特别是"对人类苦难的同情"，接着启发学生叩问心灵、感悟人生，最后延展到文本以外。这样的课脉是清晰的，也是严谨的。

精彩赏析，提升学生写作能力

——《我的一位国文老师》教学设计及解析

江苏省如皋市第一中学　刘书梅

名师名片

刘书梅，江苏如皋人，南通市骨干教师，如皋市第一中学高三语文备课组组长，"如皋市名教师"时鹏寿工作站成员，如皋市、南通市语文优秀课评比一等奖得主；参与多个课题研究，有多篇论文发表（获奖）。

开课背景

2010年下半年，刘书梅老师参加市语文优秀课评比活动，凭着《我的一位国文老师》一课，先后获得如皋市、南通市优秀课评比活动一等奖。

教学设计

[教学目标]
（1）赏析本文欲扬先抑的写作手法、精妙传神的细节描写和幽默风趣的语言。
（2）学习本文突出人物个性的写作方法。
[课时安排]
1课时。
[教学过程]

一、导入新课,激发兴趣

师:在我们的生命长河中,有许多人成为匆匆过客,过目即忘;然而也有一些人成为永恒的记忆。在梁实秋先生的心里,就深藏着这么一位国文老师,以至于作者快七十岁的时候,还写文章来纪念他。

师:今天就让我们一起来认识这位国文老师!

二、初读课文,整体感知

师:同学们已经预习过了,这个国文老师是谁呢?

明确:徐锦澄。

师:一个年近七十的老人竟然还记得自己十八九岁时候的老师,可见这位老师给他留下的印象之深。

师:那么,这是一个什么样的老师呢?请同学们用简洁的语言概括一下这位老师的特点,并说说你的依据。

明确:

脾气暴躁——绰号"徐老虎"、凶、老是开口就骂人。

相貌古怪——脑袋有棱有角,头尖、秃、亮,脸形方方的、扁扁的,鼻尖红,鼻子、眼睛、嘴过分集中。

习惯有趣——戴一副墨镜、两肩高耸、吸溜鼻涕、长袍油渍斑斑、仰头迈八字步、狞笑、爱喝酒且喝多了爱骂人。

认真、敬业——其他人上课奉行故事,乐得敷敷衍衍,他却不这样;对不认真听讲的学生不满;批改作文时不足之处还特别当面加以解释。

热爱学生——并不因为遇到的是调皮捣蛋、不安分的学生就放弃他,而是耐心指导。

有才华——自己选辑教材,讲课亲切、投入,注重对学生进行诵读的引导及作文技巧的指导。

(探讨:长袍油渍斑斑,其实也可以理解为生活拮据,所以才会常穿这一件袍子;生活拮据,所以才会喝酒浇愁,才会心情不好、爱骂人。)

师:请同学们用一句话概括一下这位老师。

示例:这是一位脾气暴躁、相貌古怪、习惯有趣,但敬业、爱生且颇有才华的国文老师。

三、品读课文，赏析技巧

师：徐先生的形象真是栩栩如生啊，宛如一个活生生的人站在我们面前。作者用了哪些技巧把这个人物写得如此鲜活呢？

1. 善抓特征，描画细腻

有棱有角的脑袋、秃秃亮亮的尖头、方方扁扁的脸形、常吸溜鼻涕的酒糟鼻子、瓢儿似的嘴、耸得高高的肩、油渍斑斑的长袍，这些都是我们在古今人物画廊中从未见到过的。作者真不愧为散文大家，观察细致入微，善于抓住人物特征，只寥寥几笔，人物便栩栩如生。

2. 欲扬先抑，似贬实褒

作者不惜笔墨，连用四个小节，写老师的绰号、怪异的相貌、狰狞的笑、不良的习惯……但这些看似贬损的描写其实并无恶意，作者是在通过这些富有个性特征的描写来突出国文老师的有趣和可爱，同时也与下文写老师的认真、敬业、爱生形成了反衬，外在的丑更加突出了内在的美。

（联系《一滴眼泪换一滴水》中的敲钟人伽西莫多——外表丑陋但内心善良，帮助学生理解本文中的人物形象。）

3. 语言幽默，谐趣横生

回忆自己恩师的文章，本应写得严肃庄重些，但作者偏不这样做，而是调动多种幽默手段，极尽调侃之能事。

（1）多用修辞格。

比喻："徐老虎"，夜叉，鼻子像酒糟，两筒清水鼻涕像玉箸，嘴撇得瓢儿似的。

夸张：袍子在整洁的阶段时我没有赶得上看见，老是开口就骂人，"你是什么东西？我一眼把你望到底！"

（2）巧用叠词、动词、形容词。

叠词：（头）秃秃的，亮亮的；（脸形）方方的，扁扁的。

动词：吸溜（鼻涕），吊（出两根玉箸），撇（嘴）。

形容词：（鼻涕）亮晶晶，（袍子）油渍斑斑。

（3）借用术语。

借用音乐节拍术语"板眼"：民族音乐和戏曲中的节拍，每小节中最强的拍子叫板，其余的拍子叫眼。

借用法律术语"正当防卫"：为了使国家、公共利益、本人或者他人的人身、财产和其他权利免受正在进行的不法侵害，而采取的制止不法侵害的行为，对不法侵害人造成损害的，属于正当防卫。

（4）化雅为俗。

将雅致的词用在俗事上："一部分是从事午睡"，"从事"一词寓谐于庄，使得上课睡觉俨然成了件很严肃认真且应该做的事情。

（5）引用方言口语。

引用方言：软爬爬、懈啦光唧。

教师小结：文章构思巧妙，人物鲜活，机智闪烁，谐趣横生，读来让人爱不释手。这篇文章堪称梁实秋记人叙事散文中的经典。

四、拓展延伸，总结方法

师：同学们现在手上拿的仅是一张讲义。需要补充一点的是，在选修课本《现代散文选读》中，这篇文章隶属第一专题，专题的名称叫"活生生的'这一个'"。这个标题该做何理解呢？

明确：写人就要把人写得活生生的，写出个性，写出不同。

教师小结："这一个"语出黑格尔。恩格斯在谈关于作品塑造人物形象时有一句名言，"每个人都是典型，但同时又是一定的单个人，正如黑格尔所说的'这一个'，而且应该说就是如此"。它道出了文学典型形象的特征性、典型性，是"这一个"而非"那一个"。

那么，通过本文的学习，想一想，怎样才能写出活生生的"这一个"呢？

学生讨论，教师归纳把人写活的方法：善抓人物特征，精描传神细节，巧用幽默语言。

五、牛刀小试

师：同学们，在我们的身边应该也有这样一些有着鲜明特征、个性的人吧。下面，请你用刚才总结的方法，用简短的语言（100字左右）描述一个人（现任老师或同班同学），让我们来猜猜"他（她）"是谁？

师：记住，你的谜面拟得越形象、越有个性，我们就能越快越准确地揭示谜底。

六、课堂小结

师：美好的时光总是让人觉得短暂。我想，我们这堂课是愉快的，也是充实的。我们不仅赏析到了美文，还学会了写一个活生生的人的具体方法，并且牛刀小试了一番。希望同学们能把今天学到的技巧更好地运用到今后的写作中。

师：非常感谢大家和我一起度过了愉快的一堂课。最后，我提议，让我们用热烈的掌声对今天莅临指导的专家表示衷心的感谢！

教者反思

如何写出活生生的"这一个"
——对《我的一位国文老师》教学设计的反思

苏教版《现代散文选读》精心设置了写人、记事、抒情、写景、状物和议论六个专题，旨在通过文本研习激起学生对散文的阅读兴趣，使学生积累散文鉴赏经验，进而引得学生关注现实、热爱生活，唤起他们以散文化的方式进行表达和交流的热情与勇气。

《我的一位国文老师》是梁实秋先生写人叙事类散文的经典之作，被编排在"活生生的'这一个'"写人专题。如何引导学生学会刻画"活生生的'这一个'"，是本文学习的重点和难点。于是，我进行了这样的设计：在对人物形象整体把握的基础上，重点品读相关段落、语句，通过问题引导、合作探究等形式,让学生赏析精妙传神的细节描写、幽默风趣的行文风格,进而掌握如何突出人物个性的写作方法。

首先导入新课,激发兴趣。梁实秋,一代名家,在快七十岁的时候,还对自己十八九岁时的国文老师念念不忘,并写文章来纪念老师。这该是怎样的一位老师呢?今天就让我们一起来认识这位国文老师。

随后初读课文,整体感知。

徐锦澄是一位怎样的国文老师呢?先让学生用简洁的语言概括这位老师的特点,并说说依据。

在交流、讨论后明确徐锦澄老师的特点为:

脾气暴躁——绰号"徐老虎"、凶、老是开口就骂人。

相貌古怪——脑袋有棱有角,头尖、秃、亮,脸形方方的、扁扁的,鼻尖红,鼻子、眼睛、嘴过分集中。

习惯有趣——戴一副墨镜、两肩高耸、吸溜鼻涕、长袍油渍斑斑、仰头迈八字步、狞笑、爱喝酒且喝多了爱骂人。

认真、敬业——其他人上课奉行故事,乐得敷敷衍衍,他却不这样;会对不认真听讲的学生不满;批改作文时遇到不足之处还会特别当面加以解释。

热爱学生——并不因为遇到的是调皮捣蛋、不安分的学生就放弃他,而是耐心指导。

很有才华——自己选辑教材、讲课亲切、投入,注重对学生进行诵读的引导及作文技巧的指导。

总而言之,这是一位虽脾气暴躁、相貌古怪、习惯有趣,但认真而敬业、爱生且颇有才华的国文老师。

接着品读课文,赏析技巧。作者用了哪些技巧把这个人物写得如此鲜活?

主要从以下几个方面对文本进行赏析:善抓特征,描画细腻;欲扬先抑,似贬实褒;语言幽默,谐趣横生。

然后拓展延伸,总结方法。如何把人写得活生生的,写出个性,写出不同呢?看来,从善抓人物特征、精描传神细节、巧用幽默语言等入手是可取的。

时师观课

刘老师是个很有灵气的老师,在打磨这节课的过程中,我们见证了她的进步。在市优课比赛中获得一等奖,意味着刘老师在学科领域内得到了一定程度的认可。

《我的一位国文老师》是写人散文,又是散文大家梁实秋先生的作品,其精彩自不待言。如何与学生分享这精彩,让学生领略这精彩,进而使学生从中得到写作层面的开悟,是这节课设计的初衷。

刘老师在对徐锦澄老师的形象进行了准确把握后,把"徐先生的形象真是栩栩如生啊,宛如一个活生生的人站在我们面前。作者用了哪些技巧把这个人物写得如此鲜活呢"作为过渡,然后集中精力和学生深度品读课文,赏析写作技巧。先"形而下"地沉入文本中,再"形而上"地进行概括,于是,"善抓特征,描画细腻""欲扬先抑,似贬实褒""语言幽默,谐趣横生"成为师生的共识,特别是在语言运用方面,从"多用修辞格""巧用叠词、动词、形容词""借用术语""化雅为俗""引用方言口语"五个维度进行观照,为学生写作提供了范例。

刘老师还具有单元教学意识。把本文放在"活生生的'这一个'"专题中去考量,进而总结出把人写"活"的方法:善抓人物特征,精描传神细节,巧用幽默语言。这是"用教材教"的教学观念的体现。

刘老师还具有讲练结合意识。在"牛刀小试"环节,刘老师提出"请你用刚才总结的方法,用简短的语言(100字左右)描述一个人(现任老师或同班同学)",既紧扣这节课的教学内容,又直指这节课的主要教学目标。"猜猜'他(她)'是谁"科学性与趣味性兼具,对活跃课堂气氛很有助益。

细心引导，使学生"学一篇，通一类"

——《家里的灶头》教学设计及解析

江苏省如皋市第一中学　谢　静

名师名片

谢静，江苏如皋人，2002年7月毕业于南京师范大学，一直供职于如皋市第一中学，是"如皋市名教师"时鹏寿工作站成员，如皋市优秀课评比一等奖得主；参与多个课题研究，有多篇论文发表（获奖）。

开课背景

2016年11月16日，如皋市高中语文优秀课评比在如皋市长江中学举行，谢静老师代表如皋市第一中学参赛，执教《家里的灶头》一课，获得一等奖。

教学设计

[教学目标]
（1）了解状物散文的一般写法。
（2）体会作者借灶头所表达的怀旧情愫和对传统文化消亡的感伤。

[教学重难点]
体会作者借灶头所表达的怀旧情愫和对传统文化消亡的感伤。

[学习方法]
（1）合作讨论。
（2）多媒体展示。

[教学课时]

1课时。

[教学过程]

（课前播放背景音乐《又见炊烟》。）

"又见炊烟升起，暮色罩大地，想问阵阵炊烟，你要去哪里。夕阳有诗情，黄昏有画意，诗情画意虽然美丽，我心中只有你……"

师：这一缕炊烟中有美景，有佳人。在常熟作家金曾豪的文章里，有传统风物，有他难忘的童年往事，有他怀念的母亲，有他的《蓝调江南》。

师：今天我们就来看看他的《家里的灶头》。

活动一：厘清文章脉络

家里的灶头（改写）

江南的灶既讲究实用，又讲究美观。灶台的横截面大致上是个腰子形，而纵截面则无法名状。灶台上有一大一小两只铁锅和一只汤罐，布排得疏密有致。围着锅的是灶沿，用方砖随形镶拼而成。灶台靠灶门一面立一道墙，称为灶壁。灶壁阻隔了灶膛的烟灰，还掩蔽了柴爿草把等杂物，使厨房整洁有序。除了灶沿，灶的其他部位都用石灰粉过，又用墨线勾出轮廓线，画出种种"灶花"。考究的匠人会在墨汁里加些石青，使画出来的墨线中隐隐透出些青蓝，显得清秀悦目。整个灶头几乎没有直线，那么多即兴式的弧线使灶头既端庄又秀气，像一位穿着蓝印花布的农家少妇。

大锅又称饭镬，是专门用于煮粥饭的。大锅上接个屉笼就能蒸糕。屉笼的底稀稀的用十多片竹片做成，漏，上面铺一块纱布，粉料就放在纱布上。

大锅上可以叠接好多个屉笼用来蒸菜。这是过年过节或是大请客时才有的盛况。菜是预先烧配好的，放在屉笼里蒸着，上桌时还热腾腾地烫嘴。这就是江南蒸菜。小锅是用来做菜的。一个家庭有一个家庭的传统菜，叫家常菜。

两锅之间嵌有一只汤罐。汤罐没有专门的盖，它的盖就是黄铜的广勺。汤罐虽能兼得两个灶膛的余火，但地处边缘，只能达到微温。

汤罐旁边备竹丝洗帚。砧板上有菜刀，砧板边有抹布。

将灶壁称作"壁"，不准确，灶壁更像砖砌的格子橱。下部的格子是放油盐酱醋瓶瓶罐罐的，上部的大片空白处绘有灶画——无非是灵芝双燕、喜鹊登梅、五谷丰登之类的吉祥主题。烟突旁有个小小的壁龛，也就是灶王爷的办事处，称为"灶山"。壁龛前挂有竹编的小帘子，称作灶帘。

灶壁的另一边是储柴草和烧火的地方，称为灶塘。稻草麦柴被打成Q形的"草把"，码成垛备用。打"草把"一为耐烧，二为保持灶塘整洁。冬天，在灶塘烧火是件美事，称为"孵灶塘"。

灶头在我们的生活中消失了，可我不时还会想起它。

（1）结合上文，用简洁的语言说说灶头的构成及特点。

明确：灶头——灶台（大锅　小锅　汤罐）

　　　　　灶壁（格子　灶画　壁龛）

　　　　　灶塘

（PPT展示灶头图片。）

"江南的灶既讲究实用，又讲究美观。"——实用美观

（2）依据灶头的结构，划分文章层次。

设计说明：本文篇幅较长，为了便于学生快速把握文本内容，厘清文章脉络，同时对状物散文有一个初步的认识，课前对文本做了缩减。

活动二：分析母亲形象

（1）概括往事。

有人说，（状物）散文中的物首先是物，但其实又不是物，它可能还是人。

《家里的灶头》除了写"灶头"，还写了谁？（母亲）

请大家去寻找和母亲相关的生活场景，看看作者围绕灶头、母亲写了哪些往事。请概括！

明确：母亲"逼饭粢"

　　　母亲蒸糕

　　　母亲蒸菜（红烧肉、拼盆、"一品锅"）

　　　母亲做的家常菜（黄豆芽炒咸菜、螃蜞豆腐）

　　　母亲在灶间的教育

　　　发生在灶壁边的故事（母亲在灶上忙碌、姐妹烧火、姐姐的模仿、煨山芋、"填脚炉"爆黄豆）

(2) 赏析细节。

这些往事中有很多细节描写，找出你觉得精彩的，并说说它的表达效果。

（小组讨论。）

明确：如"糕料出笼后还要在桌子上用扁担压实成形，做成圆圆的一片，装在圆圆的匾子里，撒上些白砂糖和青梅丝、红萝卜丝什么的，看上去和和美美，甜甜蜜蜜，馋死人。"

这一句抓住了人物的动作，写出了母亲的勤劳能干；运用叠词，具有韵律美；视觉与味觉结合，渲染了童年时的欢乐；同时也蕴藏了作者对母亲的感激，对母亲的怀念。

(3) 分析写法。

因为太多关于母亲的回忆都跟灶头凝结在一起，所以对灶头的浮想中自然涌动着对母亲不灭的回忆。这种写法在之前的学习中，我们也接触过。

（PPT 展示。）

"庭有枇杷树，吾妻死之年所手植也，今已亭亭如盖矣。"

——归有光《项脊轩志》

"我所爱的北平不是枝枝节节的一些什么，而是整个儿与我的心灵相粘合的一段历史，一大块地方……我的最初的知识与印象都得自北平，它是在我的血里，我的性格与脾气里有许多地方是这古城所赐给的。"

——老舍《想北平》

"多年来我头一次意识到，这园中不单是处处都有过我的车辙，有过我的车辙的地方也都有过母亲的脚印。"

——史铁生《我与地坛》

回想文章的开头，作者介绍灶头时打过一个比方："灶头既端庄又秀气，像一位穿着蓝印花布的农家少妇。"现在是不是一下子豁然开朗了？这个少妇可能就是母亲，这个比喻将物与人巧妙地联系在一起，母亲和灶头是如此相似，普普通通又温暖无比，原来那一腔深情感念早已在这里埋下了伏笔。

(4) 朗读文末的诗歌。

设计说明：作者在文中没有直接描写母亲的音容笑貌，但在品读中，我们的脑海中能渐渐清晰地浮现出一位勤劳、智慧、细致、传统的母亲的形象，那些细节穿插、散落在对灶头的书写中，逐步使母亲的形象丰满起来，也使得文章的暗线越来越明晰。所以需要学生深入文本，细细找来，慢慢品味。最后对本文写作手法的探讨，进一步加深了学生对状物散文的认识。

活动三：探究情感意蕴

母亲离开了我们，灶头也渐渐从我们的生活中消失了。伴随着灶头一同消失的还有什么？

提示：文中用大量笔墨写了有关灶王爷的传说，看似闲笔，有何用意？

明确：在灶王爷的传说中，穿插着描述了送灶、接灶的风俗。其实，灶王爷的传说，送灶、接灶的风俗，关于"吃"的规矩都是"灶头文化"的重要组成部分，"灶头文化"则是江南民俗文化的重要一环。

（PPT 展示。）

本文选自金曾豪的散文集《蓝调江南》。这个集子介绍了江南一带农村的风土人情与日常生活，用文字保留了江南水乡正在逝去和已经逝去的生活场景，具有浓厚的文化韵味和诗情画意。

像灶头这样沉淀着一代人童年记忆的传统文化载体正在慢慢消亡，怎能不令人遗憾伤感？

设计说明：这一部分是文章解读中的一个难点，为了让学生理解其中的深层意蕴，提供了《蓝调江南》的相关资料，同时让学生结合已学课文《胡同文化》，深刻体味作者对江南传统文化消亡的感伤和对诗意温情生活的缅怀。这也是状物散文的一大特色。

活动四：总结状物散文文体特征

写作借鉴：状物—写人—传情。

重笔写灶头，散笔写母亲；直接写文化，间接写怀念。

让学生围绕"记忆中的……"这一话题，思考、讨论、展示。

设计说明：有了前面的铺垫，总结概括状物散文的写作特点已经不是难事，在此只是再次加深一下印象罢了。

课堂小结：今天我们在这里进行了一场人与物的对话，挖掘到了物所代表的人、所蕴含的情，普通的灶头蕴藏着丰富的文化，平凡的母亲原是智慧的导师。其实，在这一对话过程中，我们也把自己的人生体验和情感融了进去，物因人的情怀而有了生命力，而这场对话体验也会在以后漫长的人生旅途中带给我们新的触动，一切起于物又超越物，从这个意义上说，人与物的对话，更是生命与生命的对话。

教者反思

《家里的灶头》隶属于苏教版《现代散文选读》的"人与物的对话"专题，本专题中的文章均是状物散文。依托编者的编写意图，即通过这一专题的学习让学生了解和认识状物散文的写作手法和特点，我在执教本文前首先将"了解状物散文的一般写法"确定为本课的教学目标，以期起到"教材只是个例子"的作用。

《家里的灶头》中作者这样写道："灶头是个金木水火土五行俱全的特别物事，能使最荒凉的地方充满人间烟火味，能使最简陋的房子弥漫温馨的家的气氛。"可见作者通过抓住江南农村具有特征的事物——灶头，以及通过对炊具的意义的描写，给我们展现了江南农村的家庭生活。其间作者穿插进行人物行动的描写与民俗民风的介绍，写得有声有色，充满了温暖与诗意，由于灶头已难生存于现代社会，所以本文也具有一种往日不再重现的遗憾与怀旧的情调。因此，在执教本文时，确定的第二个教学目标是"体会作者借灶头所表达的怀旧情愫和对传统文化消亡的感伤"。因为学生对文章中出现的这些情感缺少明确的认识和思考，因此应在教学过程中着重引导学生做深入的思考。

围绕着本课的教学目标，在授课过程中设计了以下几个环节。

一、长文短教，以文理文

本文篇幅较长，而课堂时间有限，为了使学生快速把握文本主要内容，在课前对文本做了缩减，以使学生迅速厘清文章脉络，同时对状物散文有一个初步的认识。

通过阅读修改后的说明文，学生很快弄清了江南灶头的构成，同时也发现了原文其实就是按照灶头的结构谋篇布局的,从而水到渠成地厘清了文章的脉络。在此基础上再引导学生关注文中看似与灶头有关的"闲笔",归纳概括后,发现主要写了与灶头有关的生活场景、神话故事、历史掌故等内容,学生恍然大悟:原来闲笔不闲,诸如此类的文字赋予了物以"文化"的内涵。农家灶头的每一部分,作者写来毫不凌乱,移步换形,更特别的是还写出了文化味,使灶头在人们生活中的地位与作用得到了揭示,也愈发凸显出所状之物——灶头的趣味和韵味。

二、揣摩情感,探究写作特色

通过梳理文章脉络,整体感知文本,学生体会到了状物散文不单单是写物,还写与物相关的人和事,还有真情实感的流露。于是,我进一步让学生阅读揣摩作品中蕴含的丰富情感,探究状物散文的写作特色。

首先,寻找那些穿插、散落在文中的描写母亲的细节。

例如:"我妈的绝活是螃蜞豆腐。……还没享尽鲜美就滑到肚子里去了。"文中写道"铜板大的小螃蜞是很便宜的",而食材越便宜越考验母亲的智慧,一道"螃蜞豆腐"要耗费母亲多少工夫和心思?作为炊饮工具的灶头,之所以能够给作者一家提供美味可口的食物,正是因为母亲的聪慧能干,母亲借助灶头经营出了有滋有味的生活,让孩子有家常之欢而不觉清贫之苦。诸如此类的文字很多,学生总能抓住一些做一定程度的解读,在解读过程中母亲的形象渐渐丰满起来。

作者虽然没有直接描写母亲的音容笑貌,但在品读中,我们的脑海中渐渐清晰地浮现出一位勤劳、智慧、细致、传统的母亲形象。同时,学生深刻地体会到了状物散文不单单是写物,在物所构筑的特殊环境里,物与人密不可分。为了加深学生的这种认识,同时也为了拓展学生的阅读面,我还补充了一些相似的文本,如史铁生的《我与地坛》:"多年来我头一次意识到,这园中不单是处处都有过我的车辙,有过我的车辙的地方也都有过母亲的脚印。"其中"车辙"和"脚印"合二为一,写地坛,更是为了写母亲。又如归有光的《项脊轩志》:"庭有枇杷树,吾妻死之年所手植也,今已亭亭如盖矣。"在《家里的灶头》中,通过对灶头的描写,表达了作者对母亲的一腔深情。因为太多关于母亲的回忆都跟灶头凝结在一起，所以对灶头的浮想中自然涌动着对母亲不灭的回忆，作者对母亲的感激、对母亲的怀念不言而喻。其实在物与人的背后，是一个生命对另一个生命的怀想。

其次，引导学生探究作品中蕴藏的文化韵味。

学生在梳理课文时，已经发现文中用大量笔墨写了有关灶王爷的传说，比如"腊月廿四要送灶，……'上天言好事，下界保太平'"，这些有关灶王爷的传说中，穿插着送灶、接灶的风俗。通过适时的点拨，学生终于明白，灶王爷的传说，送灶、接灶的风俗，是"灶头文化"的重要组成部分，"灶头文化"是江南民俗文化的重要一环。

金曾豪说："我看到社会上的孩子们和我们那时候的生活状态差别很大，生活过得没有滋味。尽管物质很丰富，但是精神枯燥、苍白，挺可怜的。所以，我想把我们童年时候的有滋有味的生活写出来，告诉他们。"像灶头这样沉淀着一代人童年记忆的传统文化载体正在慢慢消亡，怎能不令人遗憾、伤感！

这一部分是文章解读中的一个难点，为了让学生理解其中的深层意蕴，我提供了《蓝调江南》的相关资料，同时让学生结合已学课文《胡同文化》，深刻体味作者对江南传统文化消亡的感伤和对诗意温情生活的缅怀。

三、议展结合，学生的舞台

通过与文本的对话，学生挖掘到了与物有关的人与情：普通的灶头蕴藏着丰富的文化，平凡的母亲原是智慧的导师。学生同时也掌握了状物散文写作的精髓——状物、写人、传情。不过"纸上得来终觉浅"，所以在这节课的最后，我设计了一个讨论环节，让学生围绕"记忆中的……"这一话题，思考、讨论、展示。借助这个环节，一方面检验学生对状物散文的认知程度，让学生在对话的过程中尝试把自己的人生体验和情感融入进去，体验物因人的情怀而具有别样的生命力；另一方面训练学生的写作能力，这场对话体验也许会成为很好的写作素材，甚至在以后漫长的人生旅途中会给学生带来新的触动。我认为这对培养学生的习作兴趣，提高学生的表达能力，使学生养成良好的习作习惯，具有十分重要的意义。

这节课主要抓住状物散文的特点，由物及人及情，对文章进行细致的梳理与讲解，使学生把握这类文章的大致思路，并结合相关的文章，归类阅读，拓展学生的视野。学生能够较好地了解状物散文的写作特点，也能深入解读文中蕴含的丰富的情感内涵。在教学中，我努力做到从课本中来，到课本中去，再走出课本，走进生活。但愿学习了这篇文章之后，学生能对生活多一点发现、多一点感动！

时师观课

谢静老师凭这节课获得了如皋市优秀课评比的一等奖，这是我们意料之中的结果。

很多年前，江苏省特级教师徐海峰就反复强化一个观念：课堂教学设计必须有"亮点"，哪怕只有一个！有着 30 多年教龄的我对此是深以为然的。

谢老师是我的弟子，因此，我参与了这节课的打磨。说是打磨，其实她第一次试教时就很好了。

我惊讶于她的"改写"设计。

这是一个大手笔：对篇幅较长的原文做减法，把一篇状物散文减写成一篇说明文，既让学生快速把握了文章的框架，又使学生对状物散文有了初步的认知。这样的设计能让人眼前为之一亮。

我很欣赏她对"教教材"的处理。

一个合格的教师，必须带着学生一起熟悉文本，走进文本，识文悟道。谢老师引导学生整体感知文本，厘清了灶头的构成、特点，梳理了文章的层次，形成了对状物散文的初步认知；随后引导学生分析了母亲的形象，赏析了一些细节，还引导学生联系《项脊轩志》《想北平》《我与地坛》等篇章去分析写法；之后和学生一起探究情感意蕴——顺理成章地引出对作家作品的介绍（这，有别于很多教师循规蹈矩的课初就进行作家作品的介绍），突破了本课的教学重难点，使得"像灶头这样沉淀着一代人童年记忆的传统文化载体正在慢慢消亡，怎能不令人遗憾伤感"成为师生的共识；最后，把写作借鉴作为落脚点。

我很赞赏她"用教材教"的高明。

教师要认认真真地教教材，但是，只满足于"教教材"是低层次的教学，教师还得有"用教材教"的意识。

谢老师通过对母亲形象的分析，让学生学会了分析散文中的人物形象："请大家去寻找和母亲相关的生活场景，看看作者围绕灶头、母亲写了哪些往事。请概括！"

通过对本文的分析——从"重笔写灶头，散笔写母亲；直接写文化，间接写怀念"，引导学生把握状物散文的文体特征，进而得出"状物—写人—传情"的一般行文思路，是"学一篇，通一类"的高明招数。

年轻的谢老师有着堪称老到的表现，值得点赞。

在"教教材"与"用教材教"之间自由行走

——《一个人的遭遇（节选）》教学实录及反思

江苏省如皋市第一中学　时鹏寿

开课背景

应"雉水名师"许友兰工作室，"雉水名师"姜树华工作室，"雉水名师"王学东工作室之邀，2013年3月26日，时鹏寿老师在江苏省如皋市第一中学高一（4）班为近30位同行（以小学语文教师为主，也有高中的）展示了《一个人的遭遇（节选）》一课。

教学实录

师：2012年底，中国文坛上发生了一件大喜事，同学们知道吗？

生（齐）：莫言获得了诺贝尔文学奖。

师：同学们知道莫言为什么能够获得诺贝尔文学奖吗？（稍作停顿）诺贝尔委员会给莫言的颁奖词为："将魔幻现实主义与民间故事、历史与当代社会融合在一起。"莫言自己的说辞是，表现了苦难……"苦难"是文学的母题之一。刚刚学习过的《我与地坛（节选）》就是表现如何面对苦难的。今天，我们要一起研习的《一个人的遭遇（节选）》是怎样的文本呢？

生：同样出自诺贝尔文学奖得主之手，同样是表现苦难的。

师：我们先明确一下本节课的教学目标。知识与技能维度的教学目标，即了解双层叙事结构下跌宕起伏的情节；准确把握索科洛夫的形象及其典型意义。至于情感态度与价值观维度的教学目标，我们暂时保密。让我们先来看看文章的标题。[板书课题"一个人的遭遇（节选）"]

师：这"一个人"是指——

生（齐）：索科洛夫。

师：嗯。"遭遇"这个词语了解吗？

生：了解，指不好的事情。

师：都是不好的吗？

生：不一定。

师：哦！应该说多指不好的。那么，索科洛夫是个怎样的人呢？我们先看看他先后有过哪些身份。

生：参加过红军，也做过工人、农民、驾驶员……

（师出示PPT：红军—农民—工人—战士—战俘—？。）

师：这些都是他曾经拥有过的身份。在本文亮相之初，他是逃回来的战俘，至于如何认定他现在的身份，我们暂时存疑，所以我用了一个"？"。他有过哪些遭遇呢？谁来说说？先说说前面"前文梗概"部分的遭遇！

生：他受伤后成为俘虏，然后冒险逃跑但是没有成功，之后又逃跑，终于成功地逃回了自己的队伍。

师：你一开始就让他成了俘虏，成为俘虏之前应该还有一些遭遇吧？

生：他在十月革命爆发时参加了红军，后来复员了，做过农民，当过工人，娶了妻子，生了儿女，后来又应征入伍了。

师：有没有要补充的？（稍微停顿）看来比较完整了。

PPT展示：

"前文梗概"部分的遭遇如下：十月革命参加红军；大饥荒时失去双亲；复员后务农做工，建立家庭，生儿育女；卫国战争时离家参战；1942年受伤被俘，逃跑被抓；俘虏少校，成功回到部队。

师：同学们在概括相关信息的时候要注意完整、有序！再看看"正文"部分他有哪些遭遇，谁说说看？

（一生回答，其他生补充。其间，师对索科洛夫要离开的地方"乌留平斯克"、将要去的地方"卡沙里"、老家"伏罗尼士"做了特别提醒。）

PPT展示：

"正文"部分的遭遇如下：逃回部队—收到妻子和女儿死讯—找到儿

子阿拿多里—儿子牺牲—在乌留平斯克认识新儿子凡尼亚—遭遇车祸—到卡沙里谋生。

师：这个环节实际上是对文章故事情节的梳理。大家阅读小说的时候，情节是非常重要的，一切内容都是建立在情节的基础之上的。我们要弄清楚文章先后写了哪些事情，把情节梳理清楚，随后才可以解决怎么写、为什么写之类的问题。接下来，我们看看人物形象。伴随着种种遭遇，索科洛夫的心理状态是怎样的？请依据文本内容进行分析。

（稍作停顿，让生快速跳读课文，随后表达。）

师：能不能从总体上总结一下索科洛夫的心理状态？

生：起伏跌宕，变化不断。

师：是不是这样？

生：确实如此。

师：老师做了这样的整理。

PPT展示：

索科洛夫的心路。

1. 逃回部队——喜。
2. 家破人亡——悲。
3. 找到儿子——喜。
4. 儿子牺牲——悲。
5. 认识新儿——喜。
6. 遭遇车祸——悲。

师：看来，索科洛夫经历了很多事情。大家在自读课文的时候，要在书上画出有关句子，写下阅读时的感受。现在我们来看看索科洛夫在你心目中的形象到底是怎样的。

PPT出示：

请在括号内填写一个词语或短语，概说你对索科洛夫的印象。

（　　　　）的索科洛夫。

生：坚强的。

生：善良的。

生：不屈不挠的。

生：麻木的。

师：这算是对索科洛夫的否定吗？我们说一个人麻木的时候，通常给出的是负面的评价。

生：不是。

师：哦！说说看！

生：因为战争给他带来了一次又一次的打击，他的心已经伤痕累累了。

师：还有谁说说。

生：脆弱的。

师：哦！前面有人讲"坚强的"，你同意吗？

生：同意。但是他也是脆弱的，因为……

师：这说明人物是立体的，是血肉丰满的，是活生生的，对吧？

师：我们一起来看几段文字。"我的眼前一片黑，心缩成一团，怎么也松不开来。""一个很深的弹坑，灌满了黄浊的水，周围的野草长得齐腰高……站了一会儿，感到穿心的悲痛。"自读课文的时候，你留意到这样的文字了吗？我们特别关注一下第九、十两节的"我走到棺材旁边……我不知所以地回到自己的部队里"，大家一起诵读一下，体会一下人物当时的心情。

（生诵读这部分文字。）

师：这段文字在前面分析人物形象的时候，已经有同学涉及了，现在我们再来看一下。

生：这里表现的是索科洛夫面对儿子的尸体时的绝望，妻子、女儿都被炸死了，最后的精神寄托也烟消云散了。

师：还有谁想谈谈自己的理解？儿子牺牲后，索科洛夫为什么没有哭？

（生谈自己的理解。）

师：我们来总结一下。让一个人绝望的恐怕还不是一直看不到希望，而是给他希望以后又让他失望。当他失去妻子和女儿的时候，他得知自己还有儿子，喜出望外，儿子就变成了他最后的快乐和希望，他所希望的仅仅是和儿子一起度过剩下的时光，做着老头儿的梦想。而在战争胜利前夕，儿子却倒在枪弹下，他悲痛到极点，对生活绝望，哭不出来了，所以下文说"埋葬了自己最后的快乐和希望"。

师："埋葬了自己最后的欢乐和希望"，有个词叫欲哭——

生（齐）：无泪。

师：这样得来的索科洛夫的形象是零碎的，我们来整理一下。假想索科洛夫穿越时空，当选"2013年感动俄国人物"，请你为他写一段"颁奖词"。预习的时候已经让大家准备了，现在我们交流一下。

（生读自己写的"颁奖词"，师生分别进行评点，既关注了内容，也顾及了形式，特别指出了某生比较纯粹的陈述性文字与"颁奖词"的行文风格不吻合，也特别欣赏了某生诗化的语言。）

师：这里给大家提供一位"推荐委员"的"颁奖词"。

PPT展示：

他是一介凡夫，他是一个战士；他是一名战俘，他是一位英雄。

他坚毅，面对丧妻失女的打击、儿子牺牲的绝望，他挺直了腰杆；

他善良，面对没有亲人、无家可归的流浪儿凡尼亚，他敞开了胸怀；

他尊严，面对法西斯战俘营内肉体与精神的折磨，他承受了压力；

他忠诚，面对祖国的需要，十月革命、卫国战争，他扛起了责任。

他是一只火凤凰，在苦难中涅槃，在涅槃中升华。

致敬，索科洛夫！

（生一看到落款是老师，都会意地笑了。）

师：同学们齐声诵读一下！

（生诵读。）

师：再读一遍！

（生再读。）

师：对索科洛夫，我们已经了解了。文章中还有一个人，作者也花了不少的笔墨。是谁呢？

生（齐）：凡尼亚。

师：我们来看看凡尼亚有哪些遭遇。

生：他的父母亲都不在人世了，他是一个孤儿。

师：就这么多？那你知道他从哪儿来，他吃什么，又在哪里睡觉吗？

生：不知道自己来自哪里；"人家给他什么，他就吃什么"；"走到哪儿，睡到哪儿"。

师：嗯。这些是不是他的遭遇呢？

生（齐）：是的。

师：一个人不知道自己的家在何方，吃无保障，居无定所，遭遇够惨了。凡尼亚的遭遇是索科洛夫遭遇的组成部分，是故事中套着的又一个故事。通过作者的讲述，通过索科洛夫的讲述，我们了解了他们悲惨的经历。那么，作者创作这个小说想表达什么思想呢？小组内交流一下！

（生分学习小组进行交流，师巡视，不时介入一些小组，了解情况。）

师：好了。请大家汇总一下。你们小组有几种意见？有没有形成共识？哪个小组先讲讲？

生：我们小组认为作者在控诉战争，呼唤和平。

师：这是你们小组的统一意见吗？

生：差不多。

师：哦！你们就谈了这一点。是这样的吗？有补充或者修正的吗？

（一生补充。）

师：意思差不多，只是你讲得更具体一些。还有没有其他说法？

（一生补充，表达了温情与爱的主题。）

师：我们读一篇文章，最后可以得到不止一个主题吗？你从心理上能不能接受？（看到一生摇头后）×××，你好像不认同，你说说看！

生：从文章的标题看，作者表现的是"遭遇"，而这"遭遇"正是战争造成的，所以，他主要想表现的是对"战争与和平"的思考。

师：说得有道理吗？

生：有。

师：不只是这一个。

……

PPT展示：

1. 反对战争，热爱和平。
2. 历经苦难，人性升华。

文章收在苏教版语文必修二"和平的祈祷"专题中，与同为诺贝尔文学奖得主的德国海因里希·伯尔的《流浪人，你若到斯巴……》共同处于"遭遇战争"板块，很显然是对"战争与和平"的演绎。"反对战争，热爱和平"的主题是昭然的。同时，从索科洛夫身上，我们看到了人性的光辉：他忠诚于自己的祖国，在祖国需要的时候总是挺身而出；他在一次又一次的打击面前从来不肯屈服；他热爱劳动，用勤劳的双手经营着自己的生活；他珍爱温馨和谐的家庭，享受天伦之乐；他"幼吾幼以及人之幼"，把爱心给了孤儿，用如潮的大爱包围了凡尼亚，让凡尼亚体会到了家的温暖……从中，我们看到"历经苦难，人性升华"的主题。

师：现在我们再来看看文章的标题。"一个人的遭遇"，好像不只是一个人啊！为什么不命名为"索科洛夫的遭遇"或"凡尼亚的遭遇"？

生：因为不仅是一个人的遭遇，还是一个人又一个人的遭遇。

师：对了！很显然，在战争中受害的不仅仅是索科洛夫、凡尼亚，而是索科洛夫们、凡尼亚们，是无数的普通人，索科洛夫、凡尼亚只是其中的代表，"一个人"其实就是整个民族，"一个人的遭遇"其实就是整个民族的遭遇。

师：肖洛霍夫是大家比较熟悉的一个作家。

PPT 展示：

米哈依尔·肖洛霍夫（1905—1984年），苏联作家，曾获1965年诺贝尔文学奖，是我国读者十分熟悉且至今仍给予特殊关注的作家。这不仅仅因为他给人们留下了《静静的顿河》《被开垦的处女地》等珍贵的文学遗产，还因为他一生的创作和文学活动与中国文化事业的发展始终存在着或直接或间接的联系，并产生了一定影响。

师：他之所以能写出这样的篇章，因为他本人就是一名战士——军事记者；因为他有着出众的文学才华；因为他的母亲在战争中被炸死、房屋被烧，他有着痛苦的切身经历。他"十年磨一剑"，完成了这部"史诗性质的小说"。小说在《真理报》——相当于中国的《人民日报》——全文刊出，随即被市民抢购一空；当时莫斯科广播电台全文广播这部小说，市民们不顾寒风扑面驻足街头，不少人流下了辛酸的眼泪。

师：今天我们一起解读了这篇文章。其实是解决了五个问题，也就是阅读小说时应该追问的五个问题。

PPT 展示：

写了什么——着眼于故事情节、人物形象等。

怎么写的——着眼于结构安排、叙事技巧、塑造人物形象的手法、环境描写等。

为什么写——着眼于创作意图，是对主题思想的解读。

写得怎样——着眼于鉴赏评价，是对文本价值的解读。

何以如此——着眼于创作背景、作者生平等，是知人论文。

师：学习一篇小说，就要熟悉解读这类小说的套路。所谓"学一篇，通一类"。

师：这是一篇"不同寻常"的小说。发表的地方不同寻常，发表的时间不同寻常，作者不同寻常，当然内容也不同寻常，给我们的启迪自然也是不同寻常的。

师：这节课我们就学到这里。课后请大家完成"导学练"上面的美国作家奥莱尔的超短篇作品《柏林静悄悄》的阅读训练。下课！

教者反思

课堂是教学的主阵地，因而总是吸引着人们关注的目光。有人把课堂分为常规课堂与示范课堂，有人把课型分为家常课与公开课。

而在论及课堂教学的时候，"教教材"与"用教材教"又是经常被人们提起的两个概念。当这两个概念被同时提起的时候，"用教材教"往往处于上风，而"教教材"似乎有点等而下之的况味。

其实，"教教材"未必"非"，"用教材教"也不一定"是"。

之所以说"教教材"未必"非"，是因为教材还是要认认真真地对待、扎扎实实地处理的。它是"用教材教"的前提、基础。离开了"教教材"，"用教材教"就是无源之水，无本之木。

这样说，不仅仅因为教材的编写凝聚了专家、学者们的智慧和汗水，更因为教材是课程标准的具体体现，也是落实课程标准的抓手。学生的知识水平、学习能力不是凭空而来的，不是向壁虚构的，而是在"教教材"的过程中渐渐地得到提高、强化的。因此，教师对教材中的文本必须进行深入的解读：与文本对话，与作者对话，与编者对话，与学生对话，与同行对话，与自己对话。

要与文本对话，走进文本的内核，看看文本叙写了什么，阐释了什么，说明了什么，抒发了什么。

要与作者对话，知人论文，结合写作背景，看看作者到底为什么写作该文，了解作者想通过该文来"载"什么"道"。

要与编者对话，读懂编者的选文标准，读懂编者设计的板块构架，读懂编者的意图。

要与学生对话，看看学生根据自己的生活积累、阅读经验等从文本中读出了什么，了解他们所读出的东西到底是不是文本中内蕴的；如果发生了偏差、歧见，要深究一下问题到底出在什么地方。

要与同行对话，看看教学参考书中采信的是哪些观点，汇集了哪些参考资料，同行还有哪些最新的研究成果，做到兼收并蓄、兼听则明。

要与自己对话，收入教材的都是经典作品，经典作品的特征之一就是常读常新。你第一遍读到了什么，第二遍又读到了什么，第三遍……你现在读到了什么，你以前读到的又是什么。王冶秋先生把《阿Q正传》读了十四遍的故事，想必大家耳熟能详："看第一遍，我们会笑得肚子痛；第二遍，才咂出一点不是笑的成分；第三遍，鄙视阿Q的为人；第四遍，鄙弃化为同情；第五遍，同情化为深思的眼泪；第六遍，阿Q还是阿Q；第七遍，阿Q向自己身上扑来……第八遍，合而为一；第九遍，又一一化为你的亲戚故旧；第十遍，扩大到你的左邻右舍；十一遍，扩大到全国；十二遍，甚至到洋人的国土；十三遍，你觉得它是一个镜子；十四遍，也许是警报器。"随着见识、眼界、心境等的不同，你的阅读感受也是不一样的。

我试以近期为"雉水名师"工作室团队展示的《一个人的遭遇（节选）》的教学为例进行诠释。

作为苏教版语文必修二中第二个出现的小说，如果说先于它亮相的《最后的常春藤叶》让学生对小说有了粗浅的认识的话，学习该文本时就要挖掘一些有深度的内容了。在充分研习教材的基础上，根据学生学习实际状况，我确立了知识与技能维度的两个教学目标：了解双层叙事结构下跌宕起伏的情节；准确把握索科洛夫的形象及其典型意义。此外，确立了情感态度与价值观维度的两个教学目标：反对战争，热爱和平；历经苦难，人性升华。

为了达成预设的教学目标，我进行了如下设计。

首先以莫言获得诺贝尔文学奖导入，追问莫言为什么能够获得诺贝尔文学奖。明确其中一个重要原因，即"表现了苦难"。而"苦难"也是文学的母题之一，此前史铁生的《我与地坛（节选）》就是谈如何面对苦难的。同为诺贝尔文学奖得主的肖洛霍夫笔下的《一个人的遭遇》正是表现"苦难"的名篇，以此激发学生的学习兴趣。

接着从解析文题入手，梳理故事情节。且把"一个人"解读为索科洛夫。先厘清他的身份"红军—农民—工人—战士—战俘—？"，再走进他的世界。在明确"遭遇"的意思是"遇到的事情多指不幸的"后，我们读了索科洛夫的故事。"前文梗概"部分的遭遇如下：十月革命参加红军；大饥荒时失去双亲；复员后务农做工，建立家庭，生儿育女；卫国战争时离家参战；1942年受伤被俘，逃跑被抓；俘虏少校，成功回到部队。"正文"部分的遭遇如下：逃回部队—收到妻子和女儿死讯—找到儿子阿拿多里—儿子牺牲—在乌留平斯克认识新儿子凡尼亚—遭遇车祸—到卡沙里谋生。

情节明确了，就该分析人物形象了。

我设计了这样的问题："伴随着种种遭遇，索科洛夫的心理状态是怎样的？请依据文本内容进行分析。"

稍做整理，学生不难读出如下内容：逃回部队—喜；家破人亡—悲；找到儿子—喜；儿子牺牲—悲；认识新儿—喜；遭遇车祸—悲。

我们还特别关注了在儿子牺牲后，索科洛夫为什么没有哭。经过讨论，明确：他因战争失去了最后的亲人。让一个人绝望的恐怕还不是一直看不到希望，而是给他希望以后又让他失望。当他失去妻子和女儿的时候，他得知自己还有儿子，喜出望外，儿子就变成了他最后的快乐和希望，他所希望的仅仅是和儿子一起度过剩下的时光，做着老头儿的梦想。而在战争胜利前夕，儿子却倒在枪弹下，他悲痛到极点，对生活绝望，哭不出来了，所以下文说"埋葬了自己最后的快乐和希望"，索科洛夫连最后的欢乐和希望也失去了，欲哭无泪。索科洛夫着重讲述了儿子生前死后的感受，不仅体现了父亲的无限伤痛，更用一种以美衬丑的手法表现了对战争的憎恶。

随后，我设计了两个活动。

活动一：请在括号内填写一个词语或短语，概说你对索科洛夫的印象。

（　　　）的索科洛夫。

这个设计旨在引导学生从某个方面把握索科洛夫的形象。坚毅、善良、忠厚、朴实、麻木、不屈不挠等词汇进入了我们的视野。

但是，仅止于此，我们心目中索科洛夫的形象是散乱的。于是，我设计了活动二：假想索科洛夫穿越时空，当选"2013年感动俄国人物"，请你为他写一段"颁奖词"。这是对索科洛夫形象的总结，也是对学生写作能力的训练，还是与"感动中国人物"评选颁奖热点的对接。

通过两个活动，学生对索科洛夫的形象有了比较全面的把握，之后，自然会关注到小说中的另外一个人物凡尼亚。

就文章节选部分而言，作者明显把主要笔墨放在了收养凡尼亚这一内容上。

那么，凡尼亚有哪些遭遇呢？

从故事套叠着的故事中，我们知道了凡尼亚的不幸：爸爸在前线牺牲了；妈妈被炸死在车里；不知道自己从哪来；人家给他什么，他就吃什么；走到哪儿睡到哪儿……

课堂推进到这里，需要再度解析文题了：为什么不命名为"索科洛夫的遭遇"或者"凡尼亚的遭遇"，而命名为"一个人的遭遇"呢？很显然，在战争中受害的不仅仅是索科洛夫，不仅仅是凡尼亚，而是索科洛夫们、凡尼亚们，是无数普通人，索科洛夫、凡尼亚只是其中的代表。由此，"一个人"其实就是整个民族，"一个人的遭遇"其实就是整个民族的遭遇。

至此，对主题的分析就顺理成章了。

文章收在"和平的祈祷"专题中，与同为诺贝尔文学奖得主的德国海因里希·伯尔的《流浪人，你若到斯巴……》共同处于"遭遇战争"板块，很显然是对"战争与和平"的演绎。"二战"期间一位失去了儿子的母亲为她战死的儿子写下了这样一句墓志铭:"你走了,国家失去的仅仅是一个士兵,但是我失去的是整个世界。"战争是可怕的,它能摧毁一切。战争摧残最多的是人的心灵,不管战胜还是战败,不管正义还是非正义,最受创伤的永远是你我这样的平凡人;然而世界上的枪炮声还没有停息,生命依旧在流血、在消逝。"反对战争,热爱和平"的主题是昭然的。同时,从索科洛夫身上,我们看到了人性的光辉:他忠诚于自己的祖国,在祖国需要的时候总是挺身而出;他在一次又一次的打击面前从来不肯屈服;他热爱劳动,用勤劳的双手经营着自己的生活;他珍爱温馨和谐的家庭,享受天伦之乐;他"幼吾幼以及人之幼",把爱心给了孤儿,用如潮的大爱包围了凡尼亚,让凡尼亚体会到了家的温暖……从中,我们可以看到"历经苦难,人性升华"的主题。

当然,对作品艺术特色进行分析也是课堂教学的必须。

本文特色鲜明,概而言之,有两个主要方面。

第一人称叙述。一个"我"是作者,他有时作为一个对话者出现,有时作为作者直接抒发感情;另一个"我"是主人公索科洛夫。这是双层叙事结构,"嗳,老兄,我实在难受极了""就在这时候我认识了我的新儿子。呐,就是在沙地上玩着的那一个""哪,我们父子俩现在正是要走到卡沙里去"之类的语言营造出很强烈的现场感。

细节描写生动。比如第1节的细节描写:"我"从集中营出来,与自己部队里的人见面了,"上校和掩蔽部里所有的军官,个个都亲切地跟我握手道别。我出来的时候,激动极了,因为两年来没有受到过人的待遇。嗐,再有,老兄,当我跟首长谈话的时候,我的头好一阵习惯成自然地缩在肩膀里,仿佛怕挨打一样。你瞧,法西斯的俘虏营把我们弄得怎样啦……""我"因为两年来没有受到过人的待遇,今天在自己的队伍中受到了,所以激动。文中的"人的待遇"指拥有尊严、不挨打。"我"的习惯性的缩头,是长期挨打的结果,是法西斯的暴力训练出来的,这表现了法西斯对人的肉体和精神的摧残。此类细节,文中颇多,大大增强了文章的表现力。

课堂推进到这里,学生则会有一个疑问:为什么会有这样"一部史诗性质的小说"问世?这就要知人论文了。

"二战"于1945年结束，当年5月2日，苏军攻克柏林；5月8日，德国无条件投降。肖洛霍夫"十年磨一剑"，作品于1956年问世，《真理报》全文刊出，结果被市民抢购一空；当时莫斯科广播电台全文广播这部小说，市民们不顾寒风扑面驻足街头，不少人流下了辛酸的眼泪。

　　肖洛霍夫写出这部作品，因为他本人就是一名战士（深入前线的军事记者），源于他出众的文学才华，源于他母亲在战争中被炸死、房屋被烧等悲惨的经历。

　　在有序地落实了上述教学内容后，才是真正地开始"教教材"了。这也为"用教材教"奠定了扎实的基础。

　　而之所以说"用教材教"也不一定"是"，是因为打着"用教材教"这一旗号的人常常是粗略地对待文本的，这样的教学没有细致入微的解读，没有见仁见智的感悟，没有扎实有效的语言训练，天马行空，不接地气。

　　虽然叶圣陶先生说过"教材无非是个例子"，但是作为教师，必须教好这个"例子"。虽然叶圣陶说过"为教纵详密，亦仅一隅陈。贵能令三反，触处自引申"，但是作为教师，必须在"一隅陈"的时候做到位，否则"令三反""自引申"就是一句空话。

　　我们知道，"用教材教"是新课程改革提倡的重要理念。它的理论基础为建构主义教学观和范例教学理论。它意味着教材仅是范例，是可供人们解读的文本。教师要帮助学生成为知识的建构者，要引导学生与教材展开对话。教师要注重对教材进行二度开发、深加工，发挥各种课程资源对促进学生发展的作用。"用教材教"的理念不仅要求教师把教材当作引导学生学习的工具、凭借，使教材原本的功能得到合理发挥，而且要求教师在进行教学设计时不要被教材束缚，因地、因人、因时制宜，活用教材，实现课程资源的有机整合。而整合的基本原则就是以人为本，适应学生发展的需要，符合学生学习方式转变的要求。教材应成为开放的资源，成为备课设计的基点，同时也是生长点。

　　"用教材教"的关键在于教师在"教教材"的同时能够有"用教材教"的意识，能够在"教教材"的同时跳出教材本身，抱住教材不放的语文课必然是失败的。

　　仍然以我执教的《一个人的遭遇（节选）》的教学为例。

在人物形象分析环节，我设计的"颁奖词"是充分体现了"用教材教"的思想的：用教材内容，教会学生通过整合一鳞半爪的印象去把握完整的人物形象，训练学生片段写作的技能。

在课堂教学的主题探究环节，我立足于多元解读，一切从文本内容出发，在条分缕析中，渐渐让主题浮出水面。

在课堂教学的尾声，我借总结本节课的教学内容这一环节和学生共同归纳出阅读小说应该追问的五个问题：写了什么？怎么写的？为什么写？写得怎样？何以如此？

有了这样的教学环节，"用教材教"的思想就体现得比较充分了。

有人说，"教教材"有三种境界，教教材的思想、精神、灵魂，其为最高境界；根据教材设计意图教教材，其为较高境界，教教材上的知识、方法、技能，其为一般境界。很明显，"用教材教"所体现的理念早已包含在"教教材"的最高境界之中了。

若只是低层次地"教教材"，就会像一位知名特级教师的一首打油诗所云："学生不读书，教师多演戏。悠悠十二载，腹中空如洗。"学生不能得法，阅读与鉴赏、表达与交流的能力就不能形成。

只是眼热"用教材教"的绚丽，不能踏踏实实地"教教材"，教师只会让学生凌空蹈虚，堕入眼高手低的尴尬境地。

我们提倡扎扎实实地"教教材"，我们主张扎扎实实地"用教材教"；让"教教材"为"用教材教"奠基，让"用教材教"成为"教教材"的升华。

愿我们的教师在"教教材"与"用教材教"之间自由地行走。

附 录

一次精彩的展示

江苏省如皋中学　王学东

我听过多次时老师的课，他的课是很有个性的：教学内容厚重，教学语言风趣幽默，驾驭课堂举重若轻、游刃有余。在我听过的他的课当中，今天这节课算得上是最精彩的。

一是导入。从莫言获得诺贝尔文学奖切入，与今天的教学内容有两个点可以对接，一是诺贝尔文学奖得主，二是作品表现苦难。这个开始有点出乎我们意料，但是显得很有特色。尤其是课堂后半部分还介绍了肖洛霍夫其人及其文学成就，首尾呼应。一般高中教师都不很注重课堂的导入，其实精彩的课堂导入在"激趣"方面是很有效果的。

二是分析。可以说是高屋建瓴。这个文本篇幅很长，处理起来有难度。文章本身是节选，节选文字前面还有"前文梗概"。时老师首先抓住文章的题目，从"遭遇"开始，梳理故事情节；到把握人物心理，分析人物形象；再到分析主题思想。一路有序推进，教学流程清晰。时老师站在高处，像一个指挥官一样，调动着千军万马，非常从容。一方面固然是因为其功底深厚，一方面也是因为其对文本很熟悉。特别是对作品主题的概括，非常精辟：反对战争，呼唤和平；历经苦难，人性升华。既从文本出发，又充分考虑到了编者意图，贯彻了"多元解读"的理念。难能可贵的是，时老师还二度解题，把个人的遭遇上升到民族的遭遇，使得索科洛夫形象的典型意义得到强化。最后从"写了什么""怎么写的""为什么写""写得怎样""何以如此"五个方面进行归纳，既是对本文的总结，更是对阅读方法的指导，体现了"授之以渔"的用心。

三是设计。全课的设计可谓匠心独运。时老师的预设非常精细。课堂中的生成很重要，但是预设同样非常重要。所谓生成只有建立在精心预设的基础上，才可能精彩。本课的设计环环相扣。前面内容是后面内容的铺垫，后面内容是对前面内容的提升。时老师走进文本，紧扣文本；同时又走出文本，超越文本。这，应该是我们语文课堂教学追求的境界。很多课堂有两种倾向值得注意：一是过于拘谨，局限于文本；二是过于游离，收不回来。今天这节课，时老师收放自如。

四是训练。本课训练全面而且到位。我认为，语文课还是要训练学生的各方面能力的，语文课堂应该是个训练场。学生只有在课堂上得到训练，得到熏陶，才能形成能力，才能提升素养。这节课安排的训练，有读、有写、有说、有听；有口头的，有笔头的。比如"（　　　）的索科洛夫"活动设计，看似简单，其实需要学生充分把握了文本才能找到恰当的词语，这既是对学生概括能力的训练，也是对学生口头表达能力的训练。最为出彩的是"颁奖词"的设计，借鉴了中央电视台"感动中国人物"颁奖词的形式。时老师所示的"颁奖词"可以说是全课的高潮，显示了其深厚的功底。这个设计也是一举多得的：既展示了教师的实力，也通过教师的精彩演绎让学生看到了自身的不足，从而激发了学生的写作热情，更主要的是借此对人物形象做了艺术的总结。

（见《江苏教育》2013年第42期，有删改）

其他教师的评价

时老师的课堂，摒弃了支离破碎的讲解，从整体入手，重在引导学生掌握阅读小说的方法。时老师的课堂是真实的课堂，是知识整体构建的课堂，是有思维张力、有容量的课堂。

——江苏省特级教师　许友兰

语文教学就应该更宏观地去解读文本，注意个体与整体，长远与当下的关系。

——江苏省特级教师　姜树华

语文教学要回归质朴，立体把握，不能"盲人摸象"。

——江苏省特级教师　孙晓冬

时老师精巧深入的设计、风趣幽默的语言、游刃有余驾驭课堂的风度，给听课者留下了深刻的印象。这是一堂扎实、真实、朴实、高效的课，对语文教学回归本色有着引领与示范作用。

——南通市学科带头人　徐丹阳

创新课型篇

实战演练，提高学生生活能力

——《走进语言现场·问答之间》教学实录及解析

江苏省锡山高级中学　唐江澎

名师名片

唐江澎，陕西商洛人，中学语文特级教师，正高级教师。江苏省锡山高级中学校长，无锡市惠山区教育局副局长，无锡市惠山区政协副主席，江苏省人大代表，江苏省校本课程开发研究所所长，为教育部普通高中课程方案修订专家组成员，兼任教育部基础教育课程教材专家工作委员会委员。教育部中学校长培训中心兼职教授，"长三角中小学名师名校长实践培训基地"导师，教育部"全国课程改革骨干教师研修基地"导师，"江苏省人民教育家培养工程"指导专家。被推举为全国高中学校课改联盟理事长，中国高中六校联盟秘书长，中国著名高中学科建设协作组织召集人。

唐江澎坚守"教育成全人"的价值追求，并努力践行"让成全人的思想照亮每一个教育细节"。2010年10月，教育部人事司专题组织召开"唐江澎教育思想研讨会"。2011年7月，教育部推荐其参加中央电视台"小崔说事"人物专访。其独创的"语文体悟教学法"被列入教育部"特级教师专设课题"。2013年，其专著《唐江澎与体悟教学》被列入教育部师范教育司"教育家成长"系列丛书出版发行。

编写初、高中课程标准实验教科书《语文》及配套教材二十余册。领题研究国家、省级重点课题五项。2010年获全国基础教育课程改革研究成果一等奖，2012年获江苏省首届基础教育教学成果特等奖，2013年获江苏省基础教育教学成果特等奖，2014年获国家级教学成果一等奖。

开课背景

2012年3月，江苏省中小学教学研究室、《教育研究与评论》编辑部主办，江苏省靖江高级中学承办的首届"苏派语文教育论坛"在靖江高级中学举行，唐江澎老师应邀进行课堂教学的现场展示，执教了"走进语言现场·问答之间"。

教学实录

（师生问好后，先将生分成两个区，并按要求编号。然后以PPT展示丁帆的照片及其简介。）

师：请你们向他提问，愿意提问的举手。

（生举手。）

师：我先肯定这个环节，举手是非常正确的，抓住机会提问，永远是提问有价值的前提保证。现在请一区二排四号同学提问。

生：丁帆先生，如今的中学课本中，鲁迅的文章被大量删减，请问您是如何权衡这个问题的？

（师示意操作员将该问题输入到PPT上。）

师：现在请同学们继续发问。

生：请问丁帆先生，您认为中学生学习语文最大的问题在哪里？

生：丁帆先生的文章多关注乡土，我想请教一下，关注农村，有怎样的现实意义？

师：第一个环节，我们有三位同学向丁帆先生发问。丁帆先生何许人也？

生：他应该是南京大学中文系的一位教授。

师："是"就"是"，"不是"就"不是"，"应该是"是什么？好像他还"不应该是"！

（生大笑。）

生：他就是。

师：他还有一个重要的身份，你知道吗？

生：中学语文课本的主编。

师：请隔壁同学回答，我为什么要追问丁帆先生的身份？

生：明白被提问者的身份，可使提问具有针对性，避免提出不必要或没意义的问题。

师：听明白了吗？这就是我今天要讲的。第一，要弄清楚被问对象的身份，使提问更具针对性。现在我们点评刚才三位同学的提问。提问时，我们的目光应当和对象有交流，这是礼貌，也是感情沟通的重要条件。三位同学提问时面向屏幕，而不是看我，做法是正确的。说话时应看着对方的眼睛，进行眼神的交流和心灵的沟通。第二，应得体提问。你们当着丁帆教授的面，左一个"丁帆先生"，右一个"丁帆教授"，是否得体？应该改一个词。应该改成什么？

生：您。

师：好。下面请第二个被采访者登场。（PPT展示"西单女孩"的照片）请提问。

生：请问，你从一个地下通道里的歌手成为春晚舞台上的歌手，是什么支撑着你？

生：如果没有遇到那位播客，无法登上春晚舞台，你将怎样实现你的梦想呢？

生：您好！目前有许多歌手，有着和您类似的经历，应该怎样帮助他们呢？

师：刚才三位同学的提问都非常好。其一，是直接向被采访对象发问；其二，提问语言非常得体。三位的提问，是不是有不太明晰的地方，我们等会再看。现在请第三位被采访者登场。

（PPT展示吴良镛的照片。）

生：请问您对"钱学森之问"有什么看法？

生：请问您对北京许多名人故居被拆除做商业用有何看法？

师：（模拟被采访者的口吻回答）这是不对的。

生：吴先生，请问您对城乡建设的重复与土地资源的浪费有什么看法？

师：（模拟被采访者的口吻回答）这更是不对的。

师：刚才的提问，有什么值得改进的地方？

师：请第四位被采访者登场。

（PPT展示中南大学教授级研究员刘路的照片。被指定的学生无法提问。）

师：请问你认识他吗？他是干什么的？

生：他破解了一个国际数学难题。

师：对照片中的人物一无所知的同学请举手。（举手人数超过60%）前三位我们比较熟悉，所以准备了好多问题。来个陌生人，大家就卡壳了。我不是为难大家，只是想告诉大家：广泛关注身边事，保持对时政、社会信息的了解，是语文学习的重要内容。下面找一个熟人（PPT展示江苏省靖江高级中学现任校长的照片）。

师：刚才那位同学告诉听课老师，这是谁呀？

（该生表示因没戴眼镜，看不大清楚。）

师：旁边一位戴眼镜的同学看清楚了，你来向大家介绍。

生：江苏省靖江高级中学现任校长陈国祥先生。

师：你们没准备向他提问吗？现在马上提问。（见生吞吞吐吐的样子）这是校长的照片，他人不在这儿，不要怕。

（生笑。）

生：请问您认为我校各项工作还有哪些需要改进的地方？

师：陈校长，您就慢慢准备吧——（生大笑）请坐。

生：陈国祥先生——

师：你叫他先生？我个人认为称"老师"更亲切。

生：陈国祥老师好……

师：没想好？（生点头）没想好也是我们今天的教学内容之一。

生：陈老师，请问您对我们学好语文有什么建议？我们应当以怎样的态度来学习语文？

师：好。今天是实践课，刚才被提问的对象可以分为三类：一类是大家对其进行了精心研究、做了认真准备的；一类是大家不熟悉、提不出问题的；一类是大家很熟悉但没想到会在一个突然的情境中去提问的，没想好，提不出问题。在我看来，面对陈校长，你们的提问才真实地反映了你们的水平，同意吗？（生点头表示同意）既然这样，我们继续交流。那些记者为何能口若悬河地提问呢？他们面对的是第一类人，他们做了充分准备。时任总理温家宝答中外记者问时，有记者提了一些有挑战性的问题。现在播放两个片段，一个是国内记者提问，一个是国外记者提问，看看他们的提问有什么特点。

（播放两段记者提问的视频，并用PPT展示所提问题。）

师：下面我稍做讲解。请大家把中央电视台那位女记者的提问齐读一遍。

生（齐）：总理您好，我是中央电视台和中国网络电视台的记者。……我们知道您常常会上网，在网络上您可以看到网民对政府工作、对您本人的肯定和赞扬，但是也会有"拍砖"的，您怎么看待这些批评的声音？谢谢。

师：这个问题提得好不好？好在哪里？她提问的哪些方式能给我们启发？我们同学刚才的提问，哪些地方值得反思？

生：措辞非常有礼貌，用的是"您"。

师：措辞有礼貌，这是口语交际的一个重要原则，叫"得体"。以后咱们提问时也用这个词，好吗？

生：提的问题是"您怎么看待批评的声音"，是一个一般人觉得不怎么舒服的问题。

师：我能不能说是一个有挑战性的问题，或者尖锐的问题？

生：对！对！

师：美国一位著名新闻学家曾说，能提出富有挑战性、尖锐的问题是提问成功的一个保障。怎样才能既提出这样的问题，又不让对方感觉到受伤害？这位记者是怎么做的？

生：这位记者先说一些人是肯定的、赞扬的，然后再提出这个问题……

师：对。如果把这句话去掉，说"我是中央电视台的记者，网上有好多人向您'拍砖'，您怎么看这个问题"，怎么样？（生笑，听课师笑）"在网络上您可以看到网民对政府工作、对您本人的肯定和赞扬，但是也会有'拍砖'的"，读读，体会语意差别。提问之前，适当表明自己的身份很重要，这可以让被采访者针对身份回答问题。

师：亮出自己的身份，使问答更有针对性。此外，这位记者对温总理有深入的了解，"我们知道您常常会上网"。可见，提问前要对采访对象有一定的了解。下面我把最后一句换一下：但是也有"拍砖"的，您对此有何想法？您有什么感受？您怎么看这些状况？与这三个问题对比，原来的问题有什么特点？

生：原来的问题有针对性。

师：所以问题一定要有针对性，有具体指向。这个问题的具体指向是"您对网上的批评有什么看法？"是怎样"看待"的问题。如果问有何感受，问题就比较笼统。提问时，一定要针对性强。下面看路透社记者极富挑战性的问题。

（PPT展示路透社记者的提问：总理您好，我是路透社的记者。……第二个问题是关于大家很关心的重庆市发生的所谓"王立军事件"。王立军进入美国领事馆以后，中央的有关部门已经进行调查。您本人是怎么看待这个事件的？您觉得这一事件会不会影响中央政府对重庆市政府和市委领导的信任？谢谢。）

师：用刚才所教的对比揣摩法，琢磨这个提问的妙处。这是一个很经典的问题。他是怎么提的？

师："王立军事件"知道吗？

生：不知道。

师：这个可以知道。如果他问"'王立军事件'有何进展"，温总理如何回答？"正在调查中。我相信，一定会给你们一个满意的回答"。记者回去后，主编会说"你该下岗了。那么好的机会给你浪费了"。他想问什么？想问"王立军事件"吗？

生：不是。

师：想问"王立军事件"的后续影响。这个问题太刁钻。这个问题有三种答法，温总理不管怎么答，他都能写出好的新闻。若温总理没答，他得到答案，即中央对此不便表态，说明目前此事还没有定论。这便是一个重要新闻。如果温总理斩钉截铁地回答"绝对不会的"，那是说此事件绝对不会影响到其他人。这也是一个重要新闻。温总理的回答是"现任重庆市委和市政府必须反思",马上成为全球一个重大新闻。这个问题是精心设计的,回答"会影响""不会影响"或者不回答都会成为新闻。这个问题提得很专业吧?深入研究、具体提问、精心设计这是三条基本法则。

师:我们再看一下给陈校长提的问题,陈校长能回答出来吗?"我校各项工作还有哪些需要改进的地方",陈校长怎么答都上当。答得太全面,好家伙,有那么多啊;答得太少了,你们会说,还有好多要改进的地方你都没说。你精心给陈校长设计了一个圈套,是不是?(笑声)这是一个典型的笼统问题,被采访者一两句话没办法回答。"您对我们学好语文有什么建议?我们应当以怎样的态度来学习语文?"这也是一个笼统的问题。再看前面的提问。"您对'钱学森之问'有什么看法?"吴先生一定知道"钱学森之问"吗?你的问题对他形成了回答障碍。"您对北京许多名人故居被拆除做商业用有何看法?"采访对象会说"不同意"。采访只得到一个"同意"或"不同意"的答案,有价值吗?有意义吗?提问时,应谨慎提封闭式问题。这种问题可以用一个一个词作答。"是的""错的""还可以"都会成为这种问题的答案。你问"您对城乡建设的重复与土地资源的浪费有什么看法",我一个外行都可以回答,有价值吗?(笑声)这是因为所提问题是封闭的。前面的几个问题留下来,大家课后揣摩。注意,没有固定答案,只有原则,即提有价值的问题,提具体的问题,不提封闭性的问题,得体地进行提问。

师:现在我们进入第二个环节。(走向旁边的椅子与办公桌)我现在的身份是——(PPT 显示"我是你所心仪的大学自主招生面试的考官")请走到我面前来,做一分钟自我介绍。请稍做准备。这个环节是你们自己上台说,还是我叫号呢?

生:叫号。

师:下一位是一区四排一号同学。

生:考官您好,我叫高敏霞。我的名字比较普通,没有特别的寓意。但我觉得父母是希望我普通而快乐。我做事比较简单,随性自然,有时缺少一些个性。我这个人比较随和,不爱与人争吵,性格不是很外向,很多事情喜欢藏在心里,需要和人多交流。我有时会比较伤感,有时会比较低落,但是大多数时候比较乐观,能够具体地看待事情……

师：好，你先回家去吧。等于没说呀。

师：（调侃）这地方不好坐，得罪人的。

师：刚才的面试存在三个问题。第一个问题，我什么都没说，她就自我介绍了，这合适吗？你进去以后，应当说"老师，您好！我可以做自我介绍了吗"，我说"好的"，你才可以说。不过今天你当着这么多老师的面第一个上台，自信心会得到提高的。第二个问题，她没有关心我的身份——你所心仪的大学自主招生的考官。你进行自我介绍，应当目的性很强——你把我录取了吧，我很适合你们大学。你告诉我这个信息了吗？没有。你没有对象感。说话的目的是什么？你应该涉及"你们学校吸引我的是什么""我适合你们学校"等。你话中有让我拒绝你的信息。虽然是实事求是，但不适合说。不管哪所大学面试，你必须表明"我很想去你们大学，我自认为自己有足够优秀的品质适应你们大学"，这是关键。你同意吗？第三个问题，在一分钟的自我介绍里，由于是诉诸听觉，你必须高度关注你的话语层次性。你刚才的介绍让人听不出你想说哪几个方面的内容。同学们，请记住，口语交际的层次性可以显示思维的逻辑性、条理的清晰性，大学考官会关注你怎么说，他们会通过你怎么说来判断你的思维品质。如果跑题，那是你的思维不具有统一性、集中性；如果前拉后扯，那是你的思维清晰度不够。如果大学面试时让你谈出新观点，那是在考查你思维的深刻程度。同学们，这样的面试机会是不多的，有那么多听课教师，有那么多双眼睛看着，刚才这位同学站出来的那一刻就已经胜利了，因为她比其他人多了一次宝贵的经验。她的体验、她的感悟是最深刻的，相信她的下一次一定是成功的。在这里我要提醒大家，口语交际最大的障碍是心理障碍，一旦突破心理障碍，口语交际便没有任何问题了。下面请一位同学自己走上来。

（全场寂静30秒后，一名女生上台，师生鼓掌，生鞠躬。）

师：那儿还有一道门呢。

（生做敲门状。）

师：请进。

生：（鞠躬）考官好。

师：你好。说说你为什么要报我们学校，请做自我介绍。

生：我是来自江苏省靖江高级中学高二的一名学生，我叫丰小蕾。我是一个水瓶座女生。我希望可以像水一样，为人温和，这可能与现代竞争激烈的社会不太相符，但进入你们大学后，我会积极地提高各方面的素质，更好地适应这个社会。

师：好了，你不要再讲了。还是决定不录取你。

生：谢谢老师！再见。

师：你为什么这么积极地走了？太不应该了。我说不录取你，你就说"刚才我太紧张了，能再给我一分钟吗"。哪个考官忍心拒绝？同学们，在今后的各种情形中，包括上大学、找工作，面试时都会遇到这样的口语交流。语文课如果不教会你们表达、说话，那将是我们做老师的失职。你们太需要练习说话了，刚才的说话练习发展的就是你们的思维品质。我教你们一招，你们记清楚，在口语交际中，显示思维层次性，有一个著名的"抽屉原理"。（介绍"抽屉原理"）你们陈校长经常用"抽屉原理"做报告，如"下面我和大家谈学校的德育工作"——他拉开了"德育抽屉"……"最后再谈谈后勤工作"——他拉开了"后勤抽屉"。用"抽屉原理"，可以显示我们思维的清晰度与严密性。我还准备了另一种情境，即"面对有投票权的学生，你如何劝说他投你一票"。同学们，这是今天的作业，五个人一组，反复模拟。注意，开始说话，看看条理；表达层次，拉拉"抽屉"！下课。

（长时间的掌声。）

时师观课

在首届"苏派语文教育论坛"上，唐江澎老师执教的"走进语言现场·问答之间"简直让人惊艳，因为这般的创新课型实在是难得一见。

这是一个新意迭出的课堂！

这是一个虽难以掌控但教者凭借扎实的基本功与教学机智竟操纵自如的课堂！

这是一个让人叹为观止的课堂！

其内容相当丰厚。唐老师着力于问与答两个层次，在每一个层次又创设了若干情境，借以分析、训练学生的口语交际能力。其间，对学生所提问的开放性与封闭性的分析，对"抽屉原理"的点拨，都是很有价值的。

其现实感极强。唐老师为学生预设了五位采访对象——苏教版语文教材主编丁帆先生、"西单女孩"、建筑学家吴良镛先生、中南大学最年轻的数学研究员刘路及本次活动承办学校的校长陈国祥，特别是对陈校长的采访，真是"亏他想得出来"，却是相当出彩。此外，还有中外记者招待会的视频的妙用，特别是涉及了当时还非常敏感的"王立军事件"。这些，深深地吸引了在场师生。

其操作性极强。比如，唐老师扮作学生心仪的大学自主招生面试的考官，让学生自我介绍，随后指出"应试者"身上存在的问题。这几个问题既有交际礼仪中的常规做法问题，也有交际的目的性问题，还有介绍内容的层次性问题——这，显示了思维的逻辑性、条理的清晰性。同时，唐老师还鼓励学生："口语交际最大的障碍是心理障碍，一旦突破心理障碍，口语交际便没有任何问题了。"于是，一个学生主动登台展示。借此，唐老师再次对学生进行具体而微的指导。最后还设计了"面对有投票权的学生，你如何劝说他投你一票"的情境让学生课后练习，以巩固提升。

研究这样的课堂教学，收获颇丰！

附　录

唐江澎老师的"教育的眼光"

江苏省南通市陈桥中学　大漠孤烟

"走进语言现场·问答之间"是高中口语交际内容。口语交际内容一直都是中学语文教学容易忽略的内容，只有在试卷中出现了才会讲到，而且我们的讲解是单一的，是不全面、不系统的，学生的掌握也是零散的。我们很少把它当作一种课型去进行解读。印象最深的是唐江澎老师教学中的"有意设计"和"无心生成"。课堂中，唐老师设计的发问对象很有讲究，首先是让学生向知名人物发问，学生课前有所准备，问题很精彩；接着是让学生向当今社会上的知名人士发问，学生没有准备，也有学生对呈现的人物不了解，问题质量不高；最后是请学生向自己的校长发问，回归生活，关注当下，让学生从现实生活中寻找问题。

  课堂中的"无心生成"让我看到了一个智慧型教师的魅力。课堂中有一个环节是"模拟高校自主招生面试"，唐老师是面试官，学生是面试者，进行一分钟面试。在这一过程中，唐老师引领学生直面话语，激活和调取学生尽可能生动、丰富的生活体验，将话语还原成画面、还原成场景，再将画面和场景还原成语言。在这一过程中，有我们课堂上经常碰到的问题：这样的体验式教学方式，很多学生都不会主动参与，从而导致教学无法正常开展。很多老师这时候会选择班长或语文课代表来回答或体验，也有老师会请班上同学推荐一名学生代表来回答或体验。但唐老师不是这样做的，他上课的第一件事就是将班级学生分区分号。这样做可以抓住每一位学生的注意力，因为学生们不知道老师什么时候会喊自己回答问题，他们会想"没准儿老师一会儿就会叫到我"，所以不敢分神。有一个学生被喊到了，她介绍了自己的性格、生活习惯。一分钟时间到，"面试官"说："你先回家去吧。等于没说呀。"然后师生一起分析了这个学生在面试中的种种问题。很多老师此时此刻一定会关注学生们的分析、总结，然后提炼出面试场合的口语表达技巧，这很好，也是必需的。但是，唐老师还关注了那个"面试者"不经意间留下的眼泪，于是，唐老师说了这样一段话："同学们，这样的面试机会是不多的，有那么多听课教师，有那么多双眼睛看着，刚才这位同学站出来的那一刻已经胜利了，因为她比其他人多了一次宝贵的经验。她的体验、她的感悟是最深刻的，相信她的下一次一定是成功的。"唐老师用细致的心揩干了学生的眼泪，用高超的教育智慧带动了其他学生，于是，下一个学生自发上台进行现场模拟面试，而不需要老师再点名了。

红楼女儿多才思，一枝一叶总关情

——"读'红楼'诗歌，学咏物诗鉴赏"教学设计及解析

江苏省如皋中学　沈红娟

名师名片

沈红娟，江苏如皋人，南京师范大学教育硕士，江苏省如皋中学语文备课组组长，如皋市学科带头人，"雉水名师"王学东工作室学员。

开课背景

2013年1月11日下午，"雉水名师"王学东工作室在江苏省如皋中学举行年度总结活动，沈红娟老师在该校高三文科班执教了这节课。

教学设计

［教学目标］

走近"红楼人"，学会咏物诗的鉴赏。

［课时安排］

一课时（45分钟）。

［教学过程］

一、引入

自然界中的万物，大至山川河岳，小至花鸟虫鱼，都可以成为诗人描摹歌咏的对象。他们在细致描摹时，寄托了自己的感情，这就产生了咏物类诗歌。

咏物诗到了唐代开始蔚为大观，它已经逐渐摆脱了旧时代的气息，呈现出唐代诗歌的风貌。据记载，仅《全唐诗》中就存有咏物诗6021首。你了解哪些呢？

浅易的有贺知章的《咏柳》、骆宾王的《咏鹅》；高深的如虞世南的《蝉》，骆宾王的《在狱咏蝉》及李商隐的《蝉》，这三首都是唐代诗歌中咏蝉的名作。

二、理解咏物诗

根据你的积累及思考，如若给咏物诗下个定义，你会涉及哪些关键词抑或是哪些关键信息呢？

明确：一为"客观的物象"，一为"主观的情志"。

三、解读"咏白海棠诗"

我们且看《红楼梦》第三十七回"秋爽斋偶结海棠社　蘅芜苑夜拟菊花题"中"咏白海棠"的几首诗。

咏白海棠（一）

珍重芳姿昼掩门，自携手瓮灌苔盆。胭脂洗出秋阶影，冰雪招来露砌魂。
淡极始知花更艳，愁多焉得玉无痕。欲偿白帝凭清洁，不语婷婷日又昏。

咏白海棠（二）

秋容浅淡映重门，七节攒成雪满盆。出浴太真冰作影，捧心西子玉为魂。
晓风不散愁千点，宿雨还添泪一痕。独倚画栏如有意，清砧怨笛送黄昏。

咏白海棠（三）

半卷湘帘半掩门，碾冰为土玉为盆。偷来梨蕊三分白，借得梅花一缕魂。
月窟仙人缝缟袂，秋闺怨女拭啼痕。娇羞默默同谁诉，倦倚西风夜已昏。

说说诗中用哪些语言来展现白海棠这一物象的外在特点？

第一首——颜色：胭脂洗出、冰雪、淡极；生长环境：苔盆、秋阶、露砌。

第二首——颜色：秋容浅淡、雪满盆、冰作影；生长环境：独倚画栏；花繁：七节攒成。

第三首——颜色：梨蕊三分白、缟袂；生长环境：冰为土玉为盆（愈见高洁）；花香：梅花一缕魂（化用卢梅坡的"梅须逊雪三分白，雪却输梅一段香"）。

教师示范说第一首，学生自说或跟说第二、三首。

对呀，这就是白海棠，不是红海棠，也不是白牡丹，更不是白玫瑰。

咏物诗首先要保证物象的贴合相应。这正是咏物诗的第一大特点。所以，屠隆在《论诗文》中认为，咏物诗"体物肖形，传神写意"，其间"体物肖形"四字正道出了这一特点。

我们来抢答一下：三首诗中哪一首是宝玉所作？

"出浴太真冰作影，捧心西子玉为魂。"以女子作喻写白海棠的形与神，这两个女子是谁？是杨贵妃和西施，亦是宝钗和黛玉，前者见第三十回"宝钗借扇机带双敲　龄官划蔷痴及局外"：

又道："姐姐怎么不看戏去？"宝钗道："我怕热，看了两出，热得很。要走，客又不散。我少不得推身上不好，就来了。"宝玉听说，自己由不得脸上没意思，只得又搭讪笑道："怪不得他们拿姐姐比杨妃，原来也体丰怯热。"宝钗听说，不由得大怒，待要怎样，又不好怎样。回思了一回，脸红起来，便冷笑了两声说道："我倒像杨妃，只是没一个好哥哥好兄弟可以作得杨国忠的！"二人正说着，可巧小丫头靛儿因不见了扇子，和宝钗笑道："必是宝姑娘藏了我的。好姑娘，赏我罢。"宝钗指他道："你要仔细！我和你顽过，你再疑我。和你素日嘻皮笑脸的那些姑娘们跟前，你该问他们去。"说得靛儿跑了。宝玉自知又把话说造次了，当着许多人，更比才在林黛玉跟前更不好意思，便急回身又同别人搭讪去了。

对于宝黛两人诗作的高下，众人都认为黛玉的为上，可诗社掌坛李纨却这样说："若论风流别致，自是这首；若论含蓄浑厚，终让蘅稿。"为了验证这句话，我们能否从宝黛两人的诗作中找出对应性的地方来一番对比。

"珍重芳姿昼掩门"，赏花人端庄自持；"半卷湘帘半掩门"，赏花人任性而又羞怯。"自携手瓮灌苔盆"，赏花人勤劳俭朴；"碾冰为土玉为盆"，赏花人心高质洁。前者就该是宝钗——这朵含蓄浑厚讨老太太喜欢的白海棠——她谦让和顺，在大观园里绣香囊事件发生后就主动搬出园子以免生是非；后者就该是黛玉——这朵风流别致惹宝玉情丝的白海棠——她灵秀逼人，故而与宝玉共读禁书，并妙词通戏语，骂宝玉是"银样蜡枪头"。

这就是咏物诗的第二大特点——主观的情志。所以，刘熙载在《艺概》中说："咏物，隐然只是咏怀，盖其中有我在也。"王士禛《跋门人黄从生梅花诗》云："咏物之作，须如禅家所谓不粘不脱，不即不离，乃为上乘。"钱咏《履园谭诗》亦云："咏物诗最难工，太切题则粘皮带骨，不切题则捕风捉影，须在不即不离之间。"意思是说，咏物诗如果一味形似则显得呆板学究，缺乏灵气；如果一味神似，则会离物太远，使人难以认知。因而应该是两者兼备，形神结合，这样就不再是只有形式上的模拟，也不再会失之于空泛了。

四、解读"咏菊诗"

我们再来看第三十八回"林潇湘魁夺菊花诗 薛蘅芜讽和螃蟹咏"，我们快速读、快速想、快速判定，做一个"诗—人连连看"活动。

簪 菊
蕉下客

瓶供篱栽日日忙，折来休认镜中妆。长安公子因花癖，彭泽先生是酒狂。
短鬓冷沾三径露，葛巾香染九秋霜。高情不入时人眼，拍手凭他笑路旁。

问 菊
潇湘妃子

欲讯秋情众莫知，喃喃负手叩东篱。孤标傲世偕谁隐，一样花开为底迟？
圃露庭霜何寂寞，鸿归蛩病可相思？休言举世无谈者，解语何妨片语时？

菊 影
枕霞旧友

秋光叠叠复重重，潜度偷移三径中。窗隔疏灯描远近，篱筛破月锁玲珑。
寒芳留照魂应驻，霜印传神梦也空。珍重暗香休踏碎，凭谁醉眼认朦胧。

种 菊
怡红公子

携锄秋圃自移来，篱畔庭前故故栽。昨夜不期经雨活，今朝犹喜带霜开。
冷吟秋色诗千首，醉酹寒香酒一杯。泉溉泥封勤护惜，好知井径绝尘埃。

解读如下：

第一首，"短鬓冷沾三径露，葛巾香染九秋霜"，探春才清志高，精明干练不减于男人,因此诗中"短鬓""葛巾"等字样都是以男人自况。她对荣府内部的矛盾和腐败看得很清楚,但也束手无策,只好保持洁身自好的态度。所谓"高情不入时人眼,拍手凭他笑路旁",正表明了她嫉视丑恶,不随风流俗的清高态度。

第二首——"孤标傲世偕谁隐,一样花开为底迟?"轻俗傲世,花开独迟,道出了黛玉清高孤傲、目下无尘的品格。

第三首——"珍重暗香休踏碎,凭谁醉眼认朦胧。"湘云性情洒脱,个性纯真,此句中"醉眼朦胧"四字让我们想到其醉卧勺药裀之憨态。

第四首——"泉溉泥封勤护惜,好知井径绝尘埃。"宝玉尊重女性、关心女性、保护女性,无论是千金小姐还是小家碧玉,无论是奴婢还是戏子,他都把她们当作和自己一样的人来平等对待。如果以花喻女孩子,那么这首诗吟诵的护菊,就正表现了他对女孩子的态度。

五、诗评析

这几首诗中写得最好的是哪首呢?为什么?

黛玉的《问菊》。

好在哪里?

首先,从内容上说,最能代表其个性。轻俗傲世,花开独迟,道出了她清高孤傲、目下无尘的品格。"圃露庭霜"不就是《葬花吟》中说的"风刀霜剑"吗?荣府内种种恶浊的现象,及自身寄人篱下的处境,使这个孤弱的少女整天陷于痛苦之中。"鸿归蛩病"映衬出她苦闷孤寂的心情。对黛玉来说,举世可谈者只有宝玉一人,然而碍于"礼教之大防",所以只能把满腔幽怨诉与菊这一"解语者"。

追问:老师认为,菊花诗黛玉夺魁,是意料当中的。不待李纨评,甚至不待黛玉写,我就知道第一非她莫属,你知道为什么吗?

参考答案:

首先,咏物抒情,恐怕没有谁的身世和气质能比黛玉更与菊相符合了,她能比别人更充分、更真实、更自然地表达自己的思想感情,是完全合乎情理的。《问菊》就是黛玉问自己,菊花的寂寞正是她孤独心理的深切写照。作者在这里不是要表现黛玉的诗才出众,而是让所咏之物的"品质"去暗合吟咏它的人物。所以刘熙载在《艺概》中说："在外者物色，在我者生意，二者相摩相荡而赋出焉。"这正是强调物与我彼此水乳交融的关系。

其次，从形式上说，全诗除首联之外，颔联、颈联、尾联全为问句，正如湘云所说："真真把个菊花问的无言可对。"

概括咏物诗鉴赏的五个要诀：提炼物象外在特征，挖掘物象内在精神，联系诗人抑或环境，揣摩诗人所托情志，体会作品艺术手法。

教者反思

圆融共生，一箭双雕
——兼谈"读'红楼'诗歌，学咏物诗鉴赏"教学设计

论及文科教学，还真是"欲说还休"，似乎总有念不完的苦经、倒不尽的苦水。

苦水之一——教学内容广博庞杂。以我们江苏省文科高考试卷来说，加试题部分会有文言断句、古代文化常识、中外名著等考点。撇开其他不谈，单是摞起来有半人高的中外名著就够你忙了。每周比理科班多出来的一节课岂能"解渴"？

苦水之二——教学对象不够强大。从各地各校在文理分科时的某些"潜规则"来看，文科生的学习品质、学习能力都弱于理科生。文科生在知识的接受速度和灵活运用程度上，常让老师暗地里摇头。

诚然，这些是文科教学无法回避的现实，但也须看到文科教学长期以来存在的弊端：思维僵化，模式陈俗，高耗低效。如此，不仅拖累了教师的身，更拖垮了学生的心，教学双赢不啻天方夜谭。其实，我们可不可以将文科多出来的知识点嫁接到其他知识点上，实现"一箭双雕"甚而"一石三鸟"？可不可以针对文科生群体的学习特点，在教学手段的选择与教学策略的运用上，帮助他们扬长避短？

基于以上思考，我在高三年级的二轮复习"咏物诗鉴赏"这一模块

中，大胆创新，小心求索，设计了"读'红楼'诗歌，学咏物诗鉴赏"一课。实践操作后，好评多多，某专家现场点评时盛赞"这是一堂极具校本课程开发意义的创新的课、高效的课"。

我想，这节课的成功，来自我对以下四个方面的关注。

一、文科教学氛围的大力营造

文科生的课堂应该充盈着书卷气息，应该装点着缤纷语言。如若说理科生的课堂是"正装"，常以一种谨严规整的外貌示人；文科生的课堂就应该是"运动装"，总以激情四射的青春面庞露脸。从课前学案的栏目设计到课题的拟定到导语的设计，我都在着力渲染浓郁的"文科味道"，这样学生们才能早点入情入境。学案的几个栏目名称分别为"工欲善其事，必先利其器""凡事预则立，不预则废""学而不思则罔""思而不学则殆""射人先射马，擒贼先擒王""千淘万漉虽辛苦，吹尽黄沙始到金"，其实也就是我们通常的"资料涉猎""自我研习""深入探讨""学以致用""重点强化""规律揭示"几个环节，但在经过一番"包装"后，视听效果的冲击力明显增强。我将课题设置为"红楼女儿多才思，一枝一叶总关情"，充满古风雅韵；导语拟定从现代流行的"文艺范儿"起步，打造潮流风采。虽然俗语说，"酒香不怕巷子深"，但在现代课堂，学生怕是没有闻到你的"酒香"，早已被你的"暮气"给熏倒了。《左传》里不也有云："言之无文，行而不远。"

二、文科教学资源的相互整合

现代社会倡导高效节能，为什么到了我们的文科课堂上却成了一纸空文。复习诗歌、复习名著，条块分割，"井水不犯河水"，结果是少慢差费，呆板滞涩。校本课程开发的途径之一就是学科整合，它实质上是采用有机整合的形式，使学科教学系统中分化了的各要素及其各成分之间形成有机联系的课程形态。二轮复习本身难免"炒冷饭"的嫌疑，却又有高速率及精准命中率的难度系数。如若再用高考题或模拟题为载体，学习产能会明显不足。而素有百科全书之美誉的《红楼梦》中诗词繁多，几次咏物的赛诗会更是全书的重点回目。当然，这些还只是外部因素，不能不提的是内部因素——咏物诗以物喻人、借物抒情、托物言志，物是人的外化，人是物的内核；《红楼梦》中的人物个性各异，同样的"咏海棠""咏菊"，却意趣相迥；因此，我将教学资源相整合以名著中的诗词来复习咏物诗。在实际教学过程中我和学生有这样一段对话。师问："老师今天复习咏物诗，为什么要选《红楼梦》中的诗词呢？"生答："老师你想一举两得，既复习了咏物诗鉴赏，又复习了名著《红楼梦》中的故事情节与人物形象。"教学设想已被学生悟透，正所谓，有"生"如此，"师"复何求？

三、文科教学内容的圆融共生

圆融共生，我的理解是互为因果、相互依持、彼生此灭、迁流不息。这也正是学科整合理念下的一个产物。整合与综合是两个完全不同的概念。"综合"的一般含义为不同种类、不同性质的事物组合在一起。它是复杂事物的多种类、多样性的组合、拼合，突出的是与"单一"的区别，不具有融合、集成、成为整体、一体化等理念。在这节课的设计上，首先从咏物诗切入——同桌一起展示课前准备的同题材异作者的咏物诗，同桌二人有说到陆游和毛泽东的"咏梅"的，有提及虞世南与骆宾王的"咏蝉"的，转而到咏物诗——引领学生提炼出"客观的物象，主观的情志"关键词；我暗示学生《红楼梦》中有一群人共咏一物的情节，转而到《红楼梦》——以"咏海棠诗"为载体，结合红楼女儿的身世遭遇、性情风尚，来品味同质异构的诗篇，并要求学生就此概括出咏物诗的两大特点；转而到《红楼梦》——以"咏菊诗"为题目蓝本，以理性认知指导感性实践，同时以感性实践再来完善理性认知，并展示古代文学理论专著中的相关语句；转而到古代文学理论常识——展示刘熙载《艺概》、王士禛《跋门人黄从生梅花诗》里有关咏物诗的理论，深化、细化学生的理性认知。如此，咏物诗鉴赏、《红楼梦》阅读、古代文学常识记忆三位一体，以绝佳的"圆融共生"的姿态深入了学生的内心。这就是整合，强调反复沟通，强调序列科学，强调时机恰当。

四、文科教学对象的特性关注

法国教育思想家蒙田曾说："采取同样的讲课方法和教育方式来指导

很多体质和性情都不相同的儿童,那可能其中只有二三个人可以获得良好的结果。"其实,这也正是我国孔子所倡导的因材施教原则。文科生身上是有某些劣势,难道我们就不可以像哲理故事中的那个大师那样——"山不过来我就过去"——观念一变天地宽吗？学生的抽象思维不足,我就让他们蓄足感性认知的势,再做腾跃;虽然学生的学习定力不足,可学习热情是豪壮的,我就用"诗—人连连看"活动来激起他们的趣;学生的认知深度不够,我就用关键时刻的追问来卷起他们的思维风暴,"老师认为,菊花诗黛玉夺魁,是意料当中的。不待李纨评,甚至不待黛玉写,我就知道第一非她莫属,你知道为什么吗",这个问题曾被评为全课的"金牌问题",其对学生大脑的震撼力可窥一斑。

教学需要的是一种勇气,既不要重复别人,也不要重复自己。不重复别人,需要的是自信;不重复自己,需要的是可贵的自省。两年的文科教学,我以一个思想者的姿态跋涉,收获了学生的好成绩,更收获了课堂的愉悦。我坚信,想成为文科教学大赢家,研究是一种必须的姿态。

[见《中学课程辅导（教师教育）》2013年第20期,有删改]

时师观课

与常见的古诗词鉴赏课相比,沈老师的这节课可谓别出心裁,让人耳目一新。

《红楼梦》其内蕴丰厚,蔚成"红学"。作品中的诗词不少,选用其中的诗词作为课堂教学的资料,是一举数得的创意,这既显示了教师的教学智慧,也显示了教师的教学自信。

一、教学流程清晰、科学

从导入到给咏物诗下定义,到对《红楼梦》第三十七回中"咏白海棠"几首诗的鉴赏,到以"诗—人连连看"的方式处理《红楼梦》第三十八回中的"菊花诗",到从几首菊花诗中推出写得最好的并且从内容和形式多方面阐释"好在哪里",到最后的"咏物诗鉴赏的五个要诀"的归纳呈现,环环相扣,行云流水,水到渠成。

二、教学处理机智、高效

在古诗词鉴赏课中可以用来作为示例的诗词作品很多，现成的资料也不在少数，但是，沈老师不取用那一张张"旧船票"，而是挑战自我，用《红楼梦》中的诗作把学生送上"咏物诗"的"客船"。"诗—人连连看"的激趣，从诗作的感性到解题要诀的理性提升，"老师认为，菊花诗黛玉夺魁，是意料当中的。不待李纨评，甚至不待黛玉写，我就知道第一非她莫属，你知道为什么吗"之类的"金牌问题"都让听课者赞赏，甚至有惊喜连连之感。这样的教学处理是机智的，无疑也是高效的。

可以说，这样的课新意灼灼，美不胜收！这不是语文教学的泛泛之辈能驾驭得了的课，其对教师的教学积淀有着极高的要求。

如果我们站在校本课程开发的角度来观照的话，这是一堂极具校本课程开发意义的创新的课、高效的课，一定会让人脑洞大开，逸兴遄飞。

附　录

这节课是我期待中的好课，确实上出了很高的水准，有着较高的研究价值与借鉴意义。从中，我看到了沈红娟老师在课堂教学能力方面有了明显的提高。

——江苏省如皋中学　王学东

作为工作室本学期课堂教学研讨专题"古诗文的教学"的收官之作，沈红娟老师奉献了一堂独辟蹊径、诗韵盎然的好课，这堂课，将《红楼梦》中几个主要人物同题而作的咏物诗巧妙组合，引导学生"体物肖形"，结合咏物诗的鉴赏方法揣摩不同人物的"传神写意"之妙。活动单的制作、教学课件的准备、老师巧妙的点拨，充分体现出沈老师深厚的教学功底和高超的课堂驾驭能力。此外，学生精彩的发言也是才思飞扬、文采翩翩，为整堂课增色不少。

——江苏省如皋市第一中学　石太东

沈红娟老师的这节课有着鲜明的个性，看得出是经过精心设计的。当然，它也是基于如皋中学学情的，是典型的因材施教。虽然我们学校的学生基础相对薄弱，也许难以呈现这样"高大上"的课堂，但是，沈老师这种敢于创新的精神是非常值得我们学习的。

——江苏省如皋市第二中学　纪友根

大胆取舍，巧妙整合

——"'殉道者歌'整合教学"教学实录及反思

江苏省如皋市第一中学 时鹏寿

开课背景

2009年暑假，江苏省电化教学馆与南通市教育局联合进行江苏省优质教学资源开发。

苏教版高中语文必修教材共5册，有百余篇课文，体裁五花八门，时间横贯古今，地域涵盖中外，如何整合教学内容让人煞费周章。

研发组的专家们在吸纳了多方意见之后，毅然打破了教材原有板块的限制，打破了文章体裁的限制，遵循"按主题组元，整合知识点"的思路，从百余篇文章中精选出近80篇组合成33个板块，如"吟诵青春""感悟自然""千古江山""审视文明""百世流芳""心连广宇"等。在知识点的整合上，兼顾"知识与技能""过程与方法""情感态度与价值观"多个维度目标，立足于学生知识体系的构建，从"会学"的层面上立意；各种文体的特点，与文体紧密联系的"内在规定性"（特质），解读某类文章的方法技巧，文中包含的语、修、逻、文知识，文本所蕴含的教育、审美诸多功能等都在考虑范畴。致力于解决"教什么"的问题。

我被聘为高中语文的"主讲教师"，执教了33个板块中的3个板块。这是其中的一节课。

教学实录

师：同学们好！这节课，我们共同复习"殉道者歌"板块。这个板块包括《离骚（节选）》和《指南录后序》《五人墓碑记》这三篇课文。

出示这节课的教学目标:

教学重点:

1. 了解这几篇文章中主要运用的写作技法及其效果。

2. 了解记叙、抒情、议论的完美结合及动词运用的生动准确。

3. 了解对比手法。

教学难点:

1. 如何看待屈原与文天祥的忠君与爱国?

2. 五义士的"激于义"引发了你怎样的思考?

教学疑点:

1. 从第7段的删节与否探究《指南录后序》的结构美。

2. 《五人墓碑记》为什么能够被后世传诵?

一、重点解析

1. 内容介绍

师:本节课所涉及的3篇文章都出自名家之手,在内容上可以用"道义"二字来统领。

(出示屈原的图片。)

师:《离骚》是屈原的代表作,全诗用第一人称和浪漫主义的象征手法,塑造了一个高大的神话式的艺术形象"吾",也就是"灵均"。该篇是屈原生平思想最深刻的写照,是屈原一生寻求真理并为之奋斗不息的缩影。教科书节选的是第一部分。作品表现了诗人崇仰真理、矢志报国的高尚品格,同时表现出他忧国忧民的思想,以及同楚国黑暗政治之间的矛盾。

(出示文天祥的图片。)

师:文天祥(1236-1283年),字履善,又字宋瑞,自号文山。宋理宗时曾被选拔为进士第一名,任官不到两个月就与权贵做斗争,屡遭弹劾仍坚持正义。德祐元年(1275年)正月,国事危急,文天祥以全部家产充军费,组织武装力量。第二年元军大举南下,驻军于皋亭山,文天祥被任命为右丞相兼枢密使,奉命前往敌营议和,因坚决抗争被拘,后得以逃脱，历尽艰险，才得以南归。端宗赵昰派遣文天祥与南下元军作战，1278年文天祥被俘，被押到大都，面对多次劝降文天祥坚贞不屈，于公元1283年在柴市就义。

（出示"五人之墓"的图片。）

师：张溥的《五人墓碑记》仅用600多个字，就形象地再现了"苏州暴动"事件，通过叙写苏州五位义士反抗阉党的经历，赞扬了五人仗义抗暴，不怕牺牲、至死不屈的英勇行为，肯定了他们斗争的重要意义，进而阐述了"匹夫之有重于社稷"的道理，表明了作者的政治立场和历史观。

师：让我们记住这五个平凡而伟大的名字：颜佩韦、杨念如、马杰、沈扬、周文元。

2. 梳理写作特色

（1）《离骚》的艺术手法。

师：这是一篇浪漫主义的杰作，节选部分运用了移情和比喻的艺术手法。

师：用香草比喻内在的美好品德，用美人比喻理想中的君王，用芷草比喻现实中的君王，用采摘和披挂江离秋兰比喻修身养性，用乘骐骥比喻追求美好的政治理想。诗人通过这一系列的比喻，自述一生不断追求美好事物、提高自身修养的嘉德懿行。

师："皇览揆余初度兮，肇锡余以嘉名"告诉我们他血统高贵，器宇不凡。"扈江离与辟芷兮，纫秋兰以为佩"告诉我们他身披香草鲜花，具有美丽的华彩。"汩余若将不及兮，恐年岁之不吾与"告诉我们他勤勉修行，自强不息。

PPT出示：

"香草""美人"。

"颠狂柳絮随风舞，轻薄桃花逐水流。"

师：以香草比喻自己，以美人比喻君王，并表达政治理想，这是《离骚》的一大特色，这种方法也叫移情法，即不直接说出自己想说的话，而是把它寄寓于某一物上，也就是"移情于物"，这种方法在古典诗词中被广泛运用，在政治不清明的时代，借用移情法可言难言之语，可抒难抒之情。

师："颠狂柳絮随风舞,轻薄桃花逐水流。"作者杜甫借对柳絮与桃花的描写,表达对黑暗现实的不满及自己的政治抱负不能实现的痛苦和愁闷。大家熟悉的杜甫的另外两句诗"感时花溅泪,恨别鸟惊心"也是。

(2)《指南录后序》的写作特色。

师:本文所传达出来的爱国情怀非常感人,这很大程度上得益于作者写法上的不凡造诣。

① 记叙、抒情、议论完美地结合。

a. 在记叙的基础上抒情。如第3段,写自己被驱北上时,指出:"予分当引决,然而隐忍以行。昔人云:'将以有为也。'"这里包含着克制内心无限痛苦的强烈感情。这是在记叙基础上的抒情,而抒情中又带有议论的成分。

b. 在叙事的前后,用具有强烈感情色彩的词句直接抒情。如第5段关于生与死的问题,文中用大段抒情与描写相结合的文字表达心境。

c. 将感情融入叙事。如第4段,既写出了当时由中兴有望到无可投奔的处境,又反映出作者由兴奋而悲愤的急剧变化的感情。

② 语言生动而准确,特别是动词的使用。

PPT出示:

如文中表现行踪的动词,表示离开某地用"去(京口)",表示前往某地用"如(扬州)""趋(高邮)",表示到达某地用"至(海陵)""来(三山)",表示经由某处用"过(瓜州扬子桥)""道(海安、如皋)""历(吴门毗陵)"。此外,动词"奔""诡""行""宿""出""没""呼""避""渡""入""展转"都准确地表明了活动地点,也表达了作者心情的急切、紧张和经历的坎坷。

(3)《五人墓碑记》的写作特色。

师:作为《古文观止》一书的"压卷之作",该文确有过人之处。叙议结合是其显著特点,我们可以从文章中表示转换行文角度的过渡句来探究。

PPT出示:

《五人墓碑记》行文中的过渡句。

第1段的最后一句："呜呼,亦盛矣哉!"用抒情方式结住叙事以引起议论。

第2段的最后一句："独五人之皦皦,何也?"以设问引起叙事。

第3段的开头"予犹记周公之被逮,在丙寅三月之望",其作用是领起第3、4段叙事。

第5段的开头"嗟夫",表示上文(第3、4段)的叙事已结束,由此转入议论。

第6段的开头"由是观之",承接上文(第5段)的议论并进一步展开。

师:可以看出,这篇文章叙事与议论有机融合,文章的第一部分(第1段至第4段)主要是记叙,第二部分(第5段至第7段)主要是议论。叙中带议,叙后发议,议中夹叙;叙有重点,议有中心;叙议交错,衔接紧密。

师:此外,还突出地运用了正反对比的手法。

① 把大阉乱政时五人的表现同缙绅的所作所为进行比较。原句:"大阉之乱,缙绅而能不易其志者,四海之大,有几人欤?而五人生于编伍之间,素不闻诗书之训,激昂大义,蹈死不顾,亦曷故哉?"

② 把五人的慷慨赴死同高爵显位抵罪后的丑行进行比较。原句:"今之高爵显位,一旦抵罪,或脱身以逃,不能容于远近,而又有剪发杜门,佯狂不知所之者,其辱人贱行,视五人之死,轻重固何如哉?"

③ 假设五人不死于义而尽其天年,将这种平凡的生活同他们现在所受的敬仰进行比较。原句:"五人亦得以加其土封,列其姓名于大堤之上,凡四方之士无不有过而拜且泣者,斯固百世之遇也。不然,令五人者保其首领,以老于户牖之下,则尽其天年,人皆得以隶使之,安能屈豪杰之流,扼腕墓道,发其志士之悲哉?"

④ 把五人的死同富贵之子、慷慨得志之徒的死进行比较。原句:"凡富贵之子,慷慨得志之徒,其疾病而死,死而湮没不足道者,亦已众矣,况草野之无闻者欤!独五人之皦皦,何也?"

师:通过正反对比,突出了五义士牺牲的光荣,使读者领会到五人"激于义而死"的意义是多么重大,颂扬了五人"激于义而死"的献身精神。

二、难点突破

1. 第一个问题：如何看待屈原与文天祥的忠君与爱国

师：忠君与爱国是个非常复杂的问题，尤其是在中国古代"家天下"的背景下，二者实在难以截然分开。要弄清楚这个问题，可以从以下两个方面进行探讨。

（1）文天祥的精神追求与时代意义何在？

PPT 出示：

材料一：

山中有流水，霜降石自出。骤雨东南来，消长不终日。故人书问至，为言北风急。

山深人不知，塞马谁得失？挑灯看古史，感泪纵横发。幸生圣明时，渔樵以自适。

——被排挤闲居故乡时所作《山中感兴》之二

材料二：

其天性澹如也。于宦情亦然，自以为起身白屋，邂逅早达，欲俟四十三岁，即请老致仕，如钱若水故事。使国家无虞，明良在上，退为潜夫，自求其志，不知老之将至矣。

——晚年自撰《纪年录》

材料三：

吾位居将相，不能救社稷，正天下，军败国辱，为囚虏，其当死久矣。顷被执以来，欲引决而无间。今天与之机，谨向南再拜而死，其赞曰：孔曰成仁，孟曰取义，惟其义尽，所以仁至。读圣贤书，所学何事？而今而后，庶几无愧。宋丞相文天祥绝笔。

——临刑前写在衣带上的"赞"

这些材料是文天祥在不同背景下个人心迹的表露，前两则材料流露出他的价值取向："……山深人不知，塞马谁得失？……幸生圣明时，渔樵以自适。""欲俟四十三岁，即请老致仕，……退为潜夫，自求其志，不知老之将至矣。"从中不难看出，他似乎志在隐居山野，享受"渔樵""潜夫"之乐。

但是在民族危亡的关键时刻，这样的价值取向发生了根本性的变化："孔曰成仁，孟曰取义，惟其义尽，所以仁至。读圣贤书，所学何事？而今而后，庶几无愧。"这样的变化，使文天祥的品格得以彰显，千载之后，依然让人高山仰止。他的所思所想、所作所为对我们有很大的启示。

（2）如何看待屈原对楚国、文天祥对宋朝的执着？

以屈原的显赫出身和才干，在那样的压迫和围攻下他完全可以另择出路，就如现代社会常说的"人才流动"；况且在他所处的时代，苏秦、张仪、吴起、韩非等，都是在离开故土之后有所作为的，成为"名人"的，屈原为什么那样执着呢？

我以为，屈原和苏秦、张仪、吴起、韩非等是不同的，他出身王族，心气奇高，不愿低首下心地"兜售"自己。

再者，他是把楚国真正地当作自己的国家来爱的。国存他在，国亡他殉。如此而已。

从中，我们更强烈地感受到屈原的爱深沉、热烈。

PPT 出示：

他出身王族，心气奇高，不愿低首下心地"兜售"自己。

他把楚国真正地当作自己的国家来爱。国存他在，国亡他殉。

屈原对楚国的爱深沉、热烈。

屈原出身楚国贵族，地位尊贵显赫。在矛盾的旋涡中，如果要保住自己的权力和地位，他只要不说话或是少说话就行了。他在遭到楚王猜忌的情况下，仍然忠心耿耿，他是爱国者，他的眼中只有"国"之命运，不一定有"君"的权威；他只看到了楚国人民的苦难（"长太息以掩涕兮，哀民生之多艰"），而并不在意楚王爱不爱他。这些是"民为贵，社稷次，君为轻"的思想在他行为原则中的体现。以楚王为代表的"国"不爱他，并不妨碍他的爱民和爱国。

文天祥"热血腔中只有宋，孤忠岭外更无人"，可见他对宋王朝的忠心。他以《指南录》命名诗集，"指南"乃取自诗集中《扬子江》一诗的"臣心一片磁针石，不指南方不肯休"一句，表达了作者心指南宋、冒死南归的一片忠贞爱国之情。有两则材料很能说明问题——

PPT 出示：

材料一：

文天祥被捕后，元宰相以德祐嗣君已经在元军处为理由劝降文天祥，并指责他："弃嗣君，别立二王，如何是忠君？"文天祥回击道："德祐吾君也，不幸而失国。当此之时，社稷为重，君为轻，吾别立君，为宗庙社稷计，所以为忠臣也。"

材料二：

他爱的是封建主义的赵宋王朝，他的民族气节与"主辱臣死"的封建道德是分不开的。例如，他的兄弟文璧以惠州降元，做了元朝官吏，他在写给嗣子陞的信上说："吾以备位将相，义不得不殉国。汝生父与汝叔，姑全身以全宗祀，惟忠惟孝，各行其志矣。"他艰苦卓绝、不屈不挠地进行反元斗争，但是他并没有依靠人民大众的力量。他甚至在反元斗争的中间，还要分手去镇压一些局部性的农民起义。

——《文天祥》，王德亮编著，中华书局，1947年

PPT出示：

屈原——

眼中只有"国"之命运，不一定有"君"的权威。

楚王代表的"国"不爱他，并不妨碍他爱民和爱国。

文天祥——

"热血腔中只有宋，孤忠岭外更无人。"

"臣心一片磁针石，不指南方不肯休。"

2. 第二个问题：五义士的"激于义"引发了你怎样的思考

（1）中华民族的"义文化"源远流长。

PPT出示：

有关"义"的名言：

多行不义必自毙。——《左传》

见利思义。——《论语》

义，志以天下为芬。——《墨子》

非其有而取之，非义也。——《孟子》

先义而后利者荣，先利而后义者辱。——《荀子》

义之法在正我,不在正人。——董仲舒

君子义以为质,得义则重,失义则轻。——陆九渊

关于"义"的故事:

佘家十几代人为明代袁崇焕守墓,迄今300多年。佘家第17代佘幼芝说:"不为别的,就为'义'字。"

关羽义薄云天,为保主公家属安全而效力于曹操;得知义兄刘备消息后,即挂印封金,千里走单骑,赶去与刘备、张飞相会;后被孙权擒获,宁死不屈,最终被杀。后人敬佩其忠义,称其为"关帝"。

(2)"匹夫"也可以"有重于社稷也"。

也就是说,普通百姓的正义行为能够对国家政治的变化产生重要影响,这实际上体现了作者进步的历史观。

(3)"义"字当前,甚至应"舍生取义"。

PPT出示:

中华民族的"义文化"源远流长。

"匹夫"也可以"有重于社稷也"。

"义"字当前,甚至应"舍生取义"。

三、疑点探析

1. 从第7段的删节与否探究《指南录后序》的结构美

师:要弄清楚这个问题,首先要对第7段的内容做必要的解读。

"呜呼!予之生也幸,而幸生也何为?……诚不自意返吾衣冠,重见日月,使旦夕得正丘首,复何憾哉!复何憾哉!"

师:在熟悉全篇内容的基础上,同学们不难明白,这一段中,作者主要是通过议论表明心志,"修我戈矛……死而后已"表明了自己九死一生存活下来的目的,那就是把自己的生命献给国家的复兴大业,那时也就死而无憾了。

PPT出示:

从行文结构方面看:

——删了第7段后,第6段末尾的"悲予志焉"的"志"就没有了思

想与理论的支撑，就缺少了必要的概括。

——从全文来看，文章的思路是叙事—抒情—议论渐次展开，环环相扣，互为因果的。前4段侧重于叙事，第5段着力于抒情，一连串的排比，气势如虹。如果抽去了第7段气势恢宏的议论，文章突然收束，会产生文气中断之憾，导致整篇文章气韵不和谐，结构失衡。

从表现人物的精神方面看：

——文天祥之所以有"隐忍以行"的选择，之所以要历尽艰险逃出死地，这一段是他行动的思想基础。没有了这一段，支配他行动的灵魂就失去了。

——这一段揭示了人物真实的内心世界，表达了文天祥强烈的死义精神，是全文境界的一次升华。

2.《五人墓碑记》为什么能够被后世传诵

师：先来看看五位义士的壮举发生的背景吧！

明王朝为维护其反动统治，设立了锦衣卫等特务机构，在全国范围内由上到下建立了一整套特务统治系统。这些机构的组织者，大多是皇上宠信的宦官。宦官魏忠贤把持朝政达七年之久，党羽遍布天下。

周顺昌（蓼洲周公）为人清正，因看不惯宦官的丑恶行为，所以处处与宦官作对，被魏忠贤恨之入骨。天启六年，魏忠贤借机指使苏州巡抚毛一鹭加罪周顺昌并逮捕了周顺昌。这一行为激起了苏州人民极大的愤慨，于是趁毛一鹭等人逮捕周顺昌之机，群起反抗。他们毁官府、杀缇骑。这次斗争被镇压后，朝廷在苏州大肆捕人，颜佩韦等五人为保护当地群众挺身而出，慷慨就义。一年以后魏忠贤被皇帝贬往凤阳看陵，于途中畏罪自杀。周顺昌冤案始得昭雪，魏忠贤生祠一夜被捣毁。苏州乡绅吴默等人感颜佩韦等五人正义，将他们合葬于虎丘之侧，题称"五人之墓"。

师：从中可以看出，五个人并没有显赫的社会地位，但是，"义"字当头，他们做出了壮烈的选择。

师：文中围绕"激于义"展开笔墨。

"吾社之行为士先者，为之声义，敛赀财以送其行，哭声震动天地。"

"众不能堪，抶而仆之。"

"公之逮所由使也。吴之民方痛心焉，于是乘其厉声以呵，则噪而相逐。中丞匿于溷藩以免。"

"然五人之当刑也，意气扬扬，呼中丞之名而詈之，谈笑以死。断头置城上，颜色不少变。"

"有贤士大夫发五十金，买五人之头而函之，卒与尸合。"

……

师：苏州暴动形势复杂，声势浩大，为什么作者仅仅抓住"激于义"来写？因为作者接下来要赞扬五人坚持正义的精神，进而阐述"匹夫之有重于社稷"的道理。作者这样写，是为下文的议论在做铺垫。

师：这和文章出于张溥之手也很有关系。张溥为"应社""复社"干将，"七录斋"主人。这样的人写这样的文章是顺理成章的，这样的文章能够代代相传也是不足为怪的。

师：同学们，今天我们通过对《离骚（节选）》《指南录后序》《五人墓碑记》3篇文章的梳理，再次接近了几个高尚的人物。几个文本中所涉及的主人公或出身王族，身世显赫，或通过科举考中状元，一步登天，或生于草野，原本籍籍无名，但是他们因为对道义的孜孜以求，因为疾恶如仇、凛然正气和忠贞爱国而名垂千古。

师：屈原因其高洁逸群的品格而彪炳千秋。文天祥因科举而显贵，因爱国而扬名。五义士因壮举而名垂史册，千载敬仰。

PPT 出示：

鲁迅先生在《中国人失掉自信力了吗？》中写下了这样的话："我们从古以来，就有埋头苦干的人，有拼命硬干的人，有为民请命的人，有舍身求法的人……虽是等于为帝王将相作家谱的所谓'正史'，也往往掩不住他们的光耀，这就是中国的脊梁"。

师：他们就是鲁迅先生笔下的"中国的脊梁"！

PPT 出示：

我们每个人都处在历史发展的某个阶段，也都在书写着自己的历史。脱离了具体的历史阶段来观照、评价某个人，看似客观，其实并不公正，因为你是"站在高岸上"；只有真正地潜入历史、设身处地，我们才能够看清历史，真正走进"脊梁"们的灵魂深处。

师：人类社会之所以始终充满希望，就是因为每当黑暗笼罩的时候，总有一些像屈原、文天祥、颜佩韦、杨念如、马杰、沈扬、周文元这样的先驱挺身而出，掏出燃烧的心举过头顶，拆下肋骨当作火把，照亮前行的路。煌煌历史因为有了他们而改写，泱泱中华因为有了他们而凝重。

PPT 出示：

殉道者可敬可佩！

殉道者可歌可泣！

师：这节课就上到这儿，同学们再见！

教者反思

一节课 45 分钟，大胆割舍是必然的，有"舍"才能有"得"。本节课从学生视角出发，"得"可以归结为三点：重点、难点、疑点。我致力于突出重点、解决难点、廓清疑点。

所谓突出重点，即突出这一讲要让学生掌握什么。这是一条红线，要贯串教学的始终，在教学中前前后后要不断呼应强调，以让学生明白通过这节课的学习自己要掌握什么。围绕重点对教学内容，详讲、略讲甚至不讲。

所谓解决难点，即对一节课中的教学难点，教师要做到心中有数，要精心设计教与学的形式，运用新旧知识的联系设计一些思考或解题的"台阶"，让学生通过自己的学习突破难点。

所谓廓清疑点，即厘清学生面对某一章节、某一例题，可能会怎么想、可能会怎么解，讲的过程中学生又可能会出现哪些疑点、出现哪些思维障碍，学生解这道题时可能会进入哪些误区。这是教学过程中非常重要的环节，为什么不少教师总是抱怨"我讲了，学生做作业时还是出错、考试时还是失分"，原因就在这里。优秀教师是不会简单地告诉学生正确答案的，而会引导学生自己去获取正确答案，设计多种不同的、甚至错误的思路，引导学生在辨析中不仅"学会"，更重要的是让学生在这一过程中"会学"，对学生的学习能力是很好的训练。这个教学环节，对学生学会学习特别重要，同时突显了教师的教学水平。

且看"殉道者歌"板块的教学中我的处理艺术。

这3篇文章时间跨度大：从战国时期到南宋再到明朝末年，纵贯近2000年的历史；体裁驳杂：有"楚辞体"（《离骚》），有书序（《指南录后序》），还有碑记（《五人墓碑记》）。我对于都出自名家之手的3篇文章在内容上用"道义"二字来统领，一语中的，从而巧妙地介绍了作者的基本情况、作品创作的时代背景以及文章的主要内容等基本知识。

在"难点突破"环节，我设置了两个问题："如何看待屈原与文天祥的忠君与爱国？""五义士的'激于义'引发了你怎样的思考？"前一个问题的设计基于屈原与文天祥都是在写自己的身世经历、思想情感，两个人的社会地位相当因而都有忠君与爱国问题的困扰。后一个问题的设计基于五义士的"草根"身份和张溥对五义士的激赏。本着实事求是的精神，能够整合在一起处理的尽量整合，不便扭结到一起的则分开处理。为了真正帮学生弄清第一个问题，我又先分解出两个小问题："文天祥的精神追求与时代意义何在？""如何看待屈原对楚国、文天祥对宋朝的执着？"以"问题链"的形式为学生的理解搭建合理的阶梯。

在解决"难点突破"环节所设置的两个问题的过程中，我旁征博引、大开大合，以材料说话，用道理服人，展示了比较扎实的教学功底。

（见《语文教师的五般武艺》时鹏寿著，国家行政学院出版社，2013年，有删改）

心中有学生，课堂有精彩
——"'生存选择'整合教学"教学实录及反思

江苏省如皋市第一中学　时鹏寿

开课背景

同"殉道者歌"整合教学。

教学实录

师：同学们好！今天这节课，我们一起复习"生存选择"板块。
（PPT 出示课题。）

师：这个板块包括《渔父》和《报任安书（节选）》两篇课文。

PPT 出示课程目标：

教学重点：理解屈原与司马迁的人生选择，从而思考重大人生问题，养成对人生负责的态度。

教学难点：学习两个文本融叙事、说理、抒情于一炉的写法以及对比的写法。

教学疑点：《史记》的历史地位；《渔父》的传世价值。

一、重点解析

师：同学们知道，这两篇文章涉及中国历史上的两个重量级人物——屈原和司马迁。他们的生命光彩照人，他们的人生惊天动地。

师：如今我们审视他们的时候，也许只是觉得他们伟大、不同凡响。如果让时光倒流，让我们回到他们所处的那个时代，让我们与他们共同面临人生的"生存选择"，那么，我们会更加深切地感受到他们在生死面前的艰难抉择。

师：屈原与司马迁都是中华民族历史上的杰出人物，一个毅然赴死，一个忍辱偷生。他们为什么会有如此不同的人生选择呢？先来看看屈原。

（出示屈原的图片。）

师：屈原是一个很有理想的政治家，他对于社会、对于人生，都有着很美好的看法，而且一直在为实现自己美好的理想奋斗。他的被流放，实际上是他的奋斗遇到了挫折、遇到了失败。《渔父》表现的是屈原内心的矛盾，以及在矛盾面前，他最终的抉择。我们可以把渔父理解为真的是屈原在泽畔碰到一个打鱼的人，和他有过一番类似的谈话；也可以理解为虚构的，只是为了把屈原内心的矛盾，用一种文学的手法表现出来。他内心有两面，并在他心里形成了两个声音：一个声音就是"社会既然如此，我何苦这么执着呢？我也有能力来适应它，适应了它我的处境就会好起来，至少我不会处在危险的境界里"；可是另一个声音也同时在响，"我的社会理想、政治理想、人格追求，不能够为一时的名利，或者是外界的诱惑、压力所动摇，我要坚持"。这两个声音，在作品中化为两个形象，就有了渔父和屈原的这番对话。对于这个作品，这样来理解，我想可能是符合实际情况的。

师：作者在塑造屈原形象时，除了主要写他的语言，还写了他的行为、外貌。同学们从第一段的"游于江潭，行吟泽畔，颜色憔悴，形容枯槁"中可以看出屈原的英雄末路、心力交瘁、心事重重及形销骨立的外在形象，从而不难知道屈原所处的黑暗环境，所遭受的困境挫折，这些为下文写屈原的守节不渝、清白终生做了铺垫。

师：屈原"举世皆浊我独清，众人皆醉我独醒"，具有高洁的人生品格和远大的政治理想，不愿随波逐流，在他的政治理想破灭后，在他的祖国沦丧后，他"宁赴湘流，葬于江鱼之腹中"，也不愿"蒙世俗之尘埃"，他毅然赴死，把人格、理想看得比生命更重要，主动迎接死亡，以死来体现生命的意义和尊严。

师：再来看看司马迁。（出示司马迁的图片）世人都知道有生必有死。有意思的是，正是在明知必死的前提下，人类怀着对死亡的恐惧，强烈地追求永生，并为此做出不懈努力，从古到今都不曾停歇。因为知道永生是不可能的事，所以催生出了"不朽"的理念。

师：古人对"不朽"有三个经典标准（PPT出示"不朽"的三个经典标准：太上立德、其次立言、其次立功）。"立德"，即树立高尚的道德；"立功"，即为国为民建立功绩；"立言"，即提出具有真知灼见的言论。此三者是虽久不废、流芳百世的。只要做到了这三者之一，就会永远活在人们的心中。

师：春秋时鲁国大夫叔孙豹称"立德""立功""立言"为"三不朽"。这是我国伦理思想史上的一个命题。（插叙）历史上能够集"三不朽"于一身的人极少，王守仁、曾国藩是屈指可数的几个。

PPT出示：

王守仁（1472—1529年），汉族，幼名云，字伯安，别号阳明。浙江绍兴府余姚县（今属宁波余姚）人，因曾筑室于会稽山阳明洞，自号阳明子，学者称之为阳明先生，亦称王阳明。

明代著名的思想家、文学家、哲学家和军事家，陆王心学之集大成者，精通儒、道、佛。弘治十二年（1499年）进士，历任刑部主事、贵州龙场驿丞、庐陵知县、右佥都御史、南赣巡抚、两广总督等职，晚年官至南京兵部尚书、都察院左都御史。因平定宸濠之乱而被封为新建伯，隆庆年间追赠新建侯。谥文成，故后人又称王文成公。

作为心学集大成者，王守仁与孔子（儒学创始人）、孟子（儒学集大成者）、朱熹（理学集大成者）并称为孔孟朱王。

曾国藩（1811—1872年）初名子城，字伯涵，号涤生，谥号"文正"。晚清重臣，湘军的创立者和统帅。

清朝军事家、理学家、政治家、书法家、文学家。官至两江总督、直隶总督、武英殿大学士，封一等毅勇侯。

师：由于有了这个标准，古往今来的志士仁人、英才俊彦为了实现"不朽"这一目标奋斗不息。

师：司马迁才情极高，追求不朽正是他本人及家族的梦想。本来作为一个朝廷小官，司马迁没有什么建功立业的机会，达成不朽应该是相当困难的，但达成不朽的机遇还是出现在了司马家族的面前：他们处在一个前所未有的承平时代，又可以很方便地接触到大量的文献资料。从司马迁的父亲司马谈开始,就着手为开创家族的不朽事业做了大量的基础工作。可惜天不假年,司马谈只好以临终嘱托的方式将使家族不朽的"接力棒"交到了司马迁手里。从某种意义上来说,人的生命不仅仅属于自己,还属于父母、家庭、家族。正是背负着家族与先人的重托,司马迁开始了对不朽的追求。当司马迁"究天人之际,通古今之变,成一家之言"的著述进行到第七年时,发生了李陵事件。因为李陵说情,司马迁的不朽事业面临夭折的危险。

师:当死亡降临到司马迁的头上时,司马迁死的理由非常充分:父母先他而逝,又无兄弟之亲,对家庭看得不甚重,选择生的代价实在太大。唯一不能割舍的是,丧失使家族不朽的机会,无法完成父亲的临终嘱托。生,意味着肉体的痛苦、人格的撕裂、灵魂的窒息;死,固然一了百了,但罪名不当,身份不显赫,且会被认为罪有应得,更何况家族几百年才出现的不朽机会也就永远地失去了。于是,他选择了令肉体与精神、自己与亲友都极度痛苦的生——接受宫刑。因为他要以"立言"的方式实现人生"不朽"的追求。

师:司马迁为自己规定的人生使命是要完成千古史记,成就人生的大事业,实现人生的价值,《史记》"草创未就,会遭此祸,惜其不成,是以就极刑而无愠色"。

师:其实,不只是屈原、司马迁在生死面前痛苦、挣扎。关于生与死,古今中外许多哲人、文豪都有过思考,也给出了他们的回答。(出示莎士比亚的图片)莎士比亚就曾经借笔下的哈姆雷特发出了天下名问:"生存还是毁灭?这是个问题。"这,确实是个问题!相信这些思维的结晶对同学们理解屈原、司马迁的选择大有裨益。

PPT出示:

老子说:"死而不亡者寿。"

孟子说:"生,亦我所欲也;义,亦我所欲也。二者不可得兼,舍生而取义者也。"

韩愈说:"曲生何乐,直死何悲?"

白居易说:"非其义,君子不轻其生;得其所,君子不爱其死。"

李清照说:"生当作人杰,死亦为鬼雄。"

郭沫若说："生要生得有精神，死要死得有气概。"

臧克家说："有的人活着，他已经死了；有的人死了，他还活着。"

尼采说："重要的不是永恒的生命，而是永恒的活力。"

泰戈尔说："生如夏花之灿烂，死如秋叶之静美。"

师：同学们可以看出——

PPT 出示：

屈原把人格、理想看得比生命更重要，在国家沦丧、政治理想破灭后，毅然赴死，以死来体现生命的尊严。

司马迁为维护公正而获罪，他选择屈辱地生——接受宫刑。他隐忍苟活，是要完成《史记》，成就人生的大事业，实现人生的价值。

他们为世人树立了两种人格榜样：一个择死，以死明志；一个择生，以生践志。

师：那么，屈原和司马迁的人生选择给我们以怎样的启迪？（鉴古可以知今）

师：从中国的传统来看，既有"好死不如赖活着"的"草根"取向，也有"舍生取义""杀身成仁"的士人选择，关键是怎样做更有价值。

师：从东西方生死观的差异来看，西方更重视"生"的权利，而东方常常把"小生命"视作民族的"大生命"的一环，必要时要舍"小"取"大"。

师：明白了这些，你就能够理解《拯救大兵瑞恩》的价值取向、在那样危险的境况下，冒着那样大的风险，付出那样大的代价，只为了拯救一个普通的士兵。明白了这些，你就能够理解著名哲学家冯友兰先生所说的"中国文化精神"——当一个人认为他不能够拯救国家时，为了不在内疚中偷生，便选择赴死。

师：我们生活在和平年代，成长于太平盛世，似乎不容易面临生死抉择，但是我们也会遇到一些关于人生的重大问题，譬如文理分科的选择、高考志愿的填报……在这些重大问题面前，我们要有自己独立的思考，养成对人生负责的态度。

PPT 出示：

珍爱生命，毕竟你只拥有一次！勇于赴死，壮举成就人生价值！

二、难点突破

师：《报任安书（节选）》和《渔父》两篇文章得以传世不朽，内容自然是主要的原因，同时与其写作手法也有很大的关系。先看《报任安书（节选）》。该文融叙事、说理、抒情于一炉，做到了内容与形式的高度契合。

PPT 出示：

融叙事、说理、抒情于一炉——

"事清"：叙事清楚，脉络分明。

"理至"：议论条理，环环紧扣。

"情切"：情感跌宕，奔放曲折。

内容与形式高度契合——

文辞流畅优美，与内容配合无间。

师：先说"事清"。本文叙事清楚，脉络分明。虽然着墨不多，但是司马迁的不幸遭遇和精神上难以形容的痛苦昭然可见。

师：再说"理至"。本文议论条理清晰，环环紧扣，层层深入。作者议论的基本路径是这样的——

PPT 出示：

1. 士人受辱后，应持的态度是"引决"。

2. 高尚的士人，如周文王、孙膑等受辱后，为了完成伟大的事业，必须隐忍。

3. "我"（司马迁）也受辱了，为了完成巨著《史记》必须学习前贤，选择隐忍。

师：这说明，在司马迁的心中，"引决"不是对待受辱唯一的处理方法，而要从生命的价值来认识，从"义"的深层意义去理解。作者一方面说要学习前贤，有忍辱负重的精神；一方面说如果自己受辱后就去死，则不能完成撰写《史记》的使命，一个人死得窝窝囊囊，无所作为，便失去了人生的价值，也就轻于鸿毛了。这个道理讲得清楚明白，环环紧扣，层层深入。

师：当然，这并不是说，人不应该为"义"而死，而是要从长远的意义上理解"义"的含义。

师：后说"情切"。全篇情感跌宕起伏，奔放而曲折。有时奔放激荡，豪情满怀；有时又荡气回肠，如泣如诉。文章第2段写受辱的痛苦时，说自己如果伏法死去，"若九牛亡一毛，与蝼蚁何以异"。这抒发了作者对社会不公的愤慨之情。

师：第3段写自己选择忍受侮辱时说："仆虽怯懦，欲苟活，亦颇识去就之分矣，何至自沉溺缧绁之辱哉！"这里表现了他受辱的痛苦，悲切郁闷之情，溢于言表。

师：第5段写他为了完成伟大的巨著《史记》，"就极刑而无愠色"，"虽万被戮，岂有悔哉?"表现了他豪迈激荡的情感。

师：第6段再一次回想自己受辱的痛苦，"是以肠一日而九回，居则忽忽若有所亡，出则不知所如往。每念斯耻，汗未尝不发背沾衣也"。其悲痛欲绝、如泣如诉的表情宛在。

师：全篇文情并茂。叙事简括，在为议论做铺垫，议论之中感情自现。抒情的语言，将作者内心久积的痛苦与怨愤表现得淋漓尽致，如火山爆发，如江涛滚滚。大量的铺排，增强了感情抒发的磅礴气势。如叙述腐刑的极辱，自"太上不辱先"以下，竟连用八个"其次"，层层深入，一气贯下，最后逼出"最下腐刑极矣"。这有如一道道闸门，将司马迁心中深沉的悲愤越蓄越高，越蓄越急，最后喷涌而出，一泻千里，如排山倒海，撼天动地。

师：同学们也许注意到了典故的运用，这使作者表达的感情更加慷慨激昂，深沉壮烈。如第2段用西伯、李斯等王侯将相受辱而不自杀的典故，直接引出"古今一体"的结论，激愤地控诉了封建专制下的酷吏政治；第4段用周文王、孔子、屈原等古圣先贤愤而著书的典故，表现了自己隐忍的苦衷、坚强的意志和奋斗的决心。这些典故，援古证今、明理达情，让我们更深刻地感受到了作者伟大的人格和沉郁的感情。

师：接下来我们一起关注一下《报任安书（节选）》的"内容与形式高度契合"。本文文辞流畅优美，与思想感情的表达配合无间。比如，作者特别善于运用排比和对偶的手法来抒情，课文第2段写"四不辱"和"六受辱"，第4段写古代贤人被辱著书的典故，就采用了排比和对偶的手法，情感表达一气呵成，酣畅淋漓。

　　师：司马迁表面上"从俗浮沉，与时俯仰，以通其狂惑"，而内心深处却是"肠一日而九回"，其忧愁激愤积郁胸中，越积越深，所以一旦受到触动，就不觉要汹涌而出。但是，因为所积太厚，思想感情太复杂，又因为是给获罪的友人回信，所以不能一泄无余，便很自然地采用了迂回曲折、反复咏叹、渐次深广的方式。从全文看如此，从每一段看也如此，文中的每一段都是几多层次，极尽曲折，或今或古，或人或己，或正或反，或事或理，前呼后应，反复重叠，给人一种委婉回环、滔滔不尽之感，恰当地表达了司马迁感情的悲愤、理性的思考，把个"九曲回肠"表现得淋漓尽致而又深刻蕴藉。

　　PPT出示：

　　《古文观止》于篇后总评说："此书反复曲折，首尾相续，叙事明白，豪气逼人。其感慨啸歌，大有燕赵烈士之风。忧愁幽思，则又直与《离骚》对垒，文情至此极矣！"

　　师：再来看《渔父》。《渔父》一文篇幅虽短，但是摇曳多姿，大有可观之处。屈原洁身自好，决不同流合污，为此形销骨立、心力交瘁，即使牺牲生命也要坚持理想，显示了宁为玉碎不为瓦全的伟大人格。渔父认为，世道如此黑暗，没有什么清浊、曲直可分，还不如与世推移，随遇而安，做个知天达命的明哲。

　　PPT出示：

　　主要采用了对比、衬托的手法，通过屈原和渔父的问与答，表现了两种对立的人生态度和截然不同的思想性格；渔父的形象对屈原的形象起到了很好的衬托作用。

　　师：通过对两个文本的分析，同学们可以看出，在写作时，恰当地运用一些表现技法，有助于思想内容的表达，能收到更好的艺术效果。

三、疑点探析

1.《史记》的历史地位

　　师：要搞清楚《史记》的历史地位，先要弄明白它是一部怎样的书。

PPT 出示：

《史记》是我国第一部纪传体通史，记载了从黄帝到汉武帝时期的史事。

全书包括"本纪"12 篇，"世家"30 篇，"列传"70 篇，"表"10 篇，"书"8 篇，共 130 篇，约 52 万字。

奠定了后世写史的体例。

师：其中，"本纪""世家""列传"记述了人物事迹，"书"是关于社会经济制度及天文、地理等方面的专门记载，"表"是大事年表。

PPT 出示：

《史记》特质：

《史记》——"第一部传记文学"。

中国司马迁（公元前 145—不可考）。

古希腊普鲁塔克（46—120 年）"世界传记之王"。

《史记》——"平民立场的史书"。

以平民的立场、视角、情感看、写、评说历史。

师：《史记》作为第一部传记文学，是具有世界意义的。过去欧洲人以欧洲为中心，他们称古希腊的普鲁塔克为"世界传记之王"。普鲁塔克生于公元 46 年，死于公元 120 年，著有《比较列传》（今本译作《希腊罗马名人传》），是欧洲传记文学的开端。如果我们把普鲁塔克放到中国古代史的长河里来，比较一下可以发现，普鲁塔克比司马迁要晚生 191 年。司马迁的《史记》要比普鲁塔克的《列传》早产生几乎两个世纪。

师：《史记》对古代的小说、戏剧、传记文学、散文，都有广泛而深远的影响。首先，从总体上来说，《史记》作为我国第一部以描写人物为中心的大规模作品，为后代文学的发展提供了重要基础和多种可能性。《史记》所写的虽然是历史上的实有人物，但是，通过"互见"（即突出人物某种主要特征的方法），通过不同人物的对比，以及在细节方面的虚构，实际把人物加以类型化了。在各民族早期的文学中，都有这样的现象，这是人类通过艺术手段认识自身的一种方法。只是中国文学最初的类型化人物出现在历史著作中，情况较为特别。由此，《史记》为中国文学建立了一批重要的人物原型。在后代的小说、戏剧中，所写的帝王、英雄、侠客、官吏等人物形象，有不少是从《史记》的人物形象演化出来的。

（点击：《史记》——"平民立场的史书"。）

师：在《史记》之前，所谓的历史仅仅是王侯的发家史、光荣史、太平史。而在《史记》里，自以为功高盖世的帝王们同样有无耻、暴戾、虚假和懦弱的一面；有着种种过失和缺点并最终兵败垓下、自刎乌江的楚霸王项羽不失为顶天立地的英雄；一介布衣陈胜曾经在田间耕作，既是不折不扣的庄稼汉，也是满怀鸿鹄之志的豪杰，正是他第一个揭竿而起反抗秦的暴政；就在正统文人对浪迹江湖的行径嗤之以鼻的时候，司马迁却对荆轲、唐雎等四海漂泊的游侠们和快意恩仇的游侠精神赞誉有加、不胜神往……

师：《史记》就是这样以平民的立场、平民的视角、平民的情感看历史、写历史、评说历史的，第一次给历史以真实可亲的面目，第一次给那些值得尊敬的灵魂们以尊严。

PPT出示：

《史记》评说

"善序事理，辩而不华，质而不俚。其文质，其事核；不虚美，不隐恶，故谓之实录。"

——（汉）班固《汉书·司马迁传》

"史有龙门诗少陵。"

——（清）宋湘

"史家之绝唱，无韵之《离骚》。"

——（近代）鲁迅

师：毫无疑问，《史记》有很高的史学价值。班固在《汉书·司马迁传》中称赞这部书："善序事理，辩而不华，质而不俚。其文质，其事核；不虚美，不隐恶，故谓之实录。"意思是它高度地反映了历史的真实。

师：清朝诗人宋湘曾经有句诗："史有龙门诗少陵。"《史记》中所透出的民间精神，再现于杜甫那些忧国忧民的不朽诗作中，并成为流传千古的力量源泉。

师：还有同学们非常熟悉的鲁迅先生的说法："史家之绝唱，无韵之《离骚》。"从史学和文学两个方面高度肯定了《史记》的历史地位。

2. 《渔父》的传世价值

师：不少研究者认为《渔父》是歌颂屈原的，其实很难看出作者有褒美屈原、贬抑渔父的意思。文本借助渔父与屈原的问答，展开关于安身立命之道的思想交锋，展示了屈原的伟大人格。

师：这么短小的一个作品，何以能够传之久远呢？

PPT 出示：

当时的人——生活在封建时代的人——只要是一个有良心的、有知识的、有头脑的读书人，或者说一个普通人，都会面临这样一种两难的选择。那么对于我们今天的人，何尝不是如此？面临选择，做出一个对自己的人格有着提升意义的最后的决定，我想《渔父》在这个意义上可以说塑造了一个文化范形。这种文化范形的影响是长远的。

师：这篇文章很短小，但是写得很生动。《渔父》里面有两个人物，一个是屈原很执着，一个是渔父很旷达。后来，很多人往往将这两个形象糅合到一起来探讨。人们谈渔父，实际谈的那个渔父和《渔父》篇里的渔父稍有不同：《渔父》篇里的渔父是作为屈原的一个对面，注意，是对面，不是对立面！屈原要坚持自己的操守，渔父说，不妨随和一些，"沧浪之水清兮，可以濯吾缨；沧浪之水浊兮，可以濯吾足"，就是说我们可以随环境，有一个新的选择，我们要去适应环境。很多文人常常把屈原与渔父两人不同的处世态度结合到一起：面对不理想的，甚至是污浊的、丑恶的社会，"我"要洁身自好，这是和屈原相似的地方；同时"我"又追求一种无拘无束的、自由的人生境界，这是与渔父相似的地方。这正是"左手老子，右手孔子"的中国式生存智慧。

师：同学们肯定听说过类书《四库全书》，其中，"渔父"这个词，出现了2000多条。不下1000条和我们今天复习的《渔父》有或直接或间接的联系。也就是说，它作为一种文化范形，已经成了一种符号。所以这个作品虽然很短小，却成为文学史上，甚至在某种程度上是文化史上、思想史上的一个经典。

四、课堂总结

师：在即将结束这一讲的时候，我想起了哲学家斯宾诺莎的一句话：

"为真理而死不容易,为真理而活着就更加艰难。"

师:是的,无论是生还是死,都不简单!通过对这一讲内容的梳理,我们再次接近了两个伟大的灵魂。他们对生存的选择为世人树立了虽然迥异但是同样精彩的高标。

PPT 出示:

从他们身上,我们学会了面对人生重大问题时要先思考然后采取正确的行动。

从他们身上,我们懂得了:"生与死并不重要,重要的是生与死的价值。"

师:这节课就上到这里,同学们再见!

教者反思

这次优质教学资源的开发采取的是讲座的方式,教师心中想着学生,对着多媒体进行讲解,正所谓"眼前无学生,心中有学生"。

45 分钟不停地讲解,没有学生思维的时间,没有学生训练的安排,没有课堂上常见的师生互动、生生互动。因为录播系统的局限性,从头到尾,教师必须非常流畅地演绎,不能说错一句话,否则就要重新录制,这对教师也是一种挑战。同时,如果没有一些"人无我有"的东西,总是人云亦云,是难以服众的。

我的这份讲稿从《报任安书(节选)》和《渔父》出发,解读"生死选择"的课题,无论是司马迁的择生,还是屈原的赴死,都自有其不朽的价值。

为了厘清这个课题,在"重点解析"环节,我引入了叔孙豹的"三不朽"学说,而且把王守仁、曾国藩树为标杆,以老子、孟子、韩愈、白居易、李清照、郭沫若、臧克家、尼采、泰戈尔等名家关于生死的认识来熏染学生,以期学生形成共识。

在"难点突破"环节,我致力于对写法的分析。

对《报任安书(节选)》一文,我着重把握两个方面:一是"融叙事、说理、抒情于一炉",二是"内容与形式高度契合"。前者从事清(叙事清楚,脉络分明)、理至(议论条理,环环紧扣)、情切(情感跌宕,奔放曲折)三个方面分别解读,后者主要阐释文辞流畅优美,与内容配合无间。

对《渔父》一文,我主要关注了对比、衬托的写作手法:通过屈原和渔父的问与答,表现了两种对立的人生态度和截然不同的思想性格;渔父的形象对屈原的形象起到了很好的衬托作用。

在"疑点探析"环节,我主要处理了以下两个问题。

一是《史记》的历史地位。从清朝诗人宋湘的"史有龙门诗少陵"和鲁迅先生的"史家之绝唱,无韵之《离骚》",足见其地位之不俗。

一是《渔父》的传世价值。从文化范形的角度入手,征引了类书《四库全书》("渔父"这个词语在该书中出现了2000多条,和《渔父》一文有或直接或间接联系的不下1000条),明确了渔父形象的符号性。

随后,我引述哲学家斯宾诺莎的"为真理而死不容易,为真理而活着就更加艰难"结束全课。

最后,我提醒学生从司马迁和屈原的生平行迹中启悟:"从他们身上,我们学会了面对人生重大问题时要先思考然后采取正确的行动;从他们身上,我们懂得了:'生与死并不重要,重要的是生与死的价值。'"

课内要解读两个颇有深度的文本,当然首先面临着取舍问题,讲什么和不讲什么之间,体现着教师的眼光,体现着教师对教材这个"例子"的驾驭能力。

真心希望我的这般处理能够给你一点启迪。

把握文本特点，升华学生思想

——"'审视文明'整合教学"教学实录及反思

江苏省如皋市第一中学　时鹏寿

开课背景

同"殉道者歌"整合教学。

教学实录

师：同学们好！这节课，我们共同复习"审视文明"板块。（出示课题）这个板块涉及两篇课文——《传统文化与文化传统》和《东方和西方的科学》。

师：我们知道，文明、文化的内涵非常丰富，文明、文化都需要传承、发展，而文明、文化的发展既少不了纵向的积累与创新，也离不开横向的沟通与借鉴。当我们审视文明、文化时，会发现"坚持对话方略，恪守扬弃原则"是最明智的。只有这样，人类的文明、文化才会呈现花团锦簇、异彩纷呈的局面。

PPT 出示：

教学重点：把握作品在结构和语言上的特色。

教学难点：学会解读学术性文本；掌握议论文的结构范式。

教学疑点：如何看待国家用法律的形式来保护端午、中秋等民族传统节日？《东方和西方的科学》突出的思想价值何在？

一、重点解析

师：就一部作品、一篇文章而言，鉴赏、评析的角度有很多，从内容到形式可以列举出方方面面，但是，结构和语言无疑是其中主要的两个层面。如果把一部作品、一篇文章比作一座建筑的话，结构相当于图纸，语言相当于材料。

师：那么，今天我们要复习的这两篇文章在结构和语言上有什么特色呢？先看《传统文化与文化传统》，这篇文章的结构很有特色：（1）采用小标题，新颖别致，一目了然；（2）采用"层进式"的范式结构，层次分明，颇具力度。

师：在语言运用上，这篇文章的特色也很鲜明，表现在以下几点——
（1）句式整齐，整散结合，生动活泼。

例如，"它们或者与时俱进，演化出新的内容与形式；或者抱残守缺，化为明日黄花。也有的播迁他邦，重振雄风；也有的昙花一现，未老而先亡。"这一段话连用众多成语，主要语句句式整齐，以整句为主，整散结合，将论述性很强的话表达得铿锵有力，既给人以文化内涵厚重的感受，又让人觉得轻松活泼，读起来朗朗上口。

（2）运用修辞格，增强了文章的可读性。

① 比喻。"如果只愿在白纸上描绘未来，那么，所走向的绝不会是真正的未来，而只能是过去的某些糟糕的角落。"

② 拟人。"谁要想拉住传统前进的脚步，阻挡传统变化的趋势，纵或得逞于一时，终将徒劳无功。"

③ 对比。"为了走向未来，需要的不是同过去的一切彻底决裂，将过去彻底砸烂，而是应该妥善地利用过去，在过去这块既定的地基上构筑未来大厦。"

（3）语言准确，体现了论证的严密性。

作者以学者的严谨来驾驭语言，遣词造句字斟句酌，运用准确。

比如，在论说"传统文化"与"文化传统"时，作者引出了"全称"的概念。

PPT出示原句：

传统文化的全称大概是"传统的文化"，落脚在文化，是对应于当代文化和外来文化而言的。

文化传统的全称大概是"文化的传统"，落脚在传统。

师：这里有必要和同学们解读一下"全称"的说法。"全称"是逻辑学上的一个概念，意思是涵盖"全体"的，它是相对于"特称"（涵盖"部分"的）、"单称"（只涉及"个体"的）而言的概念。

PPT出示：

"全称"——"全体"。

"特称"——"部分"。

"单称"——"个体"。

师：同学们肯定注意到了，在两个"全称"的说法前面，作者都加上了一个词语——"大概"。这是为什么呢？

师：这其实体现了作者语言运用的准确性和论证的严密性。因为对"传统文化"与"文化传统"的解说有许多种，本文这样表述，表明了所持观点只是作者的一家之言。

PPT出示：

《传统文化与文化传统》的结构特色：

1. 采用小标题，新颖别致，一目了然。

2. 采用"层进式"的范式结构，层次分明，颇具力度。

《传统文化与文化传统》的语言特色：

1. 句式整齐，整散结合，生动活泼。

2. 运用修辞格，增强了文章的可读性。

3. 语言准确，体现了论证的严密性。

师：同学们再来看看《东方和西方的科学》，这篇文章在结构和语言上自成风格。

（1）文章组合上富于变化且比较自然。

例如，第5自然段谈美国文明的未来，先表示了自己的担忧，再谈美国文明中存在的问题，转而谈论一代人的使命，强调了应该具有的科学态度，最后照应前文，指出"文明是要经过历史的考验而存活下来"，一种文明未必永远走在历史的前面，今天的辉煌未必是永久的。

（2）多用诗意的比喻，增强了作品的形象性。

例如，第2自然段中的"实验科学不只是西方的子孙，也是东方的后代，东方是母亲，西方是父亲"一句用了比喻的修辞手法，揭示出东西方科学的关系。

再如，第 10 自然段中的"光明从东方来，法则从西方来"，这里的"光明"是隐喻，比喻来自东方的真理，这真理像阳光一样投射过来；"东方"是双关、隐喻（太阳是从东方升起的，人文主义的理念是东方文化所具有的）。

PPT 出示：

《东方和西方的科学》在结构和语言上的特色：

1. 文章组合上富于变化且比较自然。
2. 多用诗意的比喻，增强了作品的形象性。

师：正因为有了这样的笔墨，我们才感受到了文章之美，体会到了随笔之妙，才使这篇科学论文读起来很有散文的韵味。

师：此外，同学们肯定注意到了《传统文化与文化传统》一文中的"辩证分析"的特点。

师：例如，在阐释"传统文化"时，一方面既肯定其"在历史上起过积极作用"；另一方面又明确指出"对后人来说，就有一个对传统文化进行分析批判的任务，明辨其时代风貌，确认其历史地位，接受或拒绝其余风遗响"。

师：在阐述"文化传统"时，一方面指出"没有文化传统，我们很难想象一个民族如何能存在，一个社会如何能稳定，一个国家如何能巩固"；另一方面又明确指出"当然，这并非说文化传统是不变的""这并非说文化传统不会接受外部世界的影响而变化自己的内容"。

师：此外，作者在阐述"财富和包袱"这一内容时，首先提出辩证地把握传统的两重属性并非易事，指出由于认识偏差而引发的两种倾向所带来的严重后果。在这里用了比喻论证的方法。接着否定前面的比喻的不当，指出传统是内在物，是人群共同体的品格和精神。这和前一节形成正反对比，用了对比论证的方法。最后进一步说明这种内在物的本质属性和由来，阐明应该采取的正确态度。

师：这也是体现论证严密性的一个方面——辩证分析避免了持论的偏激，保证了立论的公允。

二、难点突破

1. 解读议论文

师：议论文是我们在阅读中经常遇到的文本样式，解读此类文本关键在于形成良好的"思维规范"。

师：我们不妨以眼前的两个文本为例来谈这个问题。

师：常见的"思维规范"由以下四个步骤组成。

第一步，了解相关背景——解决"为什么写"的问题。

议论文的写作往往有着较强的现实性：或心有所感，言之为快；或胸怀天下，指点江山；或辩驳问难，见仁见智……

《传统文化与文化传统》写于1991年。20世纪90年代，随着国外及中国的香港和台湾"新儒学"的兴起，加之改革开放以后比较宽松的政治思想环境，全国兴起了一股文化热，学术界试图总结中国在长期革故鼎新中的经验教训，对一些过激的口号和行为进行了理性的分析。在文化探究方面，理论界也比较活跃。有人提出了"回归传统"的口号，读经、复兴儒学成为时尚。针对这些现象，本文从文化学的角度进行了分析。

《东方和西方的科学》是基于某些西方人带有地域和民族偏见的背景，作者从科学史研究的角度告诫他们要以科学的态度对待历史与现实，进行文明对话，以促进世界文明的发展和繁荣。

作为中外著名学者，面对上述情况，他们肯定要发出自己的声音。先一起来看一下作者的情况。

庞朴，1928年出生，江苏淮安人，毕业于中国人民大学，曾任《历史研究》《中国社会科学》主编等职。山东大学终身教授，著有《沉思集》《公孙龙子研究》《一分为三——中国传统思想考释》《白马非马——中国名辩思潮》《文化的民族性与时代性》等。南京大学丁帆教授评述其人是"文化大学者"，其文为"大师手笔"。

乔治·萨顿（1884—1956年），美国科学家，近代科学史学科的重要奠基人。1912年创办国际性科学史杂志《Isis》（《爱西斯》）并担任该杂志主编。他一生著述甚丰，代表作是《科学史导论》。

乔治·萨顿的一生为消除地域和民族偏见做出了不懈的努力，对世界各个民族为文明的创造所做出的贡献，做出了合乎历史实际的公正的评价。

乔治·萨顿提出要用科学史在科学与人文之间架起一座桥梁，虽然尚未实现，但已日益深入人心。面对国内科学与人文严重疏离的现实，有学者发出"中国需要一千个萨顿"的呼喊，在呼喊的背后，是深沉的忧虑。

从两位作者的学术背景看，我们可以期待：他们带给我们的一定是让我们耳目一新的"精神大餐"。

第二步，整体把握内容——解决"写了什么"的问题。

有道是："题好一半文！"好的文章标题往往会给读者提供很有价值的信息，对文题解读很有帮助。

PPT 出示：

《传统文化与文化传统》是并列关系题，主要阐述了两者的概念和区别。作者认为：文化传统是"形而上"的"道"，传统文化是"形而下"的"器"。道在器中，器不离道。

《东方和西方的科学》貌似偏正关系题，实际上也是并列关系题，论述的是东方的科学和西方的科学的关系。东方的科学和思想是西方科学的源头，并且会给现代西方带来新的生机。

《东方和西方的科学》一文中的东方是指亚洲和非洲一带，在上古和中古时期，这里曾建立了光辉灿烂的埃及文明、苏美尔文明、巴比伦文明、波斯文明、阿拉伯文明、蒙古文明和华夏文明等。西方科学主要是指实验科学和数学，而东方科学则主要指人文科学。

PPT 出示《传统文化与文化传统》的主要内容：

提出问题：民族的传统与其文化密不可分，弄清"传统文化"与"文化传统"这两个概念很有必要。

分析问题：传统文化就是文化遗产，传统文化具有时代性和民族性。文化传统就是民族精神，文化传统是一种惰性力量，文化传统的变化是缓慢而复杂的。

解决问题：传统既是财富，也是包袱；要辩证地了解和掌握传统的这两重属性。

中心论点：传统既是财富，也是包袱；要辩证地了解和掌握传统的这两重属性。

PPT 出示《东方和西方的科学》的主要内容：

"是什么"（第 1~3 自然段）：要正确认识东方和西方的关系。

"为什么"（第 4~8 自然段）：不能正确认识东西方科学的原因及其危害。

"怎么办"（第 9~10 自然段）：总结全文，促使东西方文化融合，完满地实现人类的使命。

《东方和西方的科学》的作者认为东方的人文理念可以拯救西方文化。因为西方实验科学偏重于方法的应用，而忽视了思想。而离开了正确思想指导的科学方法被利用时会产生两种局限：其一，有许多思想领域（艺术、宗教、道德）不能使用它；其二，这种方法很容易被错误地应用。

东方科学为西方近代科学的发展做出了历史性的贡献，人们要尊重历史，消除偏见，促使东西方文化融合，完满地实现人类的使命。任何一种文明都不是封闭自守的，一种文明要想永葆青春，必须积极吸收各种外来文明，并且加以改良。如果一定要讲究文化的"纯正性"，反而会因为世世代代"近亲交配"而有退化淘汰之虞。

了解了这些，我们就可以比较准确地把握文本内容。

文章中还有不少名言警句值得品读。

PPT 出示：

1. "凡是存在过的，都曾经是合理的。凡是存在过的，都有其影响；问题在于影响的大小。"

（"存在即合理。"我们要正视一切存在，甚至包括昙花一现的存在。）

2. "没有文化传统，我们很难想象一个民族如何能存在，一个社会如何能稳定，一个国家如何能巩固。"

（从中可以看出，文化传统功莫大焉！它是无声的指令、凝聚的力量、集团的象征。谁也不能割断历史、抛弃传统！）

3. "我们不应该太自信，我们的科学是伟大的，但是我们的无知之处更多。"

（这句话启示我们：学无止境，谦虚永远是美德。）

第三步，分析写作特色——解决"怎么写的"的问题。

前面已经围绕文章的结构、语言等进行了比较详细的分析，这里就不赘言了。

第四步，进行鉴赏评价——解决"写得怎样"的问题。

这个问题与第三步联系紧密，"怎么写的"往往决定了"写得怎样"。

这两篇文章给予我们的启示：议论文常常是以理性的光辉取胜的，但是这并不意味着议论文就是板着面孔说理，它也可以感性一些，甚至是文采飞扬的。两篇文章中运用的词汇非常丰富，很好地表达了作者的思想。

这对我们的写作不无启迪：有时候，有意识地在一个语段中集中使用多个成语，形成视觉冲击力，不失为一种写文章的妙招。

PPT出示：

了解相关背景：解决"为什么写"的问题。

整体把握内容：解决"写了什么"的问题。

分析写作特色：解决"怎么写的"的问题。

进行鉴赏评价：解决"写得怎样"的问题。

2. 结构范式强化

师：接下来，我们梳理一下议论文的范式结构。

师：清代著名文学家李渔多次表达过"结构第一"的观点。虽然他说的是戏剧创作，其实同样适用于议论文写作。今天我们复习的这两篇文章都运用了经典的"层进式"结构。

PPT出示：

层进式

这种结构是纵向开拓，步步推进，深化议论的。

常常表现为"是什么—为什么—怎么样"或者"提出问题—分析问题—解决问题"几个部分。

师："是什么"可理解为提出问题，或指明问题的实质，或申述论述的范围，或直接提出中心论点等；也可以是对论述对象做必要的解释、说明等。从"为什么"与"怎么样"的角度论述，是文章的主体部分，这两部分可以并重，也可以有所侧重。

师：侧重点的选择，要考虑需要我们着重讲清的是观点成立的理由，还是根据某个道理应该怎么做。一般来说，如果道理简单、显而易见，无须详加论证，则可在"怎么样"上多做文章；如果"怎么样"的问题众所周知，不言而喻，则可在"为什么"上多做文章，"怎么样"可一笔带过或干脆不谈。

师：一般而言，亮明观点之后展开的思路有两种走向。如果观点是肯定判断，那么就要从重要性、必要性的角度论述。比如，观点是"我们要培养节俭的美德"，那么就谈"节俭"的重要性、必要性；如果观点是否定判断，就谈不能这么做的原因，或继续这样做的危害。比如，观点是"这种赶时髦的做法并不好"，那么就讲"不好"的理由，或"赶时髦"的危害。

师："是什么—为什么—怎么样"的思路是最有助于拓展思路的论证结构模式。我们要善于根据实际情况确定"是什么""为什么""怎么样"各自的论述侧重点。

师：除层进式结构外，议论文的常见结构还有如下几种。

一是总分式结构。

PPT 出示：

总分式

"总—分—总"式是"总分式"的完整模式。

这类文章往往在绪论部分首先提出中心论点，然后在本论部分将中心论点分成几个基本上是横向展开的分论点进行论证，最后在结论部分加以归纳、总结和进行必要的引申。

简而言之，就是"提出论点—用论据证实论点—得出结论"。

二是并列式结构。

PPT 出示：

并列式

1. 分论点并列式。首先提出一个论证总题，但不确定论点；然后在本论部分围绕总题列出几个平行的具体论点，分别予以论证；最后从各个方面阐释总题，得出结论。

选择的分论点从数量上来说，至少是三个方面；各分论点之间处于同等地位，但不能重复，不能相互包括，也不能相互交叉。

要避免从同一角度选择论据。从同一角度选择论据，就会缺乏广度，导致论据单调，论证就会显得以偏概全、苍白无力；而从不同角度选择论据（如时间上的古今、地域上的中外、领域上的多元等），既能使论证广泛展开，又能使观点的支撑更加有力。

分论点并列式议论文特别要注意的是，避免给人泛泛而谈的感觉，要注意点题。

2. 分论据并列。主体部分是横向展开的，各层次之间是并列关系。在论证过程中，为了充分摆事实、讲道理，把几个论据并列起来，这几个论据之间的关系是平行的。

三是对照式结构。

PPT 出示：

对照式

本论部分从正反两方面提出分论点或摆出论据，加以论证，最后得出结论。

1. 正反对比：先从正面论述，再从反面论述。
2. 破立结合：先论证正面的观点，再批驳反面的观点。

能起到对比鲜明、突出深化观点的作用。

师：掌握了这几种范式结构，我们在写议论文时就能得心应手了。当然，在实际的写作中，往往是综合运用多种结构方式。

三、疑点探析

1. 《东方和西方的科学》一文突出的思想价值在哪里

师：该文突出的思想价值有以下三点。

（1）一些东方人甚至中国人是否定东方科学的。比如，中南大学的张功耀教授曾在博客上撰文：中医学不是现代科学，应该废止；国家主流医疗体制应该是西医，那才是真正的科学；应该采取措施，让中医药在 5 年内完全退出国家主流医疗体制，彻底停止对中医中药的研究。

当时有万余人跟帖支持！

他们认为，中医是一个包含了哲学、玄学、迷信、民间医术和巫术的大杂烩。

他们认为，说中药没有副作用，是欺骗消费者，因为"是药三分毒"。

他们认为，现代医学的研究与别的实验科学一样，都分为"观察—建模—预测—验证"几个步骤；而中医著作中充满了无法检验的预测。

而乔治·萨顿强调要尊重东方科学，难能可贵。

（2）和一般人泛泛地肯定东方科学不同，乔治·萨顿强调科学全部形式的种子来自东方，今日的西方仍然需要东方。因为西方文明有弊端，包括科学方法的弊端和科学本身应用的弊端。这样的认识是深刻的。

（3）乔治·萨顿是从科学史和新人文主义的角度论述东方文化的历史作用和现实意义的，阐述了文化交流的重要性，见解独特。

2. 如何看待国家用法律的形式来保护端午、中秋等民族传统节日

师：清明、端午、中秋、重阳等本是中华民族的传统节日，却需要通过体现国家强力意志的法律来保护，恰恰反衬出文化传统在当代中国的衰微之境。

师：国人津津乐道或习惯性地把目光外投，沉迷于好莱坞大片、韩剧，热衷于过圣诞节、情人节，实际上反映了外国文化对中华文明的冲击。同时还说明了一个事实：弘扬传统文化，固化文化传统，我们有太多的工作要做。

四、课堂总结

师：通过这节课的学习，我们领略了庞朴和乔治·萨顿两位大家的博大精深，从他们的观点出发，我们得以对传统文明与现代文明、东方文明与西方文明进行审视；我们得以对文化学的一些基本概念，如"传统""传统文化""文化传统"及它们之间的关系有所了解，对继承传统和接受外来文化的关系、文明对话的意义、文明对话的作用和必然性、自觉地进行文明对话的方法和途径等有了初步的认识。

师：从议论文的角度来观照这一课的两个文本的话，我们也很有收获。这两篇文章都运用了经典的"层进式"结构，充分显示了思维的缜密性，使我们对议论文的几种常见的范式结构有了清晰的了解。我们明白了，辩证分析与对比论证方法的使用有力地支撑了作者的观点。同时两个文本在语言的准确性和论证的严密性方面也可圈可点。从中我们既能够得到思想的升华，又可以获得写作上的教益。

教者反思

这两个文本一中一外，内蕴丰厚。两个文本可以言说的内容有很多，该如何取舍？研读过文本后，我把教学的旨归确定为让学生既能够得到思想的升华，又可以获得写作上的教益。

基于这个旨归，我把复习重点确定为"把握作品在结构和语言上的特色"，因为以我数十年的教学阅历特别是写作教学的经验来看，一篇作品的结构和语言是很重要的两个观照维度。基于"教材无非是个例子"的理念，我以这两篇文章为例，剖析结构范式和语言特色。

对《传统文化与文化传统》的结构，既关注了显性的采用小标题的做法，又关注了隐性的"层进式"结构。对其语言特色，分别从"句式整齐，整散结合，生动活泼""运用修辞格，增强了文章的可读性""语言准确，体现了论证的严密性"三个方面进行了分析。

对《东方和西方的科学》一文，我主要让学生关注"文章组合上富于变化且比较自然"的结构；关注"多用诗意的比喻，增强了作品的形象性"的语言特色，使学生从中体会到，正因为有了这样的笔墨，才让读者感受到了文章之美，体会到了随笔之妙，从科学论文中读到了散文的韵味。

鉴于这两个文本都是有一定难度的学术性文本，所以我把教学难点之一确定为"学会解读学术性文本"。在对文章的内容做了详细的梳理后，我为学生归纳出议论文的"四步解读法"：了解相关背景——解决"为什么写"的问题；整体把握内容——解决"写了什么"的问题；分析写作特色——解决"怎么写的"的问题；进行鉴赏评价——解决"写得怎样"的问题。

"掌握议论文的结构范式"是我确定的第二个教学难点。我引导学生厘清层进式、总分式、并列式、对照式四种结构范式,其间,对议论性文章中常用的例证法进行了强化,即从不同角度选择论据,诸如时间上的古今、地域上的中外、领域上的多元等角度,因为这样既能使论证广泛展开,又能使观点的支撑更加有力。

对于两篇文章的教学疑点,我既"形而下"地思考了《东方和西方的科学》一文突出的思想价值在哪里,也"形而上"地思考了如何看待国家用法律的形式来保护端午、中秋等民族传统节日的问题。

通过这节课的教学,我们对传统文明与现代文明、东方文明与西方文明进行了审视,对文化学的一些基本概念,如"传统""传统文化""文化传统"及它们之间的关系也有了一些了解,同时对继承传统和接受外来文化的关系、文明对话的意义、文明对话的作用和必然性、进行文明对话的方法和途径等也有了初步的认识,对上述教学重点、教学难点、教学疑点也有了清晰的解读。相信学生会有不小的收获。

想起叶圣陶先生"为教纵详密,亦仅一隅陈"的高见,唯愿我的这番取舍对学生有所助益,对同行有所启悟。

作文篇

有识·有序·有方·有效

——"新材料作文的第一关:立意关" 教学实录及解析

江苏省南通市教师发展学院　鞠九兵

开课背景

鞠九兵校长一直钟情于课堂,坚守着杏坛。没有特殊情况,他会每周执教几节作文课。

这是他日常教学中的一节作文指导课。

教学实录

(师生问好。)

师:同学们,在上一周的作文课上,我们开始涉及新材料作文的写作。在上一次课上,我们重点谈了在新材料作文当中,我们怎么去自选文体。从训练的结果来看,这次作文应该说写得比较成功。54%的同学的得分为80~89分,3%的同学达到了90分及以上。虽然我们初次涉及新材料作文的写作,但从大家的作文来看,在文体层面上大家已经基本掌握了。但是有些同学在立意方面有点问题,所以,今天我们的作文指导课就来谈谈这个话题——"新材料作文的第一关:立意关"。

PPT出示:

阅读下面的材料,按照要求作文。

慈母手中线,游子身上衣。临行密密缝,意恐迟迟归。(孟郊)

为什么我的眼里常含泪水?因为我对这土地爱得深沉。(艾青)

在这些神圣的心灵中,有一股清明的力和强烈的爱,像激流一般飞涌出来。甚至无须倾听他们的声音,就在他们的眼里,他们的事迹里,即可

看到生命从没像处于忧患时的那么伟大，那么丰满，那么幸福。（罗曼·罗兰）

请以"忧与爱"为题，写一篇不少于800字的文章。

要求：①立意自定；②角度自选；③除诗歌外，文体自选。

师：这是2012年我们江苏省的高考作文题，大家看看这组材料有什么特点？

生：选的这些名言都是关于"爱"和"感情"的，跟"爱"有关系。

师：我们看看数量上是几个？内容都是围绕什么的？

生：3个。围绕忧与爱。

师：第一则材料是什么？

生：诗歌。

师：是古典诗歌，孟郊的，孟郊是哪个朝代的？

生：唐朝。

师：第二则材料呢？艾青是个什么样的人？

生：是现代诗歌。艾青是现代著名作家，也是大诗人。

师：第三则材料是罗曼·罗兰的一段话，这段话透露出怎样的哲理？有个关键词——

生：忧患。

师：前两则材料都是与"爱"有关的，而第三则材料与"忧患"有关。所以这组材料有什么特征？

生：形成对比。

师：实际上这是一组组合型的材料，所以我们要看新材料作文有哪些形态。对于这组组合型材料，我们姑且不谈怎么去立意，因为这是一个命题作文。我们再看2012年高考全国卷的作文题。大家自己读一读。

PPT出示：

阅读下面的材料，根据要求写一篇不少于800字的文章。

周末，我从学校回家帮着干农活。今春雨多，道路泥泞，我挑着一担秧苗，在溜滑的田埂上走了没几步，就心跳加速，双腿发抖，担子直晃，只好放下，不知所措地站在那里。

妈妈在田里插秧，看到我的窘态，大声地喊："孩子，外衣脱了，鞋子脱了，再试试！"

我脱了外衣和鞋袜，卷起裤脚，重新挑起担。咦，一下子就觉得脚底下稳当了，担子轻了，很快就把秧苗挑到妈妈跟前。

妈妈说："你不是没能力挑这个担子，你是担心摔倒，弄脏衣服，注意力不集中。脱掉外衣和鞋袜，就甩掉了多余的顾虑。"

要求选好角度，确定立意，明确文体，自拟标题；不要脱离材料内容及含义的范围作文，不要套作，不得抄袭。

（生读材料。）

师：这则材料有什么特点？我们这里是说材料的特点，不是说立意。

生：这里有对比。"我"脱掉外衣、鞋袜前挑不起担子和脱掉外衣、鞋袜后轻松挑起担子的对比。

师：这是一则叙事类的材料。有没有关键句？

生：有动作描写的语句。

师：动作描写的语句是关键句吗？

生：最后一句。

师：哪一句？

生：脱掉外衣和鞋袜，就甩掉了多余的顾虑。

师：这是谁的话？

生：妈妈的话。

师：妈妈的话成了这则材料的关键句。从这个关键句中你想到了什么？

生：这是这则材料的主旨句。

师：这句话是这则材料的主旨，主旨是什么？

生：做事的时候，只有甩掉多余的顾虑，才能注意力集中，把事情做好。

师：我们再看一则材料。

PPT出示2012年新课标全国卷高考作文题：

船主请一位船工给自己的小船刷油漆。修船工刷漆的时候，发现船底有个小洞，就顺手给补了。

过了些日子，船主来到他家里道谢，送上一个大红包。

修船工感到奇怪，说："您已经给过工钱了。"

船主说："对，那是刷油漆的钱，这是补洞的报酬。"

修船工说："哦，那只是顺手做的一件小事……"

船主感激地说："当得知孩子们划船去海上之后，我才想起船底有洞这事儿，绝望极了，觉得他们肯定回不来了。等到他们平安归来，我才明白是您救了他们。"

要求选好角度，确定立意，明确文体，自拟标题；不要脱离材料内容及含意的范围作文，不要套作，不得抄袭。

（生读材料。）

师：这则材料有什么特征？

生：叙事的。

师：也是叙事的。实际上是讲了个故事，难不难？现在看起来不难。再看，随着时间的推移，2013年的新材料作文呈现了一个怎样的形态呢？

PPT出示2013年新课标全国卷Ⅰ高考作文题：

阅读下面的材料，根据要求写一篇不少于800字的文章。

一位商人发现并买下一块晶莹剔透、大如蛋黄的钻石。他请专家检验，专家大加赞赏，但为钻石中有道裂纹表示惋惜，并说："如果沿裂纹切割成两块，能使钻石增值；只是一旦失败，损失就大了。"怎样切割这块钻石呢？商人咨询了很多切割师，他们都不愿动手，说是风险太大。

后来，一位技艺高超的老切割师答应试试。他设计了周密的切割方案，然后指导年轻的徒弟动手操作。当着商人的面，徒弟一下子就把钻石切成两块。商人捧起两块钻石，十分感慨。老切割师说："要有经验、技术，但更要有勇气。不去想价值的事，手就不会发抖。"

要求选好角度，确定立意，明确文体，自拟标题；不要脱离材料内容及含意的范围作文，不要套作，不得抄袭。

（生读材料。）

师：这则材料谈了一个切割玉石的故事，其中有没有关键句？

生：有。

师：是哪一句？

生：要有经验、技术，但更要有勇气。不去想价值的事，手就不会发抖。

师：这是谁说的话？

生：老切割师。

师：要把这位老切割师强调出来。老切割师是在什么背景下说的这句话？

生：徒弟一下子就把钻石切成两块后。

师：老切割师是在徒弟很勇敢地、一下子就把钻石切成两块，商人捧起两块钻石，十分感慨时说的。那么，到底能让考生生发出什么样的结论呢？这就是高考作文题。

师：再看看2013年江苏省高考作文题，这是关于洞穴里的蝴蝶的。

PPT出示2013年江苏高考作文题：

阅读下面的材料，按照要求作文。

几位朋友说起这样一段探险经历：他们无意中来到一个人迹罕至的山洞。因对洞中环境不清楚，便点燃了几支蜡烛靠在石壁上。在进入洞穴后不久，发现许多色彩斑斓的大蝴蝶安静地附在洞壁上栖息。他们屏住呼吸，放轻脚步，唯恐惊扰了这些美丽的精灵。但数日后再去，却发现这些大蝴蝶已不在原地，而是远远地退到了山洞的深处。大家若有所悟，那里的环境也许更适宜吧，小小的蜡烛竟会产生这么大的影响。

要求：①角度自选；②立意自定；③题目自拟；④除诗歌外，文体自选；⑤不少于800字。

师：这也是一则叙事类材料，但是从材料的叙事引发出来的内容可能跟其他材料的维度有所不同，它更多地呈现出一种可能。"大家若有所悟"，有没有一种定论呢？没有！

师：好了，我们看看，原先呈现出来的材料都是一种肯定的口吻，而随着时间的推移，高考作文题已经呈现出了一种推测、揣摩……由肯定型向推测型的过渡，体现了高考新材料作文的形态在向什么方向过渡呢？

生：原来肯定，现在推测，由考生自己来推测作文题。

师：慈母对在外的游子怀有无限的爱，这是肯定的，不容置疑的。但是这则材料中所写的蝴蝶是不是因为人的打扰、蜡烛的光亮而改变了居住习惯呢？这里仅仅是一种推测而已。这说明了什么？材料由肯定向推测的过渡让我们想到了什么?

生:从多种角度来思考问题。

师:说得很好!既然是由材料引申出来的推测,那我们选择的空间、写作的角度是不是就进一步扩大了?这就说明高考作文慢慢呈现出开放性、多角度性。

师:新材料作文是哪一年开始的呢?实际上2006年就有了,2006年全国卷Ⅰ有一道材料作文题。来看看这则材料有什么特征。

PPT出示2006年全国卷Ⅰ高考作文题:

阅读下面的文字,根据要求写一篇不少于800字的文章。

一只老鹰从鹫峰顶上俯冲下来,将一只小羊抓走了。

一只乌鸦看见了,非常羡慕,心想:要是我也有这样的本领该多好啊!于是乌鸦模仿老鹰的俯冲姿势拼命练习。

一天,乌鸦觉得自己练得很棒了,便哇哇地从树上猛冲下来,扑到一只山羊的背上,想抓住山羊往上飞,可是它的身子太轻,爪子又被羊毛缠住,无论怎样拍打翅膀也飞不起来,结果被牧羊人抓住了。

牧羊人的孩子见了,问这是一只什么鸟,牧羊人说:"这是一只忘记自己叫什么的鸟。"孩子摸着乌鸦的羽毛说:"它也很可爱啊!"

要求全面理解材料,但可以选择一个侧面、一个角度构思作文。自主确定立意,确定文体,确定标题;不要脱离材料的含意作文,不要套作,不得抄袭。

师:这则材料有什么特征?

生:这是一个寓言故事。

师:这个寓言讲了一只乌鸦学老鹰捕捉山羊的故事。2006年,我们江苏省高考作文考了什么呢?"人与路",还记得吗?那个时候叫话题作文,前面有个引子,然后把题目呈现出来。接下来连续几年,高考作文有材料作文,也有话题作文。比如,绿色生活、拒绝平庸、品味时尚,这些都是江苏省的高考作文,然后是"忧与爱",再到"洞穴里的蝴蝶",我们江苏省高考作文发展的脉络就是这样。

师:同学们,从历届的高考作文题可以看出,近几年来,新材料作文已经"登堂入室",真正走进了我们的高考试卷中,我们必须对此给予关注与重视。大家对新材料作文了解多少？什么叫新材料作文？你怎么理解的？

生：新材料作文就是提供一段材料让你自己思考，不像以前的话题作文限制人的思维。

师：是的，以前的话题作文会给你一个范围，而新材料作文跟以前的话题作文有很大的区别。但是过去我们也有材料作文，先提供一则材料，然后让你来写，如高考中曾出现过以"诚信"为话题的材料作文题。那么现在的新材料作文跟过去的材料作文有什么不一样？

生：向多元化发展。

师：过去的材料可能聚焦性更强，而现在的材料多角度性更强。过去的材料都是单义的、单向的，而现在的材料都是多义的、多角度的。因此，我们一定要搞明白什么是新材料作文。

PPT 出示：

新材料作文也叫题意作文、命意作文，只提供材料，不规定话题，不限定文体，要求"全面理解材料，但可以选择一个侧面、一个角度构思""不要脱离材料内容及其含意作文"。它不同于以往根据材料写议论文的材料作文，也不同于有明确话题的话题作文，是介于材料作文和话题作文之间的一种新的作文形式。

师：新材料作文实际上是一种命意作文，它提供的是一种旨意。我们今天为什么要说"立意"，立的什么意？这就与我们上一次说的文体有关。如果你选择写记叙文，那么材料中的主要意思就是你文章的中心思想；如果你选择写议论文，那么材料中的主要意思就变成了你文章的中心论点；如果你选择写散文，那么你从材料中派生出来的情或理就变成了你文章中的情理线索。

师：同学们，我们为什么要先说文体？如果你不先选定文体，便很难写好作文。不少考生不知道自己写的是记叙文还是议论文，有的是兼而有之，既有记叙的段落，又有议论的段落，所以就造成了文体不清。新材料作文只提供材料，不规定话题，不限定文体。因此，我们首先应该怎样做呢？全面理解题意。我们经常说，在审题的时候立意，立意就是审题，审题就是为了立意。所以审题、立意实际上是一回事。你要选择一个侧面、一个角度来构思，但是不要脱离材料内容及其含意。上一次作文今天发下来了，有些同学是没有分数的，因为不好打分。如果只看文章的内容，作文写得还可以，但是与材料不吻合。还有些人"贴标签"，开头出现蝴蝶，结尾也有蝴蝶，但是蝴蝶在中间出现跟材料的旨意完全没有关系。材料呈现出来的旨意是什么？到了你的文章中，就要升华成文章的中心思想，演变成它的中心论点，聚焦成文章的情理线索。要检验作文有没有跑题，是不是合乎题目的要求，就要分析中心思想、主题思想。比如，我们学过《背影》，谁来说说这篇文章的主题思想？

生：作者通过对父亲买橘子时动作的刻画，折射出父亲对"我"的爱，表现出"我"对父亲的思念。

师：说得很好。这篇回忆性散文通过描述父亲送"我"去上学，在火车站，父亲的背影给"我"留下了难忘的印象，表达了"我"对父亲无限的尊敬和思念，同时也折射出老一辈的父子之间那种深厚的具有中国传统特色的人伦光辉。如果你写的是记叙文，要能概括出这些主题思想，主题思想要跟材料所呈现出来的立意相吻合。大家看一下，凡是没有打分数的作文，是不是跑题了？假如你写的是记叙文，写妈妈一大早做早饭给你吃，是的，你也写的是生活，但妈妈做早饭给你吃与蝴蝶退到山洞深处有关系吗？竟然还有人得出这样一个结论：因为蝴蝶受到光亮的影响而挪到山洞深处，因此我的爱向母亲的心灵深处飞去。这种牵强的拉扯是必须摒弃的。我们今天之所以要来谈立意关，是因为这一关你必须闯过去，否则是无法写好作文的。材料提供给我们，我们要能够找到关键词。

PPT 出示：

材料的关键词，就是你写作文的话题，要围绕关键词或肯定，或否定，或辩证地看待分析，归纳出鲜明的结论。

材料的情感就是你的情感，你要围绕此情感或褒扬，或贬斥。

师：材料中的关键词，就是你写作文的话题。如果你的文章中一个材料中的关键词都没用出现，可能有两种情况，一是你偏题了，二是你是高手。高手是什么？没有出现关键词，但是论点好、中心思想也好、情理线索也好，跟材料是相适配的。我们班就有一个高手——周静同学，他的作文中没有出现蝴蝶，但是整篇文章说的事情跟材料的主旨非常吻合，因为有一个关键词在他的文章中出现了——"栖居"。材料的情感就是你的情感，人是情感的动物，当情感真正能让我们产生共鸣的时候，那是一种刻骨铭心的记忆啊！朱自清先生为什么要写背影？我们的父母送我们上学有无数次的背影，但是我们从来没有把它记录下来，也从来没有镌刻在我们内心深处，让它成为一座丰碑。所以，在写作文时，无论是关键词还是材料的情感，首先我们都要进行正确的分析，要有鲜明的褒扬或贬斥的态度，这一点很重要。

PPT 出示：

立意方法

一、主信息词语（关键词）法

二、由果溯因法

三、多角度立意法

四、把握情感法

五、挖掘立意法

六、虚实结合法

七、以小见大法

师：立意有哪些方法呢？方法太多了，我们只要掌握一到两种就好了。

师：2006年全国卷Ⅰ高考作文题的这则寓言，我们可以选择一个侧面、一个角度来写作文。假如2006年的高考作文题让你来立意，你从哪个角度立意？抓住关键词也行，由果溯因也行。提示一下，不管什么材料，应该说出写了谁，发生了什么事，产生了什么结果，说明了什么，你要把这几个问题回答清楚。

生：写了孩子看到被抓住的乌鸦，问这是一只什么鸟，由此牧羊人点出了材料告诉我们的道理——乌鸦忘记了自己的本能。

师：忘记了自己的本能，有这句话吗？"这是一只忘记自己叫什么的鸟"，这句话是什么意思？

生：就是自己不知道自己能干什么。

师：引申一下，这句话说明了什么？自己对自己怎么样？

生：太自负。

师：自负是什么意思？我什么事情都能干。这是不了解自己，对不对？你看，一个人因为对自己不了解，所以判断的时候就会出现失误。我都忘记了自己的名字，说明了什么？不是自负，再想想同一则材料，在不同人的眼中会出现不同的评判。但是评判的标准必须是正确的。千万不能瞎说、瞎引申，那就没有意义了。

师：假如让你来立意的话，你从哪个角度立意？

生：从鸟不了解自己立意。

师：哪只鸟？说清楚。我们对信息的捕捉要准确。这则材料写了几个角色？

生：乌鸦、老鹰、牧羊人、牧羊人的孩子。

师：写了一件什么事情？用一句话概括。

生：乌鸦学老鹰捕羊，结果自己却给羊毛缠住了，然后……

师：不止一句话了。乌鸦因羡慕老鹰的本领而学老鹰，因自不量力被牧羊人抓住。我们对材料要进行高度的概括，概括就像抽取它的骨干一样。

师：这道高考作文题很简单。思考一下，如果从老鹰的角度来写，只有有本领的人才能赢得他人的羡慕和学习。老鹰有本领，所以乌鸦很羡慕它，由此引出有本领的人值得人学习，没有本领的人不能成为别人的学习对象。

师：乌鸦呢？乌鸦身上有正能量，也有负影响。正能量是什么？虚心学习、见贤思齐，积极向上有什么不对？难怪牧羊人的孩子说，乌鸦也很可爱。孩子眼中的乌鸦为什么可爱？因为它敢于向比自己优秀的老鹰学习。负能量是什么呢？因为自不量力而被逮住了。但是我们看看，在这个过程中，乌鸦有没有训练自己的本领啊？它拼命练习，非常好学，精神可嘉，只不过它学习的对象错了。这说明，它既有好学上进的心，也有磨炼意志的实际行动。但是要想成功，除此之外，还要正确地了解自己，正确地认识对方，知己知彼方能百战不殆。这不就是从乌鸦这个角度来说的吗？

师：除此之外，我们也可以从牧羊人、牧羊人的孩子的角度来立意。请同学们记住，对于一则材料，要学会从不同的角度来构思立意！

师：好，今天的课到此结束，下课！

时师观课

近日，有幸欣赏到江苏省特级教师鞠九兵的一节作文指导课，是关于新材料作文立意的，其课堂教学内容之厚重、设计之科学、效果之明显给人很多的启示。下面从四个方面谈谈自己的收获，以就教于大方之家。

一、选题有识

尽管有些同行因为作文教学的高耗低效而持有"不作为"的态度，但是作文在语文学科中的地位之举足轻重是毋庸置疑的。

我在为所主编的《中国好作文》系列图书撰写的"卷首语"中曾经说过这样的话："作文，从来就是语文科的半壁江山。业内有言：作文熟，语文足。可见作文地位之显耀。作文，从来就是语文人的纷争之地。见仁见智，歧见错出。可见作文说清道明之艰难。"

正因为此，鞠九兵老师选择作文，而且是各地高考作文命题中的热门样式——新材料作文进行教学，观照作文成败之基的审题立意问题，个中表现出其难能的见识与可贵的胆识。这"于我心有戚戚焉"。

特级教师王学东曾说："一个什么学段的学生都能写的作文题绝不是成功的高考作文题。只有在高考题中加重理性的色彩和思辨的色彩，才能将高考题与中考题、小考题区分开来。"他还说："材料作文因其限制性和多向性的统一可能会越来越受到命题者的青睐，作为考生，只有整体地、全面地阅读材料，仔细揣摩命题者的意图，才能做出正确的选择，找到准确的、合适的立意视角。"[①]

如此说来，作文—新材料作文—新材料作文的审题立意，当是有识之士共同关注的话题。鞠老师视新材料作文的审题立意为"关"，而且是"第一关"，引领学生一起寻找攻"关"策略，是很有价值的事情。

[①] 王学东. 让作文教学更高效——王学东写作教学手记[M]. 重庆：西南师范大学出版社，2013.

二、训练有序

作文教学的弊端太多,其一就是无序,教什么、怎么教都具有较大的随意性,而"有序,是科学的表现。当我们正视了大量的写作教学是在怎样的无序状态下运作,以致耗费了学生(当然也有教师)太多的时间而又收效甚微甚至磨灭了学生写作的热情与欲望的现实之后,我们会特别热切地期盼写作训练在有序的状态下进行,让科学的光芒照耀着我们写作训练的全程"①。

鞠老师在"开场白"部分这样交代:

同学们,在上一周的作文课上,我们开始涉及新材料作文的写作。在上一次课上,我们重点谈了在新材料作文当中,我们怎么去自选文体。从训练的结果来看,这次作文应该说写得比较成功。54%的同学的得分为80～89分,3%的同学达到了90分及以上。虽然我们初次涉及新材料作文的写作,但从大家的作文来看,在文体层面上大家已经基本掌握了。但是有些同学在立意方面有点问题,所以,今天我们的作文指导课就来谈谈这个话题——"新材料作文的第一关:立意关"。

熟悉新材料作文命题要求的教师都知道,在材料后面常常有这样的话语:"选好角度,确定立意,明确文体,自拟标题。"其中涉及立意("选好角度"是为立意服务的)、定体、拟题三个方面。作文训练中的"有序"有多个维度的表征,"分点落实,点点突破的训练是有序的""兼顾文体,写啥是啥的训练是有序的""兼顾样式,明晰区别的训练是有序的"②。

鞠老师采用"分点落实,点点突破"的训练策略,先易后难——从相对容易的文体入手,让学生在熟悉的文体与陌生的新材料作文的对接中走近新材料作文,在"明确文体"基本过关的前提下来"啃硬骨头"——审题立意。这样的训练是有序的。

三、启发有方

"高中作文教学中,我想当前最关键的问题,恐怕是如何构建'主动、

---

① ② 时鹏寿.高中生写作水平提升战略的思考与实践[J].语文教学通讯,2013(7).

互动、生动'的作文教学局面。主动，不仅要求让学生在作文教学过程中主动地学习、探究，而且意味着要重视学生写作思维方法的学习、思维品质和思维能力的发展……"这是特级教师缪爱明的思考。

鞠老师是启发学生的高手，他让学生真正主动地参与到学习、探究的过程中，从而学有所得。

他是遵循认知规律的。在教学过程中，比较多的时间花在了对历年高考作文题的解读上。在对2012年江苏省高考作文题、2012年全国高考作文题、2012年新课标全国高考作文题、2013年新课标全国高考作文题、2013年江苏省高考作文题进行解读后，鞠老师与学生有这样一段对话：

师：好了，我们看看，原先呈现出来的材料都是一种肯定的口吻，而随着时间的推移，高考作文题已经呈现出了一种推测、揣摩……由肯定型向推测型的过渡，体现了高考新材料作文的形态在向什么方向过渡呢？

生：原来肯定，现在推测，由考生自己来推测作文题。

师：慈母对在外的游子怀有无限的爱，这是肯定的，不容置疑的。但是这则材料中所写的蝴蝶是不是因为人的打扰、蜡烛的光亮而改变了居住习惯呢？这里仅仅是一种推测而已。这说明了什么？材料由肯定向推测的过渡让我们想到了什么？

生：从多种角度来思考问题。

师：说得很好！既然是由材料引申出来的推测，那我们选择的空间、写作的角度是不是就进一步扩大了？这就说明高考作文慢慢呈现出开放性、多角度性。

随后，鞠老师和学生一起回顾2006年全国卷Ⅰ高考作文题，帮助学生强化"过去的材料可能聚焦性更强，而现在的材料多角度性更强。过去的材料都是单义的、单向的，而现在的材料都是多义的、多角度的"的意识，从而为学生从思想上"减压"：其实，在新材料作文的写作中，选择的余地很大，发挥的空间也很大。

四、指导有效

行文至此，想起曾经读过的一段文字："一个缺乏智力因素或者没有反应的课堂不会有利于信息与知识的获取，只能算是机械学习。无法胜任本学科教学或者说教学工作超出其能力范围的教师，以及那些在教学中耍小聪明的教师，他们都有辱教学的理念，而且显然他们的行为都不符合道德标准。"① 思绪再从这里飘荡开去，我以为，在本节课中学生是幸福的，因为他们遇到的是一位"符合道德标准"，而且专业精湛的教师。他用高尚的师德、超拔同侪的教学智慧给学生以有效的指导。

教学全程中都可以看出，鞠老师的方法意识很强：

"材料中的关键词，就是你写作文的话题。"

"提示一下，不管什么材料，应该说出写了谁，发生了什么事，产生了什么结果，说明了什么，你要把这几个问题回答清楚。"

"请同学们记住，对于一则材料，要学会从不同的角度来构思立意！"

诸如此类的话语，在这节课上不时可以听到。经过对多则材料的感知、剖析后，这样的理性认识会给学生留下深刻的印象，进而转化为学生的写作能力。这样的指导当然是有效的。

希望鞠老师将新材料作文的写作指导继续进行下去，用智慧指导学生攻克新材料作文写作的一个个难关，进而让他们进入写作的"自由王国"。

（见《智性语文——让课堂变得智慧而灵动》鞠九兵著，河海大学出版社，2015年，有删改）

---

① （美）古德莱德，索德，斯罗特尼克. 提升教师的教育境界：教学的道德尺度 [M]. 汪菊译. 北京：教育科学出版社，2012.

恰当选用叙述的角度

——"高中记叙文写作策略性知识研究"教学实录及解析

江苏省如皋市教师发展中心　杜新建

名师名片

杜新建，江苏如皋人，教育硕士，如皋市教育局教研室高中语文教研员，南通市学科带头人，江苏省"333高层次人才培养工程"培养对象，"雉水名师"鞠九兵工作室学员。江苏省高中语文青年教师基本功大赛一等奖获得者，主持或作为核心成员参加过多项省级课题的研究，近年来在各级教育教学类杂志上发表论文20多篇。

开课背景

2015年6月23日下午，为了响应全国"一师一优课，一课一名师"活动，杜新建老师借如皋市第一中学"绿色东皋"课程基地的录播教室，执教了这节课。

教学实录

师：上课，同学们好！

生：老师好！

师：请坐下！同学们，今天我们学习"恰当选用叙述的角度"。我们知道，叙述角度分为"全知视角"和"有限视角"。不同的叙述角度会让我们有"远近高低各不同"的感觉，而变化叙述角度又会让我们有"柳暗花明又一村"之感。

师：叙述角度不同，表达效果就会不同。我们首先结合《最后的常春藤叶》来说吧。同学们回想一下，《最后的常春藤叶》选用的是第几人称呢？

生（齐）：第三。

师：它选用的是——

生（齐）："全知视角"。

师：选用"全知视角"有什么好处呢？谁来说一说？

（生沉默。）

师：好像有点儿困难。实际上，"全知视角"就是把所有的内容都呈现给读者看。我们换个角度，在学习这篇文章的时候，我曾经让大家用第一人称"琼珊"来改写。这样改写有什么好处？

生：这样改写可以增强事情的亲历性。

师：使事情更具真实感，同时可以对琼珊的内心——

生：进行描摹。

师：作者对人物的内心进行描摹，读者就可以了解得更透彻，更真切。如果用第一人称来写的话，我们就可以对琼珊面对生命即将消逝时的那种无助心理了解得更真切。我们接着往下想，如果用第一人称（琼珊）来叙述故事的话，文章里似乎有些内容就可以去掉了。想一想，哪些可以去掉？

生：苏艾和老贝尔曼、苏艾和医生之间的对话，因为琼珊是看不见的。

师：对，这采用的是什么叙述角度？

生（齐）："有限视角"。

师：也就是说如果以琼珊的视角来写，必须根据琼珊的所见所闻来写。而作者没有这样做，他用了"全知视角"，这样就可以把与这个事件有关的内容全部呈现给我们看。尽管欧·亨利选用的是"全知视角"，但小说中似乎隐去了一部分内容。这部分内容为小说的结尾带来了意想不到的效果。我们称之为——

生（齐）："欧·亨利式"结尾。

师：其特点是——

生（齐）：情理之中，意料之外。

师：那么小说行文中隐去的是什么内容？

生：贝尔曼画叶子。

师：如果把这部分内容加进去，你觉得怎么样？

生：加进去之后就没有结尾的艺术效果了。

师：欧·亨利在采用"全知视角"的时候，有意隐去了一些内容，也就是说他是将"全知视角"和"有限视角"交替使用的。当然，我们这里无意于在概念上兜圈子，我们还是回到人称上来说吧。刚才我们说的是第三人称，接下来我们思考第二人称。同学们在写作的时候应该接触过第二人称吧？第二人称有什么作用？

生（齐）：抒情性很强。

师：通常用于什么体裁的文章？

生（齐）：书信、诗歌。

师：在小说创作中，第二人称很难使用，所以，以第二人称来写的小说作品很少，接下来我们再来想一想第一人称。现代有一位作家，鲁迅，他在作品中喜欢用第一人称"我"。我们看一下他的三部作品：《孔乙己》《一件小事》《社戏》。回忆一下，《孔乙己》中的"我"是一个什么身份？

生（齐）：一个小伙计。

师：《一件小事》中的"我"是干什么的？

生（齐）：坐车的，雇了一辆人力车。

师：发生了什么事？

生（齐）：撞了一位老人。

师：社戏中的"我"是谁？

生（齐）：迅哥儿。

师：是一个十三四岁的少年。大家思考一下，这三部作品中的"我"跟作者有没有什么区别呢？

生：在《社戏》和《一件小事》这两篇小说中，"我"是约等于作者本身的，而《孔乙己》中的"我"是小伙计，不是作者本身。

师：你说得非常好。在《孔乙己》中，"我"是一个小伙计，这显然不是作者。而在另外两篇小说中，"我"则约等于作者。我们不能忘记，小说有个特点，它是虚构的，尽管我们可以从中看到作者生活的影子，尤其像《社戏》，母亲回娘家省亲，这里有作者生活的影子。我们再思考一下，"我"，是旁观者、亲历者，还是推动者？在《孔乙己》当中，"我"是什么人？

生（齐）：旁观者。

师：也可以说是亲历者。由此，我们可以知道，用第一人称"我"来写可以使事情更真实，可信度更高。但这里很特别的是，这里的"我"是一个小伙计。《一件小事》中的"我"，是一个什么人？

生（齐）：是一个亲历者。

师：作者在亲历事件的过程中，着重来表现车夫的善良、伟大和自己的渺小。在《社戏》中，"我"既是一个亲历者，又是一个推动者。观看社戏是在什么时候？在夜里。为什么会在夜里去看社戏呢？因为我白天没有去得了，所以"我"成了事件的推动者。

师：我们刚才知道，选用第一人称"我"，有着作者独特的用意。从《一件小事》和《社戏》这两部作品中我们明显感觉到，这是为了增强事件的可信度。那么，选用小伙计的视角来写孔乙己，是不是仅仅为了增强可信度呢？同学们在学习《孔乙己》这篇小说的时候，有没有思考过呢？

（生讨论。）

生：因为这个小伙计跟老板、客人等各种人都有接触。

师：嗯，他是一个比较好的"交集"。

生：一个店里的小伙计，本身的地位就是比较低微的，连他都瞧不起孔乙己，可见孔乙己不被重视，也可以表现出世态炎凉。

师：你是从孔乙己与小伙计的地位的角度来思考的，很有见地。老师课前找了一段话，来讲述鲁迅这样写的目的。话是钱理群说的，钱理群是北京大学的资深教授、研究鲁迅的专家。我们请一位同学来读一下这段话。

生：在鲁迅看来，在中国这个一切都"戏剧化""游戏化"的国度里，"人"不是充当"看客"，就是"被人看"……鲁迅的关注从来都是双重的，把"被看"者与"看客"同时纳入他的艺术视野……"小伙计"正是再恰当不过的"叙述者"（观察点）：一方面，他是酒店中人，"孔乙己"

（被看者）与"酒客、掌柜"（看客）这两类人的一言一行都"尽收眼底"；另一方面，他的地位与身份决定了他不仅与"孔乙己"，而且与"酒客、掌柜"都有一定距离，他可以以一个"旁观者"的身份，同时观察与讲述（描写）"孔乙己"的可悲与可笑，"看客"（酒客、掌柜）的麻木与残酷，形成一个"看""被看/看"的模式，并在这一模式中同时展开"知识者"与"群众"的双重悲喜剧。

——钱理群《〈孔乙己〉"叙述者"的选择》

师：同学们，看了这段话，我们对鲁迅为什么用小伙计作为观察人物有了更多的了解。当然，在这里，钱理群更多的是从叙述的角度来考虑的，其实我们也可以更加真切地感受到鲁迅对国民性的关注。

师：刚才我们讨论的是三种人称不同的叙述角度分别有怎样的写作目的与效果。那么小说的创作对我们的记叙文写作有怎样的启示呢？请同学们思考、讨论一下。

（生讨论。）

生：如果将"全知视角"和"有限视角"相结合，可能会有更好的效果，可以使文章结构更加立体，内容更加丰富。例如，《祝福》中以"我"开头，中间叙述祥林嫂的人生经历，结尾再回到"我"的感慨。

师：不错，就是将不同的叙述角度综合运用到一篇文章中。

生：我们可以根据写作目的来确定写作人称。比如，"我看见他怎么样""他怎么样""我怎么样"，这三种表达方式各自形成了不同的效果。我们可以根据需求来确定使用哪些方式来表达。比如，我们想增强抒情性，就可以用第二人称来表达。

师：那其他呢？第一人称呢？

生：可以增强亲历性和真实性。

师：那第三人称呢？

生：第三人称……

师：这个问题好像有点困难，你先坐下，我们等会儿再说。还有其他同学有自己的想法吗？（生沉默）比如，我们可以从写作目的的角度来思考。

师：要想突出事件的可信度，可以选择第一人称"有限视角"；要想营造事件的抒情味儿，可以选择第二人称"全知视角"或"有限视角"；要想扩大事件的涉及面，可以选择第三人称"全知视角"。

师：对这一点，我再做一个解释。进行小说创作的时候，作者接触到的是丰富的社会生活，而对于我们高中生而言，生活的圈子相对狭窄，要想扩大记叙文写作的素材面，我们就可以选择第三人称"全知视角"。我们甚至可以思接千载，视通万里，如《昭君的选择》《〈小重山〉后的选择》等，把历史人物纳入写作中。如果我们将生活中的一些素材，变化一下叙述角度，也会有意想不到的效果。同学们经常喜欢写的是"我"考试失利了，是吧？这样的素材很常见。但如果我们站在一个置身事外的角度，以第三人称来叙述"他"在考试失利后的种种表现，可能效果就不一样了。我们甚至可以用第一人称，如把第一人称设定为母亲、老师，通过母亲、老师来看一个孩子考试失利后的心情，这样处理，同样的写作素材，写作效果会如何？明显不一样，让读者感觉很有意思。

师：另外，我们可以综合运用第一、第二、第三人称。第一人称可以是旁观者、亲历者、推动者。第三人称"全知视角"我们可以不全景式展示，如《最后的常春藤叶》一样。

师：同学们，刚才我们讨论的是小说创作对记叙文写作的启示。接下来，我们尝试运用刚才所学的叙述角度的相关知识进行写作实践。

师：热闹的大街上，一位老者驻足路边，谛听院内的孩子拉二胡。请同学们发挥想象力，拟写一个记叙文的写作提纲，注意，与以往拟提纲不一样的是，我们要说明本提纲选择的叙述角度是什么，你想达到怎样的写作目的和写作效果。

师：好，下面请同学们思考、讨论一下。

（生讨论。）

师：哪一组来展示。

生：我拟的作文题目是《心的皈依》，我选择的是第三人称"全知视角"。文章的主人公是陶渊明。我之所以想到这个题目，是因为《昭君的选择》这篇文章。大家一般都把陶渊明的相关内容用于议论文素材，通过今天这堂课，我感觉陶渊明的相关内容也可以用来写记叙文，于是列了这个提纲。

开头：仕途坎坷的他再遭左迁，贬谪途中经过一个学堂，二胡声朗朗。

起因：由于谏言直率，伤及皇上尊严，又加上小人陷害，惹得龙颜大怒，皇上下令将其贬至边远地区。

发展：热闹的大街与内心的落寞形成对比。飘来的音乐声惊颤了他的心。

高潮：听到孩子们的二胡声后，内心发生转变，不再为官场名利所迫，归于大自然的怀抱，归于淡然。

结局："采菊东篱下，悠然见南山"的田园生活，心灵的满足和充实。

师：我要为你点个赞。大家觉得这个设计怎么样？

生（齐）：好。

师：好在哪里？

生：内涵比较深刻，通过描写陶渊明的遭遇和经历来表现他超然物外的心境。但是也有不好的地方，这篇文章有些不合史实。

师：哪里不合史实？

生：首先，陶渊明并没有被左迁，他是有才，不愿为官，而不是被贬谪，他也没有机会见到皇上。

师：是的。这个提纲最大的亮点就是把通常作为议论文写作素材的陶渊明变成了记叙文素材，而且选用的是第三人称"全知视角"。这样，我们就可以把与陶渊明有关的事情全部展现出来。但是诚如点评的同学所说，陶渊明一生做官时间很短，而且都是一些低级的官吏，他是没有多少机会见到皇上的。所以我们在选用这类素材的时候，一定要注意符合史实。好，还有同学展示吗？

生：我们组用的是第三人称"全知视角"。我们组设定了两个人物：第一个人物是一个小孩，他多次参加二胡等级考试，都没能通过，十分失意，通过拉二胡来排解烦躁；第二个人物是一位喜欢拉二胡的老者，一场耳疾之后不拉二胡了。

开端：有一位老人似懂非懂地驻足门外听院内的孩子拉二胡，似乎陶醉其中，很精通的样子。

发展：老人每天都来聆听这个小孩拉二胡，且微微颔首，孩子受到鼓励，动力十足，立志要在音乐界有所建树。

结局：十年后，孩子学成归来，受到邀请回乡举办一场音乐会，他通过多重关系找到当年那位老人，发现他是个聋子。

师：大家感觉怎么样啊？好像有点像欧·亨利的小说是吧？谁来点评？

生：老者耳聋，但是作者在开头没说，这便为结尾埋下了伏笔。最后的结局让人惊讶。通过老者的赞扬和鼓励，这个孩子成功了，体现出了欣赏能让人变得自信，但是中间的叙述有一点乱。

师：那你觉得这篇文章的第三人称"全知视角"选得好不好？

生：感觉不太好。

师：那你觉得这个素材用什么叙述角度会比较好？

（生沉默。）

师：好，你先坐下。我们再来听一听原创者怎么看。

（生回答。）

师：你们是模仿《最后的常春藤叶》来写的，对吧？好，请坐下。

师：这也是一种写作的方法。但是我想提醒大家注意一下，背景之中说老者在一场耳疾之后不拉二胡了。这个内容在开头能不能写？（不能）可以把它放到哪里去写？（放到最后）但是他们有一个做得很好的地方，就是在开端用了"似懂非懂"这个词。当然，这要看我们怎样去写了。

师：这篇文章采用的是"全知视角"，我们可以隐藏一些内容，为意料之外的结局做铺垫。要有所隐藏，要"犹抱琵琶半遮面"。好，还有谁来展示一下？

生：我们组拟的题目是《风雨不归路》，我们选用的是第一、第三人称相结合。

开头：（环境描写）喧闹的大街和晦涩、不流畅的二胡声形成对比。

一位老者驻足细听院内传出的二胡声，那个略显孤单的身影似乎与喧闹的大街格格不入。我有些疑惑老者为什么会沉醉于这并不动听的二胡声中，于是走上前去与老者攀谈。

中间：（用第三人称）原来他曾经是首屈一指的琴师，名震大江南北，他用的那把二胡是祖上传下来的，已传了几辈人，他的父亲临终前唯独念念不忘那把二胡，二胡传过了太平盛世，传过了战火纷飞。

日军侵略中华，他加入了地下党，为国效命。他创造性地发明了用二胡声传递情报的方法，为其他同志提供了许多情报。

后来日军发现了他，将刀架在他的脖子上，他为了保护自己的同志，把二胡摔在了地上。

后来，他去了台湾，两岸"三通"后，他终于成功返回大陆。

结尾：时隔多年，在大陆又听到了二胡声，虽然很晦涩，但是让他回想起了往事，不由地长叹一声。

师：在这个历经沧桑、坎坷的老人身上可以体现中华民族的凝聚力。这篇文章可以以小见大，将立意上升到一个新高度。哪位同学来点评一下？

生：我觉得这篇文章的设计挺好的。此文以小见大，内容很有深度，用二胡声把整个情节串了起来。

师：那你觉得这篇文章的叙述角度选得怎么样？

生：开头用第一人称，后面又转换成第三人称。

师：这样的话，文章有一些变化，是吧？同学们有没发现，作者可能比较喜欢看谍战片。

师：老师认为，提纲拟得很好，内容很丰富。写的时候要注意一点，如果我们要将第一人称和第三人称穿插来写的话，以第三人称叙述的内容情节不能太丰富，我估计这位同学想模仿《祝福》来写，是吧？但我们要注意一点，小说可以写到一万字、两万字、十万字甚至更多，而记叙文的篇幅一般较短。当然，我也鼓励同学们去写小说。好的，谢谢这位同学。还有要展示的吗？

生：我拟的题目是《沉淀的岁月》，采用的是第三人称"全知视角"。

首先，我用倒叙的手法写前面三段。内容是祖国在20世纪60年代发生了三年自然灾害。

第一段，环境描写，主要描述环境的贫困，为下文做铺垫。

第二段，细节描写，老者年轻时，站着看儿子拉二胡的情景。

第三段，灾难发生时，他失去了儿子和妻子，家道中落。岁月是那么沧桑。

第四段，此时耳边响起了相同的声音，无奈同声不同人。

第五段，细节描写，先写老人的面部表情，再着重写其心理。

第六段，描写世界的喧嚣，而老人因思念亲人终身未娶，内心一片宁静。

第七段，环境描写，一片欣欣向荣，照应第一段。但赞赏这段岁月的沉淀，升华主旨。

师：这个提纲层次很清晰，也是用二胡作为岁月的见证。我想问一下，如果采用第三人称"全知视角"，那么我们写作的时候是用"他"，还是给人物起一个名字呢？

生："他"。

师：我们在真正行文的时候，要尽可能避免直接用"他"。应该给人物起一个名字，就像《最后的常春藤叶》中苏艾、琼珊一样。你们会给"他"起一个什么名字？

生（齐）：老王。

师：可以啊。也可以写成王老，对不对。同学们，课堂时间有限，我们今天无法全面展示了。刚才我们一起欣赏了一些同学列的提纲，让我们对"全知视角""有限视角"有了更加真切的认识。

师：老师想提醒大家注意，在写作的时候，既要大胆尝试综合运用多种叙述角度，又要保证叙述角度的清晰，如我们刚才讲的，不随便用"他"，而是给人物起一个名字。既要根据主题表达需要，又要联系自身写作的特长。同时，我们不仅要在写作技能上做文章，还要更好地思考生活，表现我们生活中的真善美，揭露我们生活中的假恶丑。

师：在以后记叙文写作构思的时候，我希望大家将这个环节加进去——选用角度，确定方式。如何选用，如何确定，刚才我们已经说得很清楚了。

师：最后，送给大家一句话，是白居易在《与元九书》中说的，我们来齐读一下。

生（齐）：感人心者，莫先乎情，莫始乎言，莫切乎声，莫深乎义。

师：也就是说，记叙文写作最讲究的是情。我们要追求真情实感，而不矫揉造作。我们既要恰当地选择叙述方式，也要追求真情实感，这才是我们学习今天这个课题的目的。今天的课我们就上到这里。下课！

> 教者反思

高中记叙文写作教学中要多一些策略性知识
——以学习"恰当选用叙述的角度"为例

记叙文是高中生写作的重要文体。在当前高中记叙文写作教学中,有些语文教师的指导并不高效。有些指导停留在感受层面,对写作知识关注得不够;有些指导关注写作知识,很少涉及策略性知识,指导的效率不高。

一、何为策略性知识

现代认知心理学认为,人类后天习得的能力可以用广义的知识解释。广义的知识可分为陈述性知识和程序性知识两大类,后者又可分为非策略性知识和策略性知识。陈述性知识主要说明事物"是什么",是用于区别、辨认事物的知识;非策略性知识指"怎么做"的知识;策略性知识是关于"如何学习、如何思考"的方法性知识。

如苏教版高中语文必修二第二专题后的写作指导"恰当选用叙述的角度"中,关于叙述角度的知识是陈述性知识,选择叙述角度是非策略性知识,在记叙文写作构思中如何根据写作要求恰当选用叙述角度、如何利用现有写作素材优化叙述角度,则属于策略性知识。

二、高中记叙文写作教学需引入策略性知识

1. 高中记叙文写作教学需变革学生的学习方式

有人指出,未来的文盲不是不识字的人,而是没有学会怎样学习的人。韩雪屏在《审视语文课程的知识基础》一文中指出:"在语文课程的建设中……应开拓方法论研究的新视野,以引进充分而又实用的语文学习方法和策略方面的知识,让学生真正'学会学习'。"当前语文课程改革中

学习方式的变革已成为关注的焦点，高中记叙文写作教学同样需要学习方式的变革。

策略性知识关注的是如何运用陈述性知识解决问题的过程，关注的是如何优化思维的过程。在高中记叙文写作教学中引入策略性知识，让学生学会在不断思考、不断总结中掌握技能，有助于学生学会自我优化、自我完善。如此也有别于传统的记叙文写作教学，可有利于去除写作教学模式化的弊病，避免出现千人一面的记叙文写作现象。

当前很多学生的记叙文写作都选择第一人称"有限视角"，原因在于他们对叙述角度没有自觉的选择意识。仅从陈述性知识角度了解叙述角度对写作的指导意义很有限，若从策略性知识的角度学习"恰当选用叙述的角度"，不仅能丰富学生对写作视角的认知，带领学生进一步挖掘写作素材的内涵，而且有利于学生形成优化叙述角度的意识。

2. 高中记叙文写作教学需关注学生的写作心理

美国著名认知心理学家唐纳德·A.诺曼曾说过："真奇怪，我们期望学生学习，却很少教他们如何学习。我们希望学生解决问题，却很少教他们解决问题的思维策略。"在高中记叙文写作教学中，一些语文教师只是传授学生一些知识，或评价写作成果，但对学生构思时的心理活动关注得不够。张广顺在《重视写作策略性知识的教学和研究》一文中指出："写作策略性知识是作文心理结构的重要组成部分，忽视写作策略性知识的存在，不仅会影响作文心理结构的完整，而且会制约作文心理和其他知识的获得、组织、保持与提取。"重视写作策略性知识可以使学生的写作心理疑惑及时得到解决，且有利于教师依据反馈信息及时调整教学策略。

从策略性知识的角度学习"恰当选用叙述的角度"，教师要依据学情设计教学，了解学生构思记叙文时的畏惧心理、无助心理、平庸心理。如此，不仅有利于学生掌握选择叙述角度的策略，并能促进学生记叙文写作构思能力的提高。

三、高中记叙文写作教学如何引入策略性知识

1. 构建陈述性知识是前提

（1）厘清写作知识。

策略性知识不是无源之水,其学习须建立在学习陈述性知识的基础上,否则优化思维过程就会落空。"写作策略性知识教学必须以学习构成策略性知识的概念和规则为出发点,以灵活运用有关概念和规则展开构思和修改活动为落脚点。"[①] 记叙文写作教学的效率低下,原因之一就是没有学习详备的陈述性知识,有些语文教师未认识到这一点。

学习"恰当选用叙述的角度",学生必须清楚何为"全知视角",何为"有限视角",尤其要理解"全知视角""有限视角"与人称的关系。第一人称叙述角度可分为主要人物叙事、次要人物叙事、观察者叙事等,第三人称叙述角度可分为全知叙事、参与叙事、客观叙事等。要理解不同叙述角度带来的不同艺术效果,还要了解单独利用某种叙述角度和综合利用不同叙述角度的艺术效果。

对于第一人称的理解,可引用夏丏尊、叶圣陶《文话七十二讲》中的说法:"以第一人称为立脚点的文章,作者是从'我'出发的,作者处处把自己露出在文章里。日记、自叙传等写自己的情形的文章固然是从第一人称立脚点写作的,别的种类的文章也可有第一人称的写法。写别人的情形,只要那情形是自己经历过的,不论直接或间接经验,都可从第一人称的立脚点来写。"也就是说作文中的"我"可以是真实的"我",也可以是千年以前的英雄或路人甲。从这个意义上说,第一人称即便是"有限视角",构思时也有拓展时空的可能。

对于第三人称的理解,可引用夏丏尊《文章作法》中的说法:"原来在第三人称的小说作者的立点有三:一是全知的视点,二是限制的视点,三是纯客观的视点。在全知的视点中,作者好似全知全能的神,从天上注视下界,作品中一切人物的内心秘密无不知道。……限制的视点,是把全知的视点缩小范围,只在作品中一人物上,行使其全知的权利,凡借了作

---

① 何更生. 写作策略性知识教学的实验研究［J］. 心理科学,2002 (1).

品中一人物（主人公）而叙述一切者皆是。纯客观的视点范围更狭，作者绝不自认有全知的权利，对于作品中人物但取客观的态度而已。"

总之，语文教师要让学生理解叙述的角度究竟为何物——"谁说故事""站在什么立足点上说故事"为叙述的角度。也就是说，记叙文要明确作者的叙述的角度、人物（主人公）的叙述的角度。

（2）用好作品范例。

为具体理解第一人称"我"，可引导学生体会《孔乙己》《社戏》《一件小事》中的"我"的异同。《孔乙己》中"我"以不谙世事的酒店小伙计的口吻，不动声色地讲述孔乙己的凄惨遭遇，貌似平淡，实则蕴含深沉的批判力量。"'我'不是小说主人公或主要当事人，也没直接参与事件，只从旁观者或目击者的角度叙述故事；'我'的所知范围受其视野局限，叙述中也带浓厚主观色彩。"① 小说中"我"的情感与作者的情感不一致，"我"是旁观者，"我"不等于作者。《一件小事》中的"我"从车夫的行为中深深感到他的伟大及自己的渺小，"我"是亲历者，"我"约等于作者。《社戏》中的"我"是一个十三四岁孩子，是看社戏的亲历者，也是推动者，推动了情节的发展，"我"约等于作者。鲁迅小说中的"我"各有特点，如此体会可让学生体会第一人称的种种妙处。

为具体理解几种叙述角度的综合运用，可结合《红楼梦》体会。对《红楼梦》中黛玉进贾府时的情形，"分别从三个不同的视角来描写：第一个视角出自众人……第二个视角出自王熙凤……第三个视角出自宝玉……从三个不同的视角，林黛玉从总体轮廓到外部特征，再到内在气质都有详尽的描绘"②。

教学中还可将高考优秀作文作为范例，无论是 2001 年的《赤兔之死》、2002 年的《〈小重山〉后的选择》、2003 年的《宝钗鸣冤》，还是 2005 年的《昭君出塞》、2015 年的《庄子的智慧》，都可用来引导当前处于寻常巷陌的学生触碰千年以前的"风流人物"，让学生对叙述的角度有更直观的认识。

2. 建立心理图式是关键

掌握陈述性知识是学习策略性知识的前提，但其仅是前提。韩雪屏在

---

① 李庆信. 论鲁迅小说的叙述角度［J］. 四川大学学报（哲学社会科学版），1990（1）.
② 李贵兰. 简析小说叙述角度——叙述者和视角［J］. 当代小说（下），2011（2）.

《审视语文课程的知识基础》一文中指出:"语文课程和教学的最终目的并不是让学生掌握这些已经组装好的静态知识,而是让学生形成运用这些知识的言语交际能力。"正如英国语言学家 S. 皮特·科德在《应用语言学导论》中所说:"我们应当做的是教人们一种语言,而不是教给他们关于语言的知识……我们要培养的是使用语言的人而不是语言学家,是能'用这种语言讲话'的人而不是'谈论这种语言'的人。"

(1) 建立思维模型。

当代认知心理学认为,策略性知识的教学关键之一是帮助学生建立心理图式。"图式可以使主体对同一类的各种事物或不同状态下的同一事物恰当而又经济地发生作用,从而缩短反应的时间和节省做出反应所需要的精力。"① 只有通过知识的学习、实践的尝试,最终建立起心理图式,学习才算成功。在高中记叙文写作教学中,心理图式可理解为思维模型。

平时备课时,我们常说"吃透两头",实际上主要精力花在吃透教材上,而很少注意知识在学生头脑中是如何表征和组织的,也就是忽视对学生头脑中认知结构的研究。学习"恰当选用叙述的角度",要建立起一个有效的思维模型,让学生头脑中有清晰的认知结构。

我在教学实践中和学生共同思考,建立了一个思维模型,如下图:

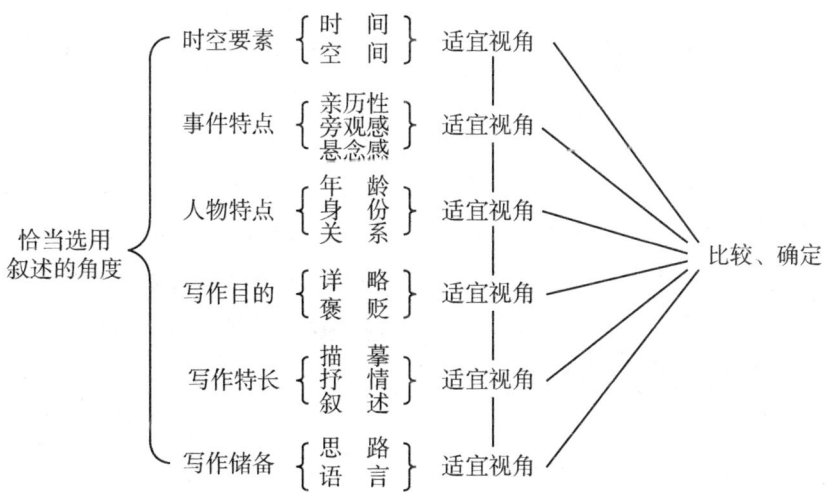

---

① 石向实. 论皮亚杰的图式理论 [J]. 内蒙古社会科学,1994 (3).

图中列举出的时空要素、事件特点、人物特点、写作目的、写作特长、写作储备与学生选择叙述的角度密切相关。时空要素中的时间（现在、过去）与空间（身边、遥远之处），事件特点中的亲历性（亲身经历）、旁观感（旁观者视角）、悬念感（事件的出乎意料），人物特点中的年龄（高中生、成年人或其他）、身份（社会角色）、关系（与作者的关系），写作目的中的详略（详细突出人物、事件的某一点）、褒贬（赞扬或批判人物、事件、现象的某一点），写作特长中的描摹、抒情、叙述（作者擅长的表达方式），写作储备中的思路（作者擅长的记叙文写作思路或与写作素材相匹配的思路）、语言（作者的语言风格），对确定叙述的角度有着决定性的作用。这个思维模型不仅考虑记叙文写作构思的一般特点，而且兼顾学生写作基本素质的个性特点，让学生在写作中展现出自己的最好水平。列出诸多要素的目的是提醒学生：构思需要全面考虑，以选择最恰当的叙述的角度，让学生对让作者说什么、让人物说什么、怎样说最恰当、怎样说才能达到作者预期的写作目的等问题了然于胸。

（2）强化写作训练。

思维模型是否具有可操作性需要通过写作实践证明。在教学中，我曾进行过一次写作训练，提供了一则写作素材：热闹的大街上，一位老者驻足路边，谛听院内的孩子拉二胡。让学生设计写作提纲，自行选择叙述的角度。

有学生如此设计：选择第三人称"全知视角"，设定两个人物，第一个人物是一个小孩，多次参加二胡等级考试，都没能通过，十分失意，通过拉二胡来排解烦躁；第二个人物是一位喜欢拉二胡的老者，一场耳疾之后不拉二胡了。一位老人似懂非懂地驻足门外，陶醉于孩子的二胡声中，他每天都来聆听，且微微颔首，孩子从中受到鼓励，立志要在音乐界有所建树。十年后，孩子学成归来，受到邀请回乡举办一场音乐会，他通过多重关系找到当年那位老人，发现他是个聋子。

还有这样的设计：选择第三人称"全知视角"，文章的主人公为陶渊明。一天，他经过一个学堂，学堂内飘来的二胡声惊颤了他的心，让他想起了家乡的草堂，想起了曾经的生活，于是他不想再为官场名利所迫，所以弃官归隐，回归大自然的怀抱，享受"采菊东篱下，悠然见南山"的田园生活。

我在教学实践中深深感受到,当学生叙述角度方面的思维完全打开后,他们"思接千载,视通万里"的认知视野、他们灵动活泼的情感思路在记叙文写作中得到了充分的展现。

需要指出的是,策略性知识的学习需要通过变式训练不断加强。如此方能使思维模型得到个性化的落实,使每个学生的思维得到真正的发展和完善。

3. 有效的自我调节是保障

(1) 及时总结提炼。

策略性知识的学习不是一蹴而就的,"在学习和思考时,头脑中的注意力要在高层的策略性知识与低层的描述性知识及程序知识之间不断来回转换,不仅要意识到自己的加工材料,而且要意识到自己的加工过程和加工方法(元认知),不断反省自己的策略是否恰当,优化自己的加工过程"①。

学习"恰当选用叙述的角度",在学好陈述性知识、完成写作实践后,语文教师要引导学生总结个人的学习体会,提炼属于自己的策略性知识,以便在今后的写作实践中继续使用。

我在课堂中引导学生总结提炼。关于人称,从写作目的角度可如此选择:要想突出事件的可信度,可以选择第一人称"有限视角";要想营造事件的抒情味儿,可以选择第二人称"全知视角"或"有限视角";要想扩大事件的涉及面,可以选择第三人称"全知视角"。从写作效果角度可如此选择:可综合运用第一、第二、第三人称;选择第一人称"有限视角",可从旁观者、亲历者、推动者等角度来表达;选择第三人称"全知视角",可不全景式表现生活。

教师提醒学生总结提炼时需要注意:高中记叙文与小说既有相同之处,也有不同之处。高中记叙文与小说均以记叙、描写为主要表达方式,

---

① 张庆林.《当代认知心理学在教学中的应用——如何教学生学会学习和思维》[M]. 重庆:西南师范大学出版社,1995.

以表现真善美、揭露假恶丑为写作目的,展现作者认识世界、社会、生活的能力。但记叙文通常篇幅较短,而小说篇幅可长可短;记叙文强调真情实感,小说可完全虚构。所以,尽管高中记叙文写作需要有创作意识,但只能做适度加工,不能胡编乱造。同时,限于篇幅,一篇作文中的叙述角度不宜多变。在教学中,我提醒学生:既要大胆尝试综合运用多种叙述角度,又要保证叙述角度的清晰;既要根据主题表达需要,又要联系自身写作的特长;既要研究思考写作技能,又要深刻体会丰富的生活。

(2) 及时自我反思。

当今认知心理学强调"自我调节"学习的重要,学生应使用各种认知和元认知策略来控制和调节自己的学习。策略性知识的教学,需引导学生利用元认知,在学习、思维过程中学会自我反思。尤其是对所学知识的运用,需引导学生通过对学习内容、学习态度、学习成果的反思加深认知,自主调节学习的进程,主动积极推进学习的阶段。

学习"恰当选用叙述的角度"前,教师要启动情意系统,使学生得到学习的动力支持。如通过赏析经典名著中的优美片段、对写作素材做叙述角度优化的示范性片段,激发学生的学习兴趣。学习过程中,我注重引导学生监控自己学习活动的进展,让学生结合自己的写作储备反思叙述角度的运用。每次写作实践结束后,教师都要注重引导学生对自己的构思过程、写作效果加以评价,反思叙述角度的运用情况,为今后的记叙文写作提供有益的经验、可行的策略。同时提醒学生要从记叙文写作构思的整体来审视叙述角度的选择,要将此策略性知识的学习融进整个构思过程中。在记叙文写作构思中要建立这样的思维流程:选定素材—明确主题—选择人称—确定方式—拟定提纲—预估效果—回扣主题—修改完善。如此坚持,学生关于记叙文写作构思的思维品质才能得到提升。

教师在提醒学生及时自我反思时要走近学生,帮助学生解决心理疑惑。如在本课教学中,对心理图式的理解应用,要先了解学生的写作功底,对理解能力相对较弱的学生给予更详尽的帮助,要让学生对时空要素、事件特点、人物特点、写作目的等有非常清晰的认识,要启发他们了解自己的"相对"写作特长,激发他们增强写作的储备意识,促使他们熟练运用心理图式,构思出合理运用叙述角度的记叙文。对理解能力相对较强的学生，要鼓励他们进一步拓展思维，构思出巧妙运用叙述角度的记叙文。

时师观课

这节课的教学内容是苏教版语文必修二的写作指导"恰当选用叙述的角度"。

杜新建老师基于日常写作中"学生常常忽略不同的叙述角度而只是习惯性地使用第一人称，使得情节设计比较呆板、主题表达比较狭窄"的现状，试图借助小说创作的技法为记叙文的写作服务。这是从教学实际出发的选题，很有现实意义。

一、教学视野开阔，教学内容丰富

杜老师从学生熟悉的语文教材中的《最后的常春藤叶》《孔乙己》《社戏》《一件小事》等经典作品入手，分析它们的叙述角度，分析不同的叙述角度下的表达效果，帮助学生构建有关"叙述的角度"的知识；又引用钱理群分析鲁迅小说的"看"与"被看"的模式理论，并提到了学生熟悉的《昭君的选择》《〈小重山〉后的选择》等高考佳作，既有感性的体验，也有理性的提升。

二、讲授辅以训练，打造高效课堂

杜老师带领学生从写作目的角度来观照三种人称的优点：第一人称是"有限视角"，可以突出事件的可信度；第二人称是"全知视角"或"有限视角"，可以营造事件的抒情味儿；第三人称是"全知视角"，可以扩大事件的涉及面。杜老师在明确小说创作与记叙文写作不完全一致的基础上，启发学生思考小说叙述角度对记叙文写作的启示。为了让学生对小说创作与记叙文写作有更深入的认识，杜老师设计了一道写作题：热闹的大街上，一位老者驻足路边，谛听院内的孩子拉二胡。

杜老师让学生发挥想象力，拟写一个记叙文的写作提纲，并提醒学生注意，"与以往拟提纲不一样的是，我们要说明本提纲选择的叙述角度是什么，你想达到怎样的写作目的和写作效果"。

这个设计的指向性非常明确，也很切合本课的教学内容。从学生精彩纷呈的课堂展示来看，杜老师达成了本节课预设的教学目标，为我们呈现了高效的课堂。

研究这样的课堂，我们一定会受益良多。

四步讲评，提高学生写作能力

——"命题作文'柳暗花明'讲评课"教学设计及反思

江苏省如皋市第一中学　时鹏寿

开课背景

2008年11月，我主持的南通市重点（资助）课题"高中语文课堂教学机制的优化研究"接受例行的年检，在高二（5）班（文科实验班）执教了这节期中考试作文讲评课，旨在演示"正反实例展示—点拨提升—范文引路—评改后记或者复作"的四步作文讲评教学模式。

教学设计

[教学目标]

（1）进一步强化审题意识，提升审题能力。

（2）能选择恰当的文体，写出"合体"的作文。

（3）了解"正反实例展示—点拨提升—范文引路—评改后记或者复作"的四步作文讲评教学模式。

（4）明了"柳暗花明"所昭示的内蕴。

[教学重难点]

（1）提高审题能力。

（2）形成"合体"意识。

[教学过程]

一、课初例行演讲

演讲内容：对陆游《游山西村》的个性化解读

演讲人：朱艳蓉（按学号轮转到的，23号）

学生点评：有备而来。（此略）

教师评析：即兴而道。重点说宋诗的"理趣"。

朱熹："问渠那得清如许？为有源头活水来。"

王安石："不畏浮云遮望眼，只缘身在最高层。"

苏轼："不识庐山真面目，只缘身在此山中。"

苏轼："若言琴上有琴声，放在匣中何不鸣？若言声在指头上，何不于君指上听？"

……

二、导入讲评课

从古典诗词中取材是作文命题常用的方法。对于此次期中联考的作文题，命题老师就是从陆游的诗歌中取意而得的。

题目如下：

请以"柳暗花明"为题，写一篇不少于800字的文章。

要求：①角度自选；②立意自定；③除诗歌外，文体自选。

三、讲评

第一步：正反实例展示

【正例一】

柳暗花明

遥远的北宋，纸醉金迷的京城，一个落魄的书生孤独地走着。

他披头散发，衣冠不整，手提酒壶，口中念念有词："不中，不中……"

他没有像其他人一样，整顿衣裳，重新埋入书海，准备来年的科考。他望向远处的琼楼玉宇，回到家中，挥笔写下：

"黄金榜上，偶失龙头望……青春都一饷，忍把浮名，换了浅斟低唱。"

不满和不羁跃然纸上，一时间洛阳纸贵，这曲《鹤冲天》传遍京城，自然也飞进了皇上的耳朵。宋仁宗龙颜大怒，拍案而起："何人如此放肆？"周围大臣应声回答："京城柳永。"

"今年可曾参考?"

"回陛下，进士及第。"

"哼！且去浅斟低唱，何要浮名！"并且下令永不任用此人，取消其科考资格。

恶令传来，柳永只有茫然：怎么了？古之文人，谁不想仕途显赫，我要的是状元哪！我岂是池中小鱼，我的鸿鹄之志尚未施展，就此，结束了，一切都结束了……

"哈哈哈……"绝望的笑声盘旋在小楼的上空，"我是'奉旨填词柳三变'！就如此吧，就如此吧……"

从此，柳永更是心安理得地花天酒地，穿梭于词曲佳人之间，抛开一切的束缚，抛开凌云壮志，抛开名望和家世。将一切都抛开，只留下儿女情长。

"杨柳岸，晓风残月。"残月下，小河畔，垂柳旁，他牵住恋人的手，忍住辛酸的泪水，听不见船家的催促，听不见凡世的争名夺利，听不见俗人的功成名就。他只想将自己小小的爱情在恋人之间肆意蔓延，似乎什么都没有这个重要。

"独自莫凭栏，无限江山，别时容易见时难。"他独自承受；"衣带渐宽终不悔，为伊消得人憔悴，"他心甘情愿；"帘外雨潺潺，春意阑珊"，他陶醉其中……

"彤云收尽，别有瑶台琼榭。"雪后的云，弥散开来，看到远处辉煌的宫殿，他多想，多想珍惜自己啊！

他渐渐被时代淹没，但一曲曲美丽的词像一朵朵奇葩，绽放于文学的圣殿，永不凋谢。

柳暗花明，像早已预示的宿命，在那个瘦削的身影上被完美地诠释。

【简评】

人是熟悉的人，故事是熟悉的故事，经过作者的一番演绎，情景宛现，令读者有如身临其境。选择了"历史重现体"，似乎就握住了胜券；富有才情的叙写，让可能化为现实。平心而论，这确实是一篇构思巧妙的佳作！

【正例二】

柳暗花明

"山重水复疑无路,柳暗花明又一村。"咱县的广播网无远弗届,这不,驱车缓行在苏中水乡的江边堤岸,听到这两句最熟悉的诗,真是亲切极了。江堤两旁花红柳绿,今冬的家乡竟然是春意盎然,香溢四野。

夹在匆忙行走的人群中,不知去向何方。想起曾经有过的热望和理想,心里一片茫然。不甘心于村子里农家生活的轻松悠闲,那对于有志气没底气的我来说不啻为一种熬煎和折磨。常在朋友们兴趣正浓的时候突然莫名其妙地离开,在"她怎么啦"的疑问中、一声"对不起"后独自在一角发呆。困惑此时如蛇影般向我袭来。

我虽算不上抱负远大,但自认为多少有点奋斗精神。我的奋斗不完全是为了自己的前程。每每想起老妈那痛得变了形的手指关节,和那一拐一瘸走路的样子,我的心就像被撕裂般的揪扯着。

妈一生很苦,是千千万万个操劳着的母亲中的一个,不同的是妈能在那知识与经济一样贫穷的困境中送我求学的同时,也与我一同学习。妈有着颇高的智商,总是在我学会新课之前就能拿下我要读的课文。清晨五点妈就起床,拿着我的课本轻声而认真地读了起来,这声音如同军队起床的号声。我就是在这琅琅的读书声与小鸟、轻风和鸣的晨曲中一天天成长,直到走进重点中学的校门的。至今我仍有早起的习惯,妈妈的读书声已经在我的生物钟里成为永恒的定律。至今仍萦绕于耳边的是陆游的诗:"莫笑农家腊酒浑,丰年留客足鸡豚。山重水复疑无路,柳暗花明又一村。箫鼓追随春社近,衣冠简朴古风存。从今若许闲乘月,拄杖无时夜叩门。"记得当时妈还用铅笔给我画出"山重""柳暗"两句,抽背抽默自然是少不了的。背默的成绩优秀,妈奖励我荷包蛋。我曾戏仿了两句:"头晕眼花疑无路,油炸盐撒又一蛋。"

拳拳慈母心,让我就像幸福的小羊羔一样,无时不在思念着报哺之恩。总是想着自己成才了,工作了,有出息了,可以赚钱了,好好报答母亲的恩情。儿女小的时候妈妈能用母爱呵护我们,而当她老了的时候,我们做儿女的能够回报其万一吗?除了考试成绩,我一无所有。我总是暗下决心,用出色的成绩给妈一个惊喜。特别是当妈觉得"山重水复疑无路"

的时候，我就是她"柳暗花明"的"又一村"。

那一次，两县联考，我总分排班级第一，全年级第三。揣着奖状回家时，心里默背着"山重水复""柳暗花明"。可一进家门，妈见我较为消瘦，用双手捧着我的脸，拇指轻轻摩挲着，不觉眼泪滚出了眼眶，她低头掩饰着发红的眼圈，忙给我准备吃的去了。

此时，华灯初上，夜幕始张。我推开落地玻璃门，走到阳台上："妈，你快来看嘛，那下面的风景好漂亮啊！"小桥流水，杨柳拂堤，浓绿醉人。母女俩陶醉在这静美的夜色中。

"妈，还记得小时候你教我读过的一首诗吗？山重水复疑无路……"

妈轻声地吟了下去："柳暗花明又一村。"

夜色中，妈笑了，含着泪水笑了……透过泪光，妈妈的眼中叠映着我的奖状。

【简评】

本文写的是亲情，但贯串全文的线索是陆游的诗句，以线索为题是记叙文拟制文题的常用手法。作者的构思很注意细节，比如，为了使引诗有必然性，首段就交代了"我"家住在苏中水乡，"江堤两旁花红柳绿"，使"柳暗花明"与自然环境相吻合。妈妈与一般慈母的不同点在于，她敦促子女读书，不做空头教训，而是率先垂范。妈妈之劝学又善于及时奖励，"头晕眼花疑无路，油炸盐撒又一蛋"，于诙谐中体现了情感的真挚，增添了生活气息。

【反例一】

柳暗花明（记叙文）

4年前，小林考上了大学，虽然是一所不怎么出名的大学，但他成了村里的骄傲。他清楚地记得，一向节俭的父亲请了所有亲朋好友，摆上大鱼大肉，开了好几瓶"茅台"……

大学毕业后不久，他便在城里的政府部门找到了工作，虽然职位不高，但掌握着的钱倒不少。去城里的前一天晚上，小林的父亲在自家院子里摆上桌凳，倒上酒，静静地坐着，一杯接一杯地喝着，良久，抬起灌得通红的脸，似醉非醉地拍拍小林："孩子，能培养出个大学生来，我很高兴，我注定一辈子要面朝黄土背朝天，终于等到我儿子有出息了……

噢……可是我知道城里不比咱们这儿这么好生活，你千万要小心哪……"

工作没几个月，小林便和同事相处得十分融洽，他与生俱来的稳重踏实让周围的人感到舒服，可他总觉得有几双眼睛死死地盯着他，让他挺不自在的。

一天，小林正准备吃午饭，一个同事喊："小林，市长找你。"他着实吓了一跳，但还是顺从地进了市长办公室。

进门后，市长便拍拍沙发，让小林坐下，然后开口道："你是××大学毕业的吧，大学生懂的知识肯定多。"小林抓着衣角，不知道市长唱的是哪出戏。市长继续说道："'柳暗花明又一村'，这句话讲得好啊！可是这'花'也不是说'明'就'明'的，你得有人哪！我为什么能当市长？我有人呗。"小林满脸疑惑。市长道："说白了吧，我呢有些事儿要处理，你拨笔款下来吧。"小林猛地一惊，满脸通红，从牙缝里挤出几个字："可是，这……这钱是公家的。"市长嘴一咧："这孩子，我急用，周转一下，又没说不还，而且这事儿成了，我给你升职。"小林还想说什么，只听一声："好了，这事儿就这么定了，你去忙吧！"

小林没吃饭，愣了半天，其实市长也没什么不对，"柳暗花明"嘛，况且市长只是借，他是市长，能没钱还吗？于是这事儿也就这么成了，小林理所当然升了职。

后来，市长又找小林……

一天，小林开着刚买的车上班。刚到办公楼门口，一个穿蓝色制服的人把他铐走了，塞到警车里，他惊讶地看见市长也坐在里面，他突然什么都明白了……

他扭过头，朝市长说道："市长，'柳暗花明又一村'哪。"

市长叹了口气。

【简评】

这篇文章不妥当，主要问题有两个：一是立意不切合题旨；二是选用的题材陌生化，而且是负面的，市长与小林一同犯事的情节设计得不合常情。

【反例二】

柳暗花明（议论文）

山重水复疑无路，柳暗花明又一村。诗人在无数次的徘徊与探索后，最终找到了出路，迎来了春天。由此，我们可以得出，失败是获得成功的必要条件。

失败促使个人走向成功。著名的发明家爱迪生在经过一千多次的实验失败后，最终发明了人类历史上第一个电灯，从此把光明带进了漫长的黑夜中，也使爱迪生永垂科技史。科学家们总是在"柳暗花明"后获得成功，迎来春天。

失败促使企业走向辉煌。在美国佛罗里达州的一家小酒店，1年前还是生意兴隆，但经过1929年的经济危机后，酒店濒临破产，几乎没有多少人来这里消费。酒店里的雇员也只剩几个。这时，酒店老板面临着是卖掉酒店还是继续经营的选择。为了维持酒店的开支，他已负债累累。但他坚信自己一定会成功，并制订了相应的政策，自己既当员工又当老板，始终诚信经营，员工们也一起努力配合着。随着美国经济的复苏，这家酒店因诚信经营，吸引了大量的游客，最终成为美国十大豪华酒店之一。酒店老板也成为富豪。优秀的企业总是善于利用失败，促使成功，迎来"柳暗花明"。

失败促使国家走向富强。春秋争霸中，越王勾践卧薪尝胆的故事广为流传。越国被强大的吴国打败后，被迫俯首称臣。越王忍受住失败的耻辱，卧薪尝胆，用财宝、美色诱惑吴王，使他沉迷于享乐，而越国上下一心，发展生产，渐渐强大，最终灭了吴国，一雪前耻。失败使一个国家上下一心，最终走向富强。

由上述事例，我们可以看出：失败是获得成功的必要条件，没有一次次的失败，社会就不会进步，历史就不会发展，人们也就不会获得成功。

因此，我们要正确对待失败，积极对待失败，做好总结，不要畏惧失败。只有经历失败，进行不懈的探索，才能迎来"柳暗花明"。

【简评】

这篇文章最大的问题在于逻辑方面：说失败是获得成功的必要条件，只有经历失败，进行不懈的探索，才能迎来"柳暗花明"。这种观点显然是站不住脚的。

学生对四篇原生态（没有经过加工）的文章独立进行评析：先评分，并写出完整的评语；然后在小组内交流、讨论；最后由各组推举代表展示交流成果。

第二步：点拨提升

这一步体现着教师的引领作用，主要由教师讲授，而教师所站的高度直接决定了课堂教学的效度。

本课着重解决两个问题：一是审题，二是"合体"。其他问题一带而过。

（1）关于审题。

作文以审题为第一要务，否则很有可能陷入"下笔千言，离题万里"的困境。

文题出自陆游的《游山西村》的颔联："山重水复疑无路，柳暗花明又一村。"意为山峦重重叠叠，水道迂回曲折，正为前面没有路而犹疑逡巡，忽然柳树茂盛，山花鲜艳，又一个村庄出现在眼前。短短十四个字蕴含着生活的哲理：面对重重艰难险阻甚至是绝境，只要不退缩，不畏惧，敢于开拓前进，那么前方呈现给我们的将会是一个充满光明与希望的崭新境界。"柳暗花明又一村"被后人用于体现人生境遇的变化转折，成为千古名句，早已是"意出诗外"了。这两句诗广为人知，故审题时应当由"柳暗"句自然联想到上一句。换言之，文题本身隐含着"山重水复疑无路"句。

陆游的原诗中，"柳暗"与"花明"同是美好的境界，它们合起来与"山重水复"形成对比关系。但现在也有人望文生义，把"柳暗"和"花明"看作相互对立的。有人说，人生常常反复体验着在"柳暗"中寻找"花明"的苦与乐；有人说，失败离成功只有一步之遥，"柳暗"与"花明"近在咫尺；有人说，没有"柳暗"，也就无所谓"花明"；有人说，处于"花明"之境，应谨防"柳暗"之患。

（2）关于"合体"。

我们常说"写什么像什么""写什么是什么"，其实说的就是"合体"。虽然常常面对"文体不限"的写作要求，但是就某一篇文章而言，它只能是一种体裁。而任何体裁的文章都是有其自身的规定性的，如果不按照某一文体本身的内在规定性去行文，文章就有"不合体"之虞。

以此次作文命题而论，如果选写记叙文，最好能够体现由"山重水复"到"柳暗花明"的过程，侧重点宜放在"柳暗花明"上，当人们处于困窘之中时，忽然事态有了转机，产生了始料未及的惊人变化。还要注意，尽可能写出变化的原因。既然是命题作文，也可以把"柳暗花明又一村"这句诗作为全文的线索，贯串始终。行文时未必一定要有由"疑无路"到"又一村"的变化过程，这种变化不一定是外在情节上的，也可以是内在心理上、心灵上的。

如果选写写景抒情文，可以描述体现"山重水复疑无路，柳暗花明又一村"的意境，或者说，所描写的景致蕴含着类似于这联诗的哲理。意境相近的诗句有很多，如唐代王维《蓝田山石门精舍》中："遥爱云木秀，初疑路不同。安知清流转，偶与前山通。"北宋王安石《江上》中："青山缭绕疑无路，忽见千帆隐映来。"宋代强彦文也曾写过"远山初见疑无路，曲径徐行渐有村"的诗句。

如果写议论文，可以将这两句诗视为比喻，比喻看似已经无路可走，忽然之间又进入了一个新的天地、新的境界。我们在平时的学习中，有时会思路堵塞，不得其解，忽然灵感乍来，豁然开朗。议论文重在分析，"山重水复疑无路"的处境可能是客观情境的扑朔迷离，也可能是主观心态的犹疑不定，更多的则是二者兼有。由"山重水复"到"柳暗花明"的变化，可能是机缘巧合，但更多的是早就有促成变化的铺垫和准备。从理性角度看，任何突变都是有条件的，包含着主体的努力奋发，不可能全靠运气。"柳暗花明又一村"可以指告别了人生的一个不顺畅的阶段，迎来了另一个明媚的开始。生活也许就是这样，在遇到沟沟壑壑，似乎陷入绝境的时候，事情仿佛又出现了一丝转机，再坚持一下，黑暗过后就是光明，柳暗花明奔来眼底。但前提是你没有放弃，总是在不断努力。

当然，还可以选择书信体、日记体、访谈体、历史重现体、故事新编体等。

（3）存在的其他问题（略处理）。

① 结构。

记叙文的顺序。

议论文的逻辑。

写景抒情文的内在关联。

② 议论文的叙例。

堆砌材料——说服力。

大说特说——简练度。

纠缠名人——新鲜感。

第三步：范文引路

【示例一】

柳暗花明

陆游的诗句"山重水复疑无路，柳暗花明又一村"，前一句是讲被山叠水绕搞得近乎迷路，处境不怎么妙，后一句是讲发现了柳绿花红的新天地，心情突然为之开朗。可我以前一直把"柳暗"与"花明"误解为对立关系，那就将错就错吧。

我这人，性格不开朗，总是处于"柳暗"状态。没来由地，我总是在自怨自艾，总是在悲天悯人，总是在暗自神伤！我不知道自己在做什么，又是为什么，但我其实很清楚，如果自己总沉浸在这样的感伤中，永远只会郁郁寡欢，而难以拥有"花明"的心境。读了不少书，应该什么都能想得开，但是我真的看不开，这样的社会我留守的是什么。说出来不怕人笑话，我曾经想就这样死去。可是，我知道自己没有这个权利，因为我不是一个人，还有很多人我没有理由或没有资格去忽视。

痛苦是一种状态，大家都有，只是或多或少的问题，或者说看你能不能去排遣。我是真的无能为力了，我只是尝试着去遗忘，可是都快考大学了，我还是找不到考试的感觉，哪怕是痛感也好——我有的只是麻木。虽然不想做"考奴"，但是我知道高考于我的意义。我必须坚持，我必须挣扎，我所能争取的也就是在全班提升三到五个名次。如此低的自我要求，可还是失败了，一考就砸，我被屡考屡败弄得很颓唐。只有"柳暗"心境的我，总是本能地黯然神伤，灰头土脸地生活着。

其实考得不好的也并非我一个人，还有比我更惨的呢。可人家就能做到心情一片"花明"。我本没有必要在意那么多，可是，那不服输的个性总让我更加失败。有时候，我想找好朋友聊聊，让他们为我分担一部分"柳暗"心情，但话到嘴边，就不知道该表达什么了，只是觉得很压抑，有点抓狂。

我的"柳暗"心情，偶尔也溢于言表。中午吃饭时，我竟然没来由地向好友D君脱口说出"人生几度凄凉"！她接口道："你还不错，可以跟我话凄凉呀。还有更惨的，'无处话凄凉'呢。"我知道她指的是被大家怀疑患有自闭症的C君，C君家境贫困，父母感情不和，自己脸上还有一块茶杯口大的印记。

我突然觉得，有责任帮助C君，她比我还要"柳暗"，她比我更需要"花明"的心情。从那天起，我给自己制订了必须完成的硬指标：每天至少逗C君一乐。编造校园笑话也罢，夸张地自嘲也罢，将书上的幽默段子现炒现卖也罢，转手贩运刚从别人那儿听来的逸闻也罢，总之，十八般武艺全用上。你别说，还真有效，C君跟我的交流明显多了，跟其他人说话的次数也呈几何级增长。我从中享受到了一丝成就感，我觉得自己俨然是救苦救难、普度众生的观音大士。奇迹在于，D君说，她发现我皱眉头和叹气的次数少多了。

原来，"花明"的心情如同细胞的分裂、繁殖，当你给别人送去"花明"时，自己的心情也会一片明朗。原来，"花明"的心情是可以栽种的，不过你最好将它栽植于别人的心田上，用你的关爱去滋润它。只要我们勤于栽种"花明"，"柳暗"自会遁迹的，"又一村"就在前面等着我们。不信，你也试试。

【简评】

借助概念的自我定义，将灰暗的心境比作"柳暗"，将乐观开朗的心境比作"花明"，取得了写意抒怀的自由，设计很是巧妙。文章详写了"我"的心境由"柳暗"到"花明"的过程，转变理由充分，笔触细腻。D君的铺垫启发，C君的烘云托月，都是不可或缺的，可见逻辑线索的严密。末段的议论，富有哲理，不失为点睛之妙笔。

【示例二】

柳暗花明

日升几度，星落几何？看历史的车轮滚滚向前，大江滔滔东流。那一本厚厚的、泛黄的书页，在世人面前轻轻开合……

仕途的不顺并未阻碍他的风流，人生的逆境并未影响他的豪放。青莲居士，一个浪漫得飘逸的人，走来了。多舛的命运，坎坷的命运，他并未在意，借酒消愁不知愁滋味。"人生得意须尽欢，莫使金樽空对月。"他知道官场是不适合他的，于是便沉醉于自然，踏访名山大川。"西当太白有鸟道，可以横绝峨眉巅""黄河之水天上来，奔流到海不复回""飞流直下三千尺，疑是银河落九天"，众多华美绝伦的篇章诞生了，文坛为之震动，人送雅号"谪仙人"。既然文字的色彩可以让自己快乐，那又何必拘泥于名利，身陷浑浊呢？当政治抱负被现实逼上悬崖，另一条光明的文学路却铺展开来，帮助这位"诗仙"在另一领域问鼎人生的辉煌。

转折就在一刹那，拐一个弯，侧一下头，景色也就不一样了。有人说，上帝为你关了一扇门，同时就会为你留下一扇窗。这话不假，人不应该拘于一点，应该勇敢地向前再迈出几步。

难道不是这个道理吗？惠特曼的《草叶集》刚刚问世时，被认为是"史上最差的诗"。但是这个坚定的美国人没有被吓倒，而是认真修改自己的作品。几年后，当增补版的《草叶集》再次出版时，举世皆惊，这本诗册成为当时的畅销书，惠特曼也因而盛名远播。诗一定要符合世俗的标准吗？当灵动的文字打破了常规的束缚，当激越的情感氤氲在每个人心中，当全新的风格重组了每个人的思维，惠特曼成功了。他站在放弃与坚持的拐角，转向了坚持，选择了一条众人公认的死路，却看到了一个与众不同的崭新的世界。

时间缓缓地向前滑过，景象更替，无止无休，如昙花般绚烂，如焰火般妖娆。

忽然想起了郭敬明。他一直坚持"一半明媚一半忧伤"的写作风格，即使有人说这是做作，这样下去不会有更好的发展，他还是坚持着。他于柳暗花明处找到了自己的国度。香樟满街，飞鸟过天，芦苇遍地，蒿草漫坡，白雪漫天。所有潮湿而纯净的文字，将青春点缀成一场华丽的盛宴。十年后的今天，他依然是新生代的领军人物，是被《纽约时报》誉称的"最优秀的中国作家"。

山重水复疑无路，柳暗花明又一村。坚持走下去，无论看到的是星光、是流云、是瀑布，还是草原，自己都不会后悔。

历史是一个无法更改的标签，书写的结点，就是我们于转角处选择的村店。

【简评】

总是有不少人以为议论文往往长于理性的思辨而缺乏感性的张力，殊不知，议论文同样可以文采斐然。本文就是一个成功的范例。

中心的明确是昭然的，结构的严谨是昭然的，论证的有力也是昭然的，不说也罢。还是说说文章的语言吧：开篇总领全文，抒情性强，显得大气；三个典例的引入与议论笔墨迥异于一般的议论文而别具风采；结语紧扣题旨而又短隽有味。

透过这样的文字，我们看到的是作者的从容，看到从容背后的"劳于读书，逸于作文"的真谛；品读这样的文字，我们既可以学到行文的章法，又能够获得审美的愉悦。

推出两篇比较成熟的作文，或当堂诵读，或印发给全体学生，给学生提供作文标杆。

第四步：评改后记或者复作

许多学校的写作训练都是终止于作文讲评环节的，从题目拟制，到写作前指导，到学生作文，到作文批改（可以是教师包揽，也可以是教师批改一部分，也可以是学生互相批改），到作文讲评，似乎这就是作文训练的全过程了。

殊不知，此后还有一些环节，诸如学生通过写评改后记的方式对所进行过的作文训练进行反思，学生在讲评之后二度写作甚至三度乃至更多次的复作，教师针对评改后记或者复作的情况进行二度甚至三度乃至更多次的讲评（当然，这个时候的讲评既可以是面向全体学生的，也可以是在部分学生中进行的，甚至是一对一进行的）。

反思是非常重要的环节，也是极其有效的招数。这个环节能让学生冷静地梳理写作前后的运作情形，仔细地回味写作过程中的心理感觉，理性地审视自己写作的成败得失，积极地寻找写作水平攀升的方法。这个环节既有教师的专业引领，也有同龄人的相互启发（或正面的，或负面的），因而是切己的、切实的。

写评改后记，内容不拘，可以重现写作前后的心路历程，可以展示写作前后的纠结困扰，可以坦陈自己文章的优点与不足，可以叙写从他人文章中获得的启迪，可以整理教师讲评时涉及的写作理论，可以寻找提升自身写作水平的有效途径,等等。形式则更加自由,可以是完整的文章,可以是断片的骈列;话多可以洋洋洒洒数千言,话少可以惜墨如金数十字,关键是言之有物,要言不烦。

复作是不少有经验的教师常常采用的方法。据称,钱梦龙老师曾经推行过"一学期只做6篇作文,每篇作文先后做3遍"的做法,效果非常好,学生的写作水平有显著提高。因为这是典型的对症下药,而且一再"用药",自然容易收到药到病除的效果。在这样的反复中,学生下笔之初就胸有成竹,明白何处当着力、何处宜用心、何处当慎行、何处宜避开,于是行于所当行,止于所当止,思路从混沌变得清晰,文章渐趋佳境。

我多年来坚持要求学生写评改后记,并且坚持对评改后记进行认真的批改和讲评,确保了作文讲评环节学生的参与度,大大地调动了学生的写作积极性,激发了学生的写作热情。学生写评改后记形成了习惯,形成了写作期待,有的学生写评改后记动辄上千字甚至数千字,最长的评改后记竟有5000字之多。

在复作方面,保有一定的自由度是必要的。我一方面让学生自己决定是否复作以及复作几次,一方面对个别学生提出复作的建议甚至建议全班复作。不管是怎样的情形,只要学生复作了,我都会认真地对待,及时地反馈,以使学生感受到老师的尽心,听到自己拔节的声音。

教者反思

四步作文讲评教学模式是从一线教学的实际中催生出来的,也是在一线教学的实践中渐渐打磨定型的。从多年的教学效果看,这是一种有利于促进教师成熟、学生成长的高效教学模式。

这里提供的案例是我自己执教时遇到的,有实践、有理性的把握与升华,比较充分地体现了四步作文讲评教学模式。

四步的设计深合新课程改革的理念,充分践行了"为了一切学生的发展"的原则,符合学生的认知规律,使教师在实际操作时有章可循。

"正反实例展示"环节是感性的,学生自主判断,合作交流,探究优劣,充分表达自己的见解,深入把握文章的长处和不足。

"点拨提升"环节侧重理性,教师高屋建瓴,深入浅出,有重点,有方法;学生如饮甘泉,得失心知,有启悟,有升华。

"范文引路"环节是感性的,从同龄人、身边人的成功作品中获得切实的感受,使学生学有榜样,见贤思齐。

"评改后记或者复作"环节是感性与理性的融合,是把"学得"转化为"习得"的过程。特别是对评改后记的点评,对复作的二度讲评会有力地提高学生的写作能力。

四步作文讲评教学模式为"定式",可助你的教学;但是它并不排除"变式",以适应你的教学实际,包容你的教学个性。

长期如此操作,定能大有收益。

果能如斯,课堂教学高效可期。

言之有物与言之有术

——"'生活随笔'的选材与表达"教学设计及反思

江苏省如皋市第一中学 时鹏寿

开课背景

2009年5月,我主持的南通市重点(资助)课题"高中语文课堂教学机制的优化研究"接受结题验收,在高二(5)班(文科实验班)执教了这节课,旨在演示"正反实例展示—点拨提升—范文引路—评改后记或者复作"的四步作文讲评教学模式。

教学设计

[教学目标]

(1) 明了"生活随笔"选材与表达的要义。

(2) 掌握"生活随笔"写作的精要。

(3) 形成悦纳写作的品质。

[教学过程]

导入激趣:从石华鹏的《没有了青春的人爱眯个午觉》说起——

"看电影导演贾樟柯的书《贾想1996—2008:贾樟柯电影手记》,在中间一页看到了这句话:没有了青春的人爱眯个午觉。当时正值中午我靠在椅子上翻书,上眼皮开始与下眼皮打架,字像水中月,影影绰绰,眼下就要扔下书本进入午睡的梦乡时,我看到了这句话,这句话仿佛伸过来的一只拳头击中了我的头部,浑身一激灵,午觉逃跑了,那天我再也睡不着了。"

应该说,这段文字很能吸引读者,为什么会有这样的效果呢?

原因很多:标题精彩,文字功夫了得,有思想深度,等等。

这就是随笔。

第一步：正反实例展示

【正例一】

大话"老班"

陈海华

我们"老班"芳名袁晓燕，居然是个"80后"，正宗的。当我把这个信息告诉周围的同学们时，他们惊讶，他们不信。

我们"老班"跟我们之间像有代沟，所以许多同学都对她避而远之。当你心里受了伤，她会在伤口上撒把盐，然后告诉你这样才好得快！这我们怎会不知道？只是当时要承受的太多了。其实"老班"也在寻找各种方法辅助我们的学习、关心我们的生活。她给我们"民主"，给我们细致的安排，给我们各种交流的途径。

为了接近"民众"，"老班"化名为"缘缘"，在QQ上跟我们班同学聊天。"老班"倒挺有情调！有人问她："你是谁？"她说："一个班的，你猜！"那人问"老班"："你作业完成得怎么样了？""老班"说："差不多了，你呢？"那个"呆瓜"跟"老班"说："唉，我还没抄好呢？"（Oh！No！暴露了！）"老班"竟然跟那家伙说："没事，'老班'又不检查！"（Oh！晕！）这是"老班"吗？

后来，那个"呆瓜"知道"缘缘"原来就是"袁袁"，是咱"老班"，惊呆了，此后见到"老班"就想溜。

"缘缘"的网名暴露之后，"老班"竟然不死心，又开始加其他同学为好友，被删掉后，再加，再被删，再加，再被删，再加……据当事人说，他们已经服了"老班"。

"老班"有着与她的年龄不太相称的稳重、成熟、老练，里里外外，她一个人应付得游刃有余。

"老班"又有着"80后"的活力，有个性，有情调。她也是从我们这么大走过来的，我们的想法，她其实都懂。

这就是我们的"老班"。

【简评】

从文题和行文风格看，本文很有时代气息："老班""80后""Oh！

No！""Oh！晕！"、流行的"QQ"交流方式，等等。这能引发读者的阅读愉悦感。

文章的选材很有代表性，还于不经意间表现出不凡的技巧：全篇采用抑扬法、误会法，形成了波澜；倒数第二、第三自然段形成对比，使人物形象更加丰满。

【正例二】

文学原无事

吉 韵

偶然读到小四的一篇文章《人间森林》，他在里面讲自己的惶惑，讲别人的误解，讲进退不得的烦恼，意兴萧索，颇有几分"春归秣陵树，人老建康城"、情怀匆匆如流水的意思。对中间的种种纠葛，他讲得很隐讳，我也不多做评论。因财失意这种事，本来就是自古以来不断上演的一出戏。只是，作为这种戏的主角们却往往不能"拨开云雾见青天"。

依我拙见：文学原无事。从士绅间应酬唱和的"风雅"，到勾栏瓦肆间娱人娱己的曲艺，或精致或粗糙的笔墨游戏，何涉传统、道统、家国、天下！何必以经济利益和舆论喉舌之枷锁将其紧紧束缚？只是，在现代这样一个商业社会，又有几人能将文学不与经济利益挂钩，而只是为了自己心底的那一点梦想？

或许，"90后"的我们不该过早地涉及现代文学，其中有太多的灯红酒绿、纸醉金迷不适合我们这些原本纯净的孩子。只是，十多年的人生阅历让我有这样一个深深的感触：文学就是文学，何必将其与其他事物相连，它只不过是抒发作者情感的一种载体，何必让金钱、名利给文学平添一身铜臭？

古人以文乱法，清议太甚不免惹祸上身。现代人没有那么大的责任心，却又耐不住寂寞，有意无意地把自己和演艺工作者混为一谈，多了几分星味，少了几丝文气。

当然，这些都只是我的个人想法，对于那些热衷于推崇现代文学的人来说，这只不过像是向湖中丢下一块石子，泛起涟漪后湖面又重归平静；更有甚者，连一丝丝涟漪都不曾泛起。

【简评】

本文围绕文学表达了这样的主题:"文学就是文学,何必将其与其他事物相连,它只不过是抒发作者情感的一种载体,何必让金钱、名利给文学平添一身铜臭?"可谓见解独到,具有一定的思想高度。

本文文字给人以老辣之感,诸如"'90后'后的我们不该过早地涉及现代文学,其中有太多的灯红酒绿、纸醉金迷不适合我们这些原本纯净的孩子""古人以文乱法,清议太甚不免惹祸上身"等,足见非一日之功。

【反例一】

略。

【反例一】

略。

第二步:点拨提升

写作要考虑和解决的问题太多太多,但是概而言之,也就是两大问题:"写什么"与"怎么写"。前者解决的是选材问题,重在内容层面;后者解决的是表达问题,重在形式层面。两者不可偏废。

刘勰在《文心雕龙·情采》中有言:"夫水性虚而沦漪结,木体实而花萼振,文附质也。"(水是虚柔的,因而有了波纹;木质坚实,因而能在枝上开花结果;文采是依附于实体的)这是强调内容重于形式的。

沈德潜在《说诗晬语》中如斯说:"诗贵性情,亦须论法。乱杂而无章,非诗也。然所谓法者,行所不得不行,止所不得不止,而起伏照应,承接转换,自神明变化于其中。若泥定此处应如何,彼处应如何,不以章运法,转以意从法,则死法矣。"这是把内容、形式并举的。

黄侃在《文心雕龙札记·总术》中这样持论:"练术而后为文者,如轮扁之引斧;弃术而任心者,如南郭之吹竽……岂有不先晓解而可率尔操觚者哉?"(训练好了写作技巧之后写文章,就好比巧匠轮扁使用斧子一样;抛开写作技巧随心所欲地写文章,就好比混在乐师里面的南郭先生吹竽一样……怎能不先研究透了写作技巧就轻率地拿起纸笔去写作呢?)虽然说法有点偏激,但是强调技巧非常重要的意图昭然。

因此,选材和表达的问题都要解决。

(1)"生活随笔"可以写什么?

从写作实践看，几乎没有不可以进入随笔写作领域的题材。你完全可以有人就写，有事就叙，有物就状，有景就绘，有情就抒，有理就论。总之，要"言之有物"。

写人、叙事、状物、绘景、抒情、论理是"生活随笔"选材的六大领域，在这些领域内，你可以大有作为。

譬如写人，你可以写历史人物，也可以写现实生活中的人；写现实生活中的人，你可以写名人，也可以写普通人；写普通人，你可以写熟人，诸如老师、同学、父母、亲友，也可以写与你发生过某种联系的陌生人。

譬如叙事，你可以叙往事，也可以叙近事；可以叙一事，也可以叙多事；可以叙喜事，也可以叙悲事。

譬如状物，你可以状动物，也可以状植物；可以状静物，也可以状活动之物。

譬如绘景，你可以绘动景，也可以绘静景；可以绘远景，也可以绘近景。

譬如抒情，你可以抒热爱祖国、强我民族、心系苍生、胸怀天下之类的大情，也可以抒"原我"的小情；可以抒悲情，也可以抒喜情；可以抒亲情，也可以抒友情、爱情。但是切忌空洞抒情，感情必须有所依附。

譬如论理，你可以缘事明理，在叙事中或叙事后阐发事理，以论理为写作旨归；也可以因文说理，在对文本的解读中展示你理性的思索。

事实上，在写作实践中，有些学生很用心，已经呈现出可观的气象了。

请看陈海华同学笔下的三个系列：

——解读自我，感知生活的"我的"系列：《说说我的名字》《说说我的志向》《说说我的朋友》《说说我的性格》。

——我写我师，感悟真心的"大话"系列：《大话"老班"》（写班主任的），《大话"时老"》（为我画像的），《大话"老徐"》（写资深的数学老师的），《大话"小朱"》（写年轻的历史老师的）。

——寄不出的信，流露出真性情的"写给……"系列：《写给19岁的陈海华》（过去的你，18岁的陈海华），《写给韩愈》（21世纪的"小屁孩儿"）。

再请看陈思思同学笔下的"读你"系列：

《读张爱玲》《读三毛》《读李清照》《读丁立梅》《读徐渭》《读李煜》《读鸣凤》等。其中有历史人物，也有现当代知名人士；有现实生活中的人，也有文学作品中刻画的形象；有作家，也有艺术家；有封建帝王，也有一般人士。

特别要提醒的是，如果我们的"生活随笔"能够强化现实意识的话，生活的气息会更加浓郁，对读者的吸引力会更大。比如，即以当下而论，假如你的笔下出现"甲型 H1N1"、"肥胖症"、金融危机、高校毕业生就业压力、中小学减负、"高二学业水平测试"之类的题材的话，读者的关注度肯定会加大。

（2）如何写"生活随笔"？

一言以蔽之，要"言之有术"。

"术"是种很玄的说法，也是种包容博大的说法。看起来无处下手，其实，对应前面所说的六大选材领域而言，"术"各有其侧重点。诸如写人重个性、叙事明层次、状物抓特征、绘景扣特点、抒情立依附、论理强支撑都是题中应有之义。一目了然，兹不赘述。

这节课只谈几个小技巧。

① 拟个吸引眼球的标题。

"题好一半文"说的就是标题的妙处。

请看周舒同学几则随笔的标题：《一路逃不掉你》（写父亲的），《少年也识愁滋味》（写"小高考"的），《收获感动》（写"感动中国"2008 年度人物），《寂寞我心冷》（写学语文的困惑的），《心的距离》（写同学交往的），《男生阴柔化》（写学生扮相的），《再别"小高考"》（写"小高考"学科任课老师的）。

请看秦亚妹同学几则随笔的标题：《幸福无言》《雨思闲情》《花开花落，寂寞无声》《曾经无忧》《青春的信仰》。

请看沈蓓蕾同学几则随笔的标题：《春天的味道》《心灵的洗礼》《那一千零一个属于我》《一缕炊烟》《一卷风俗画》。

② 不妨来点形式的创新。

有时候，文体的创新会给读者带来良性的刺激，让读者心旷神怡。我们的学生在常见的散文体之外，尝试了如下一些体裁——

《关于交往条件的实验报告》《纪念"庄子"》（一位自信满满的任课老师），《给孔融的一封信》《给妈妈的一封信》《写给19岁的陈海华》（给自己的信），《大话……》《小高考：4月8日，9日；4月26日》……真是琳琅满目，美不胜收。

③ 绽放理性语言的光芒。

说到底，写作就是语言的艺术。当你读到以下这样的文字时，一定会"别有一番滋味在心头"吧？

"或许，有的时候付出并不一定都能有预想中的回报，但到底心是坦然的、无悔的，努力的光景承载一段真实的回忆，轻轻触摸，那些欢声笑语，那些凄凄怨怨，便缓缓地流淌出来，淌入心田，浇灌出一片幸福与满足。原来，曾经是那么充实！"（秦亚妹）

"要有最朴素的生活与最遥远的梦想，即使明日天寒地冻，路远马亡。"（张娴）

"纵使有一千个美好与幸运不属于我，那一千零一个终将握在我的手心！"（沈蓓蕾）

"当你找到一个朋友时，你就有了一个朋友；当你没有朋友时，其实，世界上都是你的朋友。"（陈海华）

"文字是用来顶礼膜拜的！为写作而写作，实乃亵渎文字之举。"（章慧）

一篇文章，在内容充实的基础上，能够运用一些写作技巧，绝对会有可观的气象。

第三步：范文引路

【示例一】

飞向自由的天空

韩 颖

乡间的小屋裹着厚厚的水泥，隔开了阳光。一方深灰色的天井里，几棵稀稀落落的青菜筑起朴素的风景。我斜倚在掉了大半红漆的木门边，对着门前缓缓流过的小河发呆。生活的烦恼，像是扔进水中的石头，只听得"咕咚"的闷响在心里升腾。祖父温暖的手掌落在我的肩头，慈祥地笑："刚从城里回来，去外面走走吧。"我拗不过祖父，无奈地踩上了青石板路。

　　珠玉般圆润的阳光铺天盖地地袭来，攻占了整个春天。水田上的青苗优雅地站立着，从这里到远方，连绵成一片绿意，以至我的目光不能触及。沿着田间松软的土路前行，任它带我去田间任何地方。其实这算不上路，只是乡人们任意踩出来的，自由而随意，只是在那里，在那里漫不经心地等待着我的到来。忽然间，它仿佛摄取了我的灵魂，我整个心也跟着这条路起飞了。路尽头的香樟树经过冬日的洗礼，仿佛愈加高大。我低头看去，路两边零星的蓝色小花竟也是无尽的。它们恣意地开着，这一朵没有谢去，那一朵就挣出半个脸来了，从草丛，从油菜花中，一下子冒出那么多花骨朵，它们毫不掩饰地铺排成河、成瀑，仿佛整个春天的旋律就是它们的。有几只燕子在微风中斜飞过，耳边飘忽着呢喃的燕语，心里突然有了要和它们赛跑的想法。于是张开双臂，像燕子飞翔前那一刻的姿态，深呼吸，清新而又微凉的空气吸入，瞬间，淳朴而又自由的乡风贯穿全身。我用力奔跑，绿在极速地后退，又在身后蔓延，和天空中飞翔的燕一起划过长空。一路的蓝色碎花快速穿行，永远在我前方，不论是放慢脚步还是加速，它们始终紧紧跟随。我最终放弃了，这些自由的美好哪里会有尽头呢？停下来，抬起头微微喘气，轻轻用手掌遮在额间，阳光穿越水晶色的天空从指缝间漏下。烦恼，在心中沉寂，找不到踪影。这些愉悦而烂漫的美好呵，仿佛是一双自由的翅膀，带着我飞离烦恼。

　　我们的心不正像那些乡间的小屋么？裹着很厚的水泥，又被四方天井所禁锢，在心里想象着种一株小花，便以为那是春天了。可是，当你推开天井的门，却发觉曾经遗失的美好是那样的冲荡着心灵。

　　只要飞离那方禁锢的天井，就能触摸到无垠的天空。

【简评】

　　对比是很有表现力的写作手法，本文因为对比手法的运用而增色许多。

　　作者从不情愿离开天井到全身心享受大自然，于是，"生活的烦恼"——其实就是成长的烦恼——"在心中沉寂，找不到踪影"了。景为情依，情由景生，两者契合无迹。应该说，作者在表达技巧上是颇具匠心的。

【示例二】

为"爸爸"画像

孙红兵

略。

第四步：评改后记或者复作

略。

教者反思

高中语文四步作文讲评法教学模式（"正反实例展示—点拨提升—范文引路—评改后记或者复作"）是我在教学中探索、实践的成果，是对南通教育进行二次解读时催生的成果，是南京大学出版社出版的《高效课堂：模式与案例（语文）》一书汇集的三个作文教学模式之一，中文核心期刊《语文教学通讯》对此作文教学模式也推介过。本节课就是按照这个模式来演绎的。

在四个环节中，"点拨提升"非常关键，也最见教师的功力。

本节课着力解决两大问题："写什么"与"怎么写"。前者解决的是选材问题，重在内容层面；后者解决的是表达问题，重在形式层面。两者不可偏废。为了引起学生的重视，我征引了刘勰、沈德潜、黄侃诸家的说法。

对于选材问题，即"生活随笔"可以写什么，我的体会是"言之有物"，所谓有人就写，有事就叙，有物就状，有景就绘，有情就抒，有理就论。确实，几乎没有不可以进入随笔写作领域的题材。事实上，写人、叙事、状物、绘景、抒情、论理是"生活随笔"选材的六大领域，在这些领域内，学生是可以大有作为的。

对于表达问题，即如何写"生活随笔"，我的体会是"言之有术"。诸如写人重个性、叙事明层次、状物抓特征、绘景扣特点、抒情立依附、论理强支撑都是题中应有之义。从学生写作实际出发，我在这节课上着重谈了几个小技巧：（1）拟个吸引眼球的标题；（2）不妨来点形式的创新；（3）绽放理性语言的光芒。还说及了文体的创新技巧。

有了这番演绎，虽然内容还很有限，但是学生可以初识"生活随笔"写作的门径了。

跋

《怎样上好语文课——时鹏寿解析精彩课例》书稿终于杀青了，内心充盈着的是欣慰。

有道是"教师的生命在课堂"。

确实，课堂是教师的立足之本、成长之基、生命之源。

当然，课堂也是学生学习之场所、发展之阵地、生命之乐园。

从教三十年，执教过不计其数的课，也听过不计其数的课，总有一些课留在记忆深处，包括自己的、别人的。

一直有个想法，就是把自己上过的和听过的一些课整理出来，一方面是杏坛留痕，另一方面是好课共赏。

于是，开始按照三个标准梳理这些年来听过的那些课：一是我心目中的好课，二是我在现场（包括我参与准备、评价等环节的），三是执教者的身份——以市级优秀课一等奖得主或者市级骨干教师为入选门槛。

于是，有了包括唐江澎、黄厚江、曹勇军、王学东、鞠九兵、袁菊这批既是特级教师也是正高级教师在内的重量级人选。

随后，就是体例的确定了。考虑到占有资料的多寡，几经斟酌，最后确定了每节课由"名师名片""开课背景""教学实录"（或"教学设计"）"教者反思"（或"教者说课"）"时师观课"和"附录"几个部分组成。

"名师名片"就是告诉读者执教者是何许人也，不一定是最新状况，格式也不强求一致。

"开课背景"就是对执教者是在什么情况下开设这节课的做个交代，以供身临其境者畅想美好时光。

"教学实录"能够还原课堂教学的原貌，也是我教学生涯中最为得益的自我提升的渠道。因此，想方设法收集到了三分之二的课的"教学实录"；没有"教学实录"的，则编入了"教学设计"，格式也没有完全一致，都是执教者的"原生态"呈现。

"时师观课"是本书体现我的教育教学思想的部分,有成型的论文,在一些刊物上发表过或在图书上出版过;也有为体例统一而赶写的文字,有数千字的文章,也有几百字的短章。

"附录"部分的内容相对驳杂,但是不忍割舍,旨在为读者提供更多的视角,保存一些珍贵的资料。其间,有同行对同一节课的观照,或是专门的论文,或仅是三言两语,也有同行对执教者进行的比较全面的研究的文章。

书中的资料多系我与执教者联系后由执教者提供的,也有从网络上收集的。在此,向有关的执教者、整理者和评述者致敬。

全书收录了江苏省 14 位语文老师的共 21 节课,其中有我执教过的 7 节课,借此对自己的课堂教学做一次回望。

全书按照古诗文、现代文、创新课型以及作文四个板块排列。

毋庸讳言,书中收入的虽然都是我心目中的好课,但是其间也有不同的境界;甚至,就同一节课而论,也难免见仁见智。唯愿本书能对你的专业成长有所助益!

承蒙业界泰斗王学东先生厚爱,为本书作序,遂使本书增重良多。

江苏凤凰教育出版社
《行知工程》系列丛书目录

系列	序号	书　　名	作者	定价
教育求索系列	1	《怎样上好语文课——时鹏寿解析精彩课例》	时鹏寿	45.00
	2	《让书香浸润生命——时鹏寿伴你品读经典》	时鹏寿	35.00
	3	《开在手心里的花——一位优秀教师的教育情怀》	詹雪莲	40.00
	4	《学科建设与教师发展——中学数学》	杨志文	30.00
	5	《欣说教育那"一亩三分地"——一位一线教师的教育微思考》	王庆欣	30.00
	6	《爱的守望——一位一线教师对教育的坚守》	林卫红	30.00
	7	《思政教学的人文力量》	戴晓华	30.00
	8	《师道新说——给教育者的30条箴言》	徐　卫	30.00
国际教育系列	9	《美国教育面面观——一位特级教师眼中的美国教育》	邵淑红	35.00
教育思想者系列	10	《治校之道——中学名校长的办学智慧(1)》	陶继新	40.00
	11	《品鉴教育文化盛宴——陶继新序跋屯集》	陶继新	45.00
	12	《为什么而出发——一位研究者对教育本质的沉思》	齐　健	35.00
	13	《高效教学的道与术——陶继新教育讲演录》	陶继新	30.00
	14	《铸造一流教育品质——陶继新区域教育巡礼》	陶继新	35.00
	15	《名校之道——陶继新对话名校长（1）》	陶继新	30.00
	16	《名校之道——陶继新对话名校长（2）》	陶继新	35.00
	17	《教育，一切从孩子出发》	黄　俭	30.00
创新教学探索系列	18	《学生数学整体思维培养 　　——小学数学结构化教学的探索与实施》	顾春红	45.00
	19	《基于核心素养的体育与健康校本课程建设》	赵卫新	35.00
	20	《把古文教活——激活文言文课堂的教学策略》	刘小华	35.00
	21	《做童年面前最合适的人——我和孩子们的"童化语文"》	曹丽秋	30.00
	22	《品世界名画，学精彩作文 　　——特级教师的"名画"作文教学法》	李日芳	36.00
	23	《玩出精彩作文——张化万活动作文教学经典策略》	张化万	35.00
	24	《〈红楼梦〉里的语文课》	李日芳	30.00
	25	《让学生把母语用精彩——"语用课堂"的探索与实践》	佘小红	30.00
	26	《"备"出课堂精彩——备学式教学的课堂实践与思考》	张旭兰	30.00
	27	《神奇的阅读教室——带学生踏上美妙的阅读之旅》	李祖文	30.00
	28	《打造有生命力的课堂 　　——"两步八环节"教学模式探索与实践》	查联智	30.00
	29	《最能培养学生探究能力的课堂 　　——小学科学与信息技术单元整体课程实施与评价》	李怀源	30.00

系列	序号	书　　名	作者	定价
创新教学探索系列	30	《最能激发学生运动天赋的课堂 　　——小学体育单元整体课程实施与评价》	李怀源	30.00
	31	《最能提升学生艺术素养的课堂 　　——小学艺术单元整体课程实施与评价》	李怀源	30.00
	32	《"生命语文"探索——焕发语文生命力的思考与实践》	王自成	30.00
	33	《粘连作文教学：让习作成为有个性的自我建构》	黄瑞夷	30.00
	34	《备学式教学——在体验中建构数学思维》	单广红　范雪梅	30.00
	35	《向着自主进发——自主教育的创新实施智慧》	朱亚红	30.00
创新教学探索系列	36	《写中学——让学习更有效的学科写作教学》	钟传祎	30.00
	37	《小学科学实验总动员——大科学课堂有效提升学生创新力》	江美华	30.00
	38	《小学语文单元整体课程实施与评价》	李怀源	30.00
	39	《小学英语单元整体课程实施与评价》	李怀源	30.00
	40	《小学数学单元整体课程实施与评价》	李怀源	30.00
	41	《让教学更能激发智慧——"思维碰撞"课堂的建构与实施》	程和方	30.00
教师软实力系列	42	《教师人际沟通力》	黄爱华　夏丽娟	38.00
	43	《班主任教导力》	黄爱华　戴诗银	38.00
	44	《教师执业道德力》	黄爱华　夏丽娟	38.00
精彩课堂系列	45	《基于核心素养的数学教学》	赵红婷	35.00
	46	《中学生核心写作能力培养》	陶波	36.00
	47	《给孩子更好的数学课堂》	易增加	30.00
	48	《小学生阅读素养的提升策略》	邵巧治	35.00
	49	《从语文素养走向生命成长 　　——小学语文读写课堂教学密码》	曾海玲	30.00
	50	《真实的品德课》	朱淑秀	
	51	《英语课堂学习共同体——新型的师生交互学习场》	杨延从	30.00
	52	《指导自主学习——初中数学学与教的研究与实践》	刘其武	30.00
	53	《玩出精彩的课堂 　　——小学低年级教与学方式转变研究》	陶红松	30.00
	54	《让生命之花自主绽放——语文个性化教学建构策略》	商德远	30.00
	55	《让学生亲历知识——主体参与下体验式学习的实施策略》	何世祥	30.00
名校系列	56	《从校本课程走向学校课程——锡山高中课程探索之路》	唐江澎等	35.00
	57	《让每个孩子都成志 　　——清华附小主题阅读课程的实施探索》	窦桂梅	30.00
	58	《让每个孩子都成志 　　——清华附小主题实践课程的实施探索》	窦桂梅	35.00
	59	《向着朝阳走去——清华附小合作办学实践探索》	窦桂梅	30.00
名师成长系列	60	《情怀·智慧·境界——教育名家演讲录（1）》	钟惠河　李韫琬	30.00

系列	序号	书　名	作者	定价
校长领导力系列	61	《学校细节管理的执行力》	林文明　王林发	30.00
	62	《校长智慧统筹的领导力》	谢耀丰　蔡丽姗　王林发	30.00
	63	《学校持续发展的研究力》	林文智　宋佳敏　王林发	30.00
	64	《学校和谐融洽的协作力》	陈一平　郭雪莹　王林发	30.00
	65	《学校教育提升的引领力》	谢文东　关敏华　王林发	30.00
	66	《学校团队成长的学习力》	黄纪　蔡美静　王林发	30.00
校长领导力系列	67	《学校高效管理的创新力》	张旭	30.00
	68	《学校成功管理的决策力》	邱黎明	30.00
	69	《高品质学校生长要素》	王益民	30.00
	70	《校长高效教学领导力提升策略》	徐世贵　郭文鸽	30.00
新思维系列	71	《让后进生学习有后劲之36计》	严育洪	30.00
	72	《教育中的"不一定"——打破教育的19种思维惯式》	严育洪	30.00
教师修炼系列	73	《如何炼就课堂好声音——教师美嗓保健实用宝典》	薛建洲	30.00
	74	《与学生一起成长——90后教师的心路反思》	王晗	30.00
	75	《教育，爱与宽容——教师心灵礼仪修炼》	许力争	30.00
教育家核心思想系列	76	《叶圣陶论写作》	叶圣陶　著　李怀源　选编	30.00
	77	《叶圣陶谈阅读》	叶圣陶　著　李怀源　选编	30.00
	78	《多元智能理论的本土化应用》	刘治富	30.00
	79	《大教育家最具施教力的教学思想》	白刚勋	30.00
解码学生心理系列	80	《在人生的春天播种——十四岁，写给青春的一封信》	白宏宽	30.00
	81	《孩子问题行为一点通——只有好老师才知道的学生心理谜底》	严育洪	30.00
校本研修系列	82	《徜徉语文教研》	肖俊宇	35.00
	83	《校本研修资源的开发与利用》	陈朝林	30.00
	84	《校本研修与教师专业成长》	吴积军	30.00
	85	《卓越教师经典研修成长策略》	刘天宝等	30.00
	86	《特色校本课程开发范例解读》	刘永平　李秀伟　张雪梅	30.00
	87	《高效校本研修模型构建艺术》	刘素雁	30.00
	88	《走向实践的教研——中小学教育科研引领与应用》	江敏	30.00

系列	序号	书　　　名	作者	定价
教育管理力系列	89	《缔造唯美教育——延奎小学素质教育实施策略》	易增加	30.00
	90	《让普通学校崛起的20个细节——"生命为本"教育团队成长密码》	李其玉	30.00
	91	《"走"出教育的精彩：走动式学校管理文化构建》	罗　军	30.00
	92	《校长兵法：学校管理四十六计》	皮大鹏	30.00
班级文化系列	93	《活力班级的文化建设》	胡　珏	30.00
	94	《做幸福的班主任》	吕　丽	26.00
高效能教学系列	95	《高效能教师的10个好习惯（中学卷)》	张　瑾	30.00
	96	《让作文落地生根——提高写作实效的教学策略》	黄桂林	30.00
	97	《高效能作文教学5项修炼》	陈步华	30.00
	98	《高效能校长的10个好习惯》	张　勤	30.00
	99	《高效能教师的10个好习惯（小学卷）》	谢　英	30.00
	100	《高效能语文教学5项修炼》	王其华	30.00
新课程探索系列	101	《语文新课程的批判与重建》	葛桂斌	30.00
美国名师教学译丛	102	《美国名师游戏教学本土化应用：幼儿园》	（美）玛西娅 L. 泰特 著　胡珍　瞿菁　编译	30.00
	103	《美国名师游戏教学本土化应用：小学英语》	（美）玛西娅 L. 泰特 著　杨永华　张心影　编译	30.00
	104	《美国名师游戏教学本土化应用：小学数学》	（美）玛西娅 L. 泰特 著　谢艳红　编译	30.00
	105	《美国名师游戏教学本土化应用：小学科学》	（美）玛西娅 L. 泰特 著　刘丽萍　编译	30.00
	106	《美国名师游戏教学本土化应用：小学社会》	（美）玛西娅 L. 泰特 著　姜梅芳　编译	30.00
	107	《美国名师游戏教学本土化应用：小学音体美》	（美）玛西娅 L. 泰特 著　尹立志　编译	30.00
鲁派名师名校·教育探索者系列	108	《悦读立人——校园阅读文化体系构建策略》	杨世臣	30.00
	109	《教育智慧何处来——一位特级教师的思考手记》	付立金	30.00
	110	《和雅文化——校本课程的创新构建》	汤善香	30.00
	111	《让个性绽放精彩——学校课程体系整合与创生》	谢建伟　徐淑萍	30.00
	112	《让每个学生都幸福——最能润泽生命的学校文化建设》	谢建伟　张新喜	30.00

系列	序号	书　　名	作者	定价
校园生态化系列	113	《文化管理——构建生态和谐校园的必由之路》	付全新	30.00
	114	《点燃学习的激情——构建校园生态化学习型组织》	杨树岳	30.00
	115	《课改突围——构建学校生态化教学体系》	杨树岳	30.00
教育新思考系列	116	《语文教育向何处去》	王　丛	26.00
	117	《教育,就是做好普通的事》	孙志毅	27.00
	118	《走出语文的偏见——让学生体悟文本的原义》	丛智芳	30.00
	119	《让语文教学更高效——批注式阅读教学探索》	韩中凌	30.00
	120	《读写互促——探寻学以致用的语文教学》	曹　龙	30.00
	121	《跳出数学教数学——用文化融通数学教学》	马建秀	27.00
名师感悟系列	122	《让心灵伴着歌声成长——22位音乐名师的教育智慧》	陈　璞	30.00
	123	《超越自我的教师——32位名师的成长感悟》	李卫东　李秀伟	35.00
	124	《心灵的守护者——19位名班主任的教育智慧》	王晓松　曲文弘	30.00
	125	《名师感悟班主任有效工作艺术90例》	符礼科	30.00
	126	《名师感悟有效教学90例》	林高明　徐玉烟	30.00
教学信息化系列	127	《巧用白板教语文——信息技术与语文教学操作指南》	蒋丽清	30.00
	128	《跨越式实现高效课堂 　　——信息技术与课程整合高效教学方案评析》	陈　玲　刘禹	30.00
教师必读系列	129	《教师必学的16堂修养课》	武宏伟	30.00
	130	《教师不可不知的教学心理效应》	叶勇军	30.00
	131	《班主任不可不知的管理效应》	奚一琴	30.00
	132	《教师不可不知的教育心理效应》	孙　媛	30.00
	133	《校长不可不知的管理效应》	谢申刚　张金豹	30.00
	134	《成为好教师的7项修炼》	王福强　李维华	30.00
	135	《如何让学生会学习》	龙　冰	30.00
	136	《如何让学生爱学习》	周震宇　许小燕	30.00
核心教学主张系列	137	《新生代语文名师核心教学主张》	许友兰	30.00
行思讲坛系列	138	《灵动而朴素地教语文——潘文彬的微格教育生活》	潘文彬	30.00
	139	《师爱无疆——润泽学生心灵的教育故事》	侯忠彦	30.00
	140	《怎样反思更有效 　　——促进教师专业发展的反思策略》	诸贝贝	30.00

系列	序号	书　　　名	作者	定价
行思讲坛系列	141	《成为高度自觉的教育者 ——写给后课标时代的数学教师》	许卫兵	30.00
	142	《哲思数学课》	刘全祥	30.00
	143	《智慧数学课——黄爱华教学思维的实践策略》	黄爱华	30.00
	144	《童趣数学课》	徐芳	30.00
	145	《把学生教聪明》	严育洪	30.00
	146	《教师最应该规避的教育误区》	杨坤道	30.00
	147	《用语文的方式教语文 ——潘文彬教学主张与实践智慧》	潘文彬	30.00
	148	《怎样让阅读教学更有效 ——提升教学能力的十种读诵模式》	汪秀梅	28.00
	149	《让生命在润泽中起舞 ——当代小学生最需要的主题班会》	吴联星　罗琳 冯卫东	30.00
	150	《让生命欢快拔节 ——当代中学生最需要的主题班会》	冯卫东　吴联星	30.00
	151	《课堂因生成而精彩——高效教学的生成智慧》	张文质	30.00
	152	《回到每一个人的生命化教育 ——张文质二甲中学教育行动录》	张文质	30.00
中国教育变革之路丛书	153	《百年树人师何为——教师队伍建设困顿与出路》	将丽珠　李玉向	30.00
	154	《入园何时不再难——学前教育困惑与抉择》	曾晓东 范昕　周慧	30.00
	155	《三尺书桌何处寻——流动人口子女教育困难与破解》	范先佐	30.00
	156	《苦旅何以得纾解——高考改革困境与突破》	郑若玲	30.00
	157	《择校纠结何时了——择校问题困局与治理》	曾晓东　周文海 曾娅琴	30.00
创新教学思想系列	158	《"大问题"教学的形与神》	黄爱华　张文质	30.00
教育漫笔系列	159	《课堂，诗意地栖居》	吴书华	30.00
教学提升系列	160	《有思想地教阅读——让学生学会品读文字真意》	王学东	30.00

系列	序号	书　　　名	作者	定价
教育艺术提升系列	161	《藏在师生体态语言里的教学智慧》	张　宇　廖生波	30.00
教学全手册系列	162	《小学习作教学全手册》	郭家海	30.00
	163	《中学写作教学全手册》	郭家海	30.00
	164	《情境教学操作全手册》	冯卫东	35.00
	165	《合作教学操作全手册》	李春华	35.00
	166	《探究教学操作全手册》	周新桂	35.00
	167	《自主教学操作全手册》	诸葛彪	35.00
	168	《创新教学操作全手册》	王　玮	35.00
	169	《班主任工作全手册》	刘沛华	35.00
	170	《新教师工作全手册》	周震宇	35.00
	171	《学生心理健康教育全手册》	刘海莉　刘春杰	35.00
	172	《高效教学操作全手册》	马友平	35.00
创新人才培养系列	173	《创新人才培养校园科普精品课程开发与指导 ——人大附中创新人才培养》	罗　滨	30.00
	174	《创新人才培养特色校本课程开发与创新人才培养 ——清华附中"国际安全下的科学技术"课程构建与实施》	王殿军　方　研 赵宏雁	30.00
	175	《创新人才培养：学校实验室建设与管理》	刘克文 杨发丽　杨　平	30.00
	176	《创新人才培养：数学探究活动开发与指导》	马云朋　韩继伟	30.00
	177	《创新人才培养：化学研究活动开发与指导》	王　磊	30.00
	178	《创新人才培养：物理探究活动开发与指导》	廖伯琴	30.00
	179	《创新人才培养：地理探究活动开发与指导》	张建珍　陈　澄	30.00
	180	《创新人才培养：生物探究活动开发与指导》	张迎春	30.00
	181	《创新人才培养：理念探索与思维突破》	王晶莹	30.00
新生代通派名师系列	182	《简约数学教学》	许卫兵	30.00
	183	《语文教学的本真——情意课堂展现母语之美》	吴建英	30.00
	184	《语文课堂的理想追求——欢快达成三维目标》	董一红	30.00
	185	《阅读教学的真髓——意象构建读出文学的真美》	祝　禧	30.00

系列	序号	书　　名	作者	定价
新生代通派名师系列	186	《美术教育的真谛——审美人生教育让生命绚丽成长》	陈铁梅	30.00
	187	《语文教学的理想境界——无痕教学润泽生命》	李　凤	30.00
	188	《儿童作文的本义——嬉乐作文让儿童乐并成长着》	王笑梅	30.00
	189	《名师是怎样炼成的》	王建明　王笑君	35.00
幼师成长系列	190	《幼儿行为背后——教师如何读懂幼儿的心思》	吴亚英	30.00
	191	《最具教育力的22种幼儿教育思想》	杨　达	30.00
	192	《幼儿教师必知的安全应急措施》	杨　达	30.00
	193	《幼儿教师必备的教育技能》	李　玲	30.00
	194	《卓越园长21条幼儿园管理策略》	周　丹　江东秋	30.00